고득점 합격의 지름길

과학

머리말

　인생 자체가 치열한 경쟁의 연속인 만큼 검정고시 역시 생존경쟁의 한 장이며, 우리가 하나의 목표를 향해 나아갈 때 그 과정이 어떠한지 알고 추진하는 사람은 보다 쉽고 정확하게 원하는 바를 얻을 수 있습니다.

　지금 이 순간도 검정고시라는 관문을 통과하기 위해서 많은 수험생들이 주경야독의 외로운 길을 걷고 있습니다. 그 길에서 무엇보다도 필요한 것은 성취 의욕과 목표 의식일 것입니다. 그리고 그에 따르는 철저한 계획과 준비가 뒷받침되어야 합니다.

　과학은 많은 수험생들이 까다롭게 여기는 과목입니다. 하지만 각 부분의 기본 개념과 공식을 이해하고 기출문제를 포함하여 다양한 문제를 풀어보면 어려움을 극복할 수 있을 것입니다. 이 책의 특징은 다음과 같습니다.

> 첫째, 새로 반영되는 2015 개정교육과정을 반영하여 구성한 최신간입니다.
> 둘째, 단원마다 중요 개념과 원리를 보다 쉽고 정확하게 이해할 수 있도록 교과 내용을 체계적이고 논리적으로 정리하였습니다.
> 셋째, 학습 내용을 바로 확인할 수 있도록 문제를 구성하고 어려운 내용을 보다 쉽게 이해할 수 있도록 해설하였습니다.
> 넷째, 과거 기출문제를 바탕으로 물리학, 화학, 생명과학, 지구과학의 각 단원별 마무리 문제를 구성, 문제의 유형을 파악할 수 있도록 하였습니다.

　이 책이 수험생 여러분의 목표를 쉽고 빠르게 이루도록 하는 길잡이가 되기를 희망합니다. 인내심을 가지고 꾸준히 공부한다면 좋은 결실을 거둘 수 있을 것입니다.

－ 편저자 일동

1 시험 과목 및 합격 결정

시험 과목 (6과목)	필수	국어, 수학, 영어, 사회, 과학(5과목)
	선택	도덕, 기술·가정, 체육, 음악, 미술 과목 중 1과목
배점 및 문항	문항 수	과목별 25문항(단, 수학 20문항)
	배점	문항당 4점(단, 수학 5점)
합격 결정	고시합격	각 과목을 100점 만점으로 하여 평균 60점(소수점 셋째 자리에서 절사) 이상을 취득한 자를 합격자로 결정(단, 평균이 60점 이상이라 하더라도 결시과목이 있을 경우에는 불합격 처리)
	과목합격	고시성적 60점 이상인 과목에 대하여는 과목합격을 인정하고, 원에 의하여 차회 이후의 고시에 있어서 당해 과목의 고시를 면제하며, 그 면제되는 과목의 성적은 이를 고시성적에 합산함 ※ 과목합격자에게는 신청에 의하여 과목합격증명서 교부

2 응시 자격

① 초등학교 졸업자 및 이와 동등 이상의 학력이 있는 자
② 3년제 고등공민학교 졸업자 및 졸업예정자
③ 초·중등교육법 시행령 제29조의 규정에 의하여 학적이 정원외로 관리되는 자
④ 중학교에 준하는 각종 학교의 졸업자 또는 졸업예정자
⑤ 보호소년 등의 처우에 관한 법률 시행령 제69조 제2호에 해당하는 자

※ 졸업예정자라 함은 최종 학년에 재학 중인 자를 말함

┤ 응시자격 제한 ├

1. 중학교 또는 초·중등교육법시행령 제97조 제1항 제2호의 학교를 졸업한 자 또는 재학 중인 자

   ※ 응시자격은 시험시행일까지 유지하여야 함(공고일 현재 재학 중이 아닌 자여서 적법하게 응시원서를 접수하였다 하더라도, 그 이후 시험일까지 편입학 등으로 재학생의 신분을 획득한 경우에는 응시자격을 박탈함)

2. 공고일 이후 초등학교 졸업자

3. 응시원서 접수마감 익일 이후 제1의 학교에 재학 중 학적이 정원외로 관리되는 자

4. 공고일 기준으로 고시에 관하여 부정행위를 한 자로서 처분일로부터 응시자격 제한 기간이 경과되지 아니한 자

3 제출서류(현장접수)

① 응시원서(소정서식) 1부[접수처에서 교부]

② 동일한 사진(탈모 상반신 3.5cm×4.5cm, 3개월 이내 촬영) 2매

③ 본인의 해당 최종학력증명서 1부

- 졸업(졸업예정)증명서(소정서식)

  ※ 상급학교 진학여부가 표시된 검정고시용에 한함. 졸업 후 배정받은 상급학교에 진학하지 아니한 자는 미진학사실확인서 추가 제출

- 중학교 재학 중 중퇴자는 제적증명서

- 초등학교 및 중학교 의무교육 대상자 중 정원외 관리대상자는 정원외 관리증명서

- 초등학교 및 중학교 의무교육 대상자 중 면제자는 면제증명서(소정서식)

- 초졸검정고시 합격자는 합격증서 사본(원본지참) 또는 합격증명서

- 평생교육법 제40조에 따른 학력인정 대상자는 학력인정서

- 초·중등교육법 시행령 제96조 제1항 제2호 및 제97조 제1항 제3호에 따른 학력인정 대상자는 학력인정증명서

- 합격과목의 시험 면제를 원하는 자는 과목합격증명서 또는 성적증명서

  ※ 과목합격자가 응시하는 경우, 학력이 직전 응시원서에 기재된 것과 같은 때에는 과목합격증명서의 제출로써 본인의 해당 최종학력증명서를 갈음함

- 3년제 고등공민학교, 중·고등학교에 준하는 각종학교의 졸업(예정)자는 졸업(예정)증명서

- 3년제 기술학교, 고등기술학교 졸업(예정)자, 3년제 직업훈련원의 수료자는 직전학교 졸업증명서

④ **신분증** : 주민등록증, 외국인등록증, 운전면허증, 대한민국 여권, 청소년증 중 하나

※ 온라인 접수 : 사진 1매, 본인의 해당 최종학력증명서 1부(현장접수와 동일)

시험에 관한 자세한 사항은 한국교육과정평가원 홈페이지(http://www.kice.re.kr)
또는 ARS(043-931-0603) 및 각 시·도 교육청 홈페이지에서 확인하시기 바랍니다.

구성 미리보기

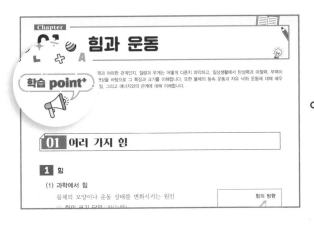

학습 point⁺

단원별로 학습 point를 분석하여 좀 더 쉽고 효율적으로 학습할 수 있는 방법을 제시하였어요.

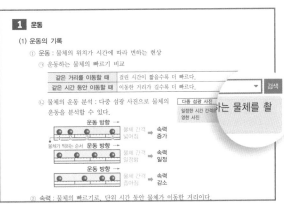

검색

어렵고 익숙하지 않은 용어는 따로 찾을 필요 없이 바로 확인할 수 있도록 설명했어요.

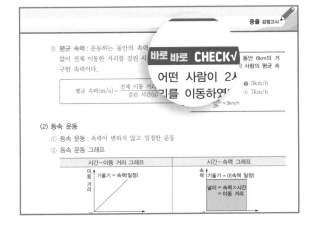

바로 바로 CHECK

핵심 내용을 얼마나 정확히 이해하였는지 스스로 점검해 보며 실력을 확인하는 시간을 가져 보세요.

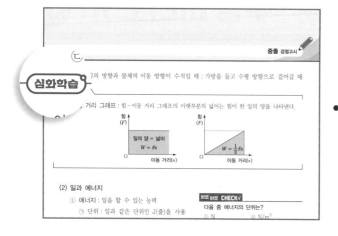

심화학습

(ㄷ) _____

의 방향과 물체의 이동 방향이 수직일 때 : 가방을 들고 수평 방향으로 걸어갈 때

_____ 거리 그래프 : 힘-이동 거리 그래프의 아랫부분의 넓이는 힘이 한 일의 양을 나타낸다.

힘(F)	힘(F)
일의 양 = 넓이 $W = Fs$	$W = \frac{1}{2}Fs$
O 이동 거리(s)	O 이동 거리(s)

(2) 일과 에너지

① 에너지 : 일을 할 수 있는 능력

㉠ 단위 : 일과 같은 단위인 J(줄)을 사용

바로 바로 CHECK√
다음 중 에너지의 단위는?
① N   ② N/m²

심화학습

시험에 나올 수 있는 중요 이론과 보충 내용을 통해 이해의 깊이를 높일 수 있도록 하였어요.

실전예상문제

기출문제를 바탕으로 한 적중률 높은 예상문제를 통해 실력을 점검해 보세요.

정답 및 해설

'왜 정답이 아닌지' 상세하게 설명한 해설을 통해 이론 학습에서 놓친 부분을 한 번 더 살펴보세요.

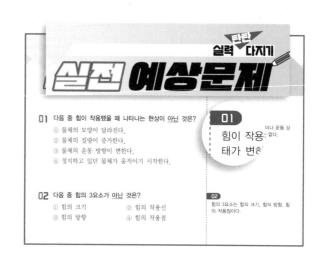

탄탄 실력 다지기
실전 예상문제

01 다음 중 힘이 작용했을 때 나타나는 현상이 아닌 것은?
① 물체의 모양이 달라진다.
② 물체의 질량이 증가한다.
③ 물체의 운동 방향이 변한다.
④ 정지하고 있던 물체가 움직이기 시작한다.

01
힘이 작용 ...이나 운동 상
태가 변함... 없다.

02 다음 중 힘의 3요소가 아닌 것은?
① 힘의 크기   ② 힘의 작용선
③ 힘의 방향   ④ 힘의 작용점

02
힘의 3요소는 힘의 크기, 힘의 방향, 힘의 작용점이다.

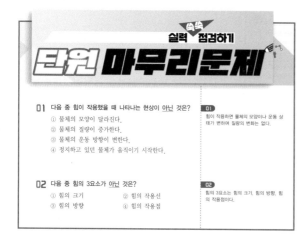

쏙쏙 실력 점검하기
단원 마무리문제

단원마무리문제

다루었던 내용을 다시 정리하여 확실하게 기억하도록 합시다.

01 다음 중 힘이 작용했을 때 나타나는 현상이 아닌 것은?
① 물체의 모양이 달라진다.
② 물체의 질량이 증가한다.
③ 물체의 운동 방향이 변한다.
④ 정지하고 있던 물체가 움직이기 시작한다.

01
힘이 작용하면 물체의 모양이나 운동 상태가 변하며 질량의 변화는 없음.

02 다음 중 힘의 3요소가 아닌 것은?
① 힘의 크기   ② 힘의 작용선
③ 힘의 방향   ④ 힘의 작용점

02
힘의 3요소는 힘의 크기, 힘의 방향, 힘의 작용점이다.

차 례

PART

I

물리학

Chapter 01 힘과 운동

 학습 point⁺

무게가 중력과 어떠한 관계인지, 질량과 무게는 어떻게 다른지 파악하고, 일상생활에서 탄성력과 마찰력, 부력이 나타나는 현상을 바탕으로 그 특징과 크기를 이해합니다. 또한 물체의 등속 운동과 자유 낙하 운동에 대해 배우며 운동과 일, 그리고 에너지와의 관계에 대해 이해합니다.

01 여러 가지 힘

1 힘

(1) **과학에서 힘**

물체의 모양이나 운동 상태를 변화시키는 원인

① 힘의 크기 단위 : N(뉴턴)

② 힘의 표시 : 힘의 크기, 힘의 방향, 힘의 작용점(힘의 3요소)을 화살표로 나타낸다.

ㄱ 힘의 크기 : 화살표의 길이

ㄴ 힘의 방향 : 화살표의 방향

ㄷ 힘의 작용점 : 화살표의 시작점

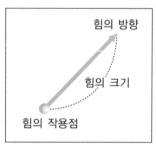

힘의 3요소와 힘의 표시

(2) **힘의 작용하여 나타나는 변화**

① 물체의 모양이 변하는 경우 : 고무줄을 잡아당기면 늘어난다, 플라스틱 자가 힘을 받으면 구부러진다, 고무찰흙을 누르면 움푹 들어간다.

② 물체의 운동 상태가 변하는 경우 : 수레를 민다, 공을 던진다, 굴러가는 공을 잡아서 멈추게 한다.

③ 물체의 모양과 운동 상태가 동시에 변하는 경우 : 야구공을 세게 친다, 찰흙을 세게 던져서 벽에 붙인다.

2 중력

(1) 중력 : 지구가 물체를 당기는 힘

    ① **중력의 방향** : 지구 중심 방향, 연직 아래 방향

    ② **중력의 크기**

        ㉠ 물체의 질량이 클수록, 지구 중심에 가까울수록 크다.

        ㉡ 달에서의 중력은 지구에서의 $\frac{1}{6}$ 이다.

    ③ **중력이 원인이 되는 현상** : 사과가 나무에서 떨어진다, 컵에 든 물을 쏟는다, 사람이 공중에 뜨지 않고 의자에 앉아 있다.

(2) 무게와 질량

구 분	무 게	질 량
정의	물체에 작용하는 중력의 크기	물체의 고유한 양
단위	N(뉴턴)	g(그램), kg(킬로그램)
측정 기구	용수철저울, 체중계	양팔저울, 윗접시저울
특징	• 측정 장소에 따라 달라짐 • 달에서의 무게＝지구에서의 무게$\times\frac{1}{6}$	• 측정 장소에 관계없이 일정함 • 달에서의 질량＝지구에서의 질량
관계	• 지구에서 물체의 무게＝9.8×질량 • 질량이 1kg인 물체의 지구에서 무게는 약 9.8N임	

3 탄성력

(1) 탄성력 : 변형된 물체가 원래 모양으로 되돌아가려는 힘

탄성체	▼	검색
용수철과 같이 탄성이 있는 물체		

(2) 탄성력의 방향 : 탄성체에 작용한 힘의 방향과 반대 방향

(3) 탄성력의 크기

    ① 탄성체에 작용한 힘의 크기와 탄성력의 크기가 같다.

    ② 탄성체의 변형된 정도가 클수록 탄성력이 크다.

(4) 탄성력의 이용 : 용수철저울, 컴퓨터 자판, 고무 머리끈 등

심화학습 탄성력의 크기 측정

1) 용수철의 늘어난 길이가 작용한 힘의 크기에 비례하는 성질을 이용한다.

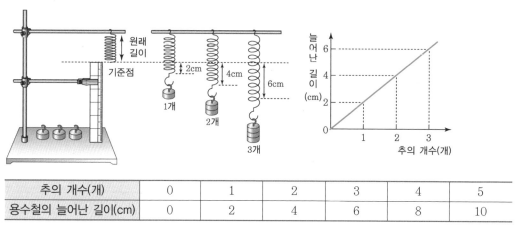

추의 개수(개)	0	1	2	3	4	5
용수철의 늘어난 길이(cm)	0	2	4	6	8	10

2) 용수철의 늘어난 길이는 추의 개수(추의 무게)에 비례한다.

3) 추의 무게는 용수철의 탄성력의 크기와 같으므로, 탄성력의 크기는 용수철의 늘어난 길이에 비례한다.

4 마찰력

(1) 마찰력 : 물체와 접촉면 사이에서 물체의 운동을 방해하는 힘

(2) 마찰력의 방향 : 물체의 운동 방향과 반대 방향

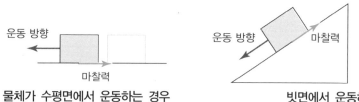

물체가 수평면에서 운동하는 경우   빗면에서 운동하는 경우

(3) 마찰력의 크기

① 물체의 무게가 무거울수록, 접촉면이 거칠수록 크며, 접촉면의 넓이와는 관계없다.

② 힘을 작용해도 물체가 정지해 있는 경우 마찰력의 크기는 물체에 작용한 힘의 크기와 같다.

(4) 마찰력의 이용

① 마찰력이 클수록 편리한 경우 : 사람이 걷거나 뛸 때, 성냥을 켤 때, 자동차의 브레이크를 밟을 때 등

② 마찰력이 작을수록 편리한 경우 : 창문이나 서랍을 여닫을 때, 스키를 탈 때 등

> **바로 바로 CHECK√**
>
> **다음 현상과 관련된 힘은?**
>
> • 기계의 회전축에 윤활유를 바른다.
> • 눈길을 달릴 때 자동차 바퀴에 체인을 감는다.
>
> ① 중력　　　　② 탄성력
> ❸ 마찰력　　　④ 부력

5　부력

(1) 부력 : 액체나 기체가 물체를 위로 밀어 올리는 힘

(2) 부력의 방향 : 중력과 반대 방향

(3) 부력의 크기

① **부력의 크기** : 액체나 기체에 잠긴 물체의 부피가 클수록 부력이 크게 작용하며, 물체의 질량과는 관계없다.

② **부력의 크기 측정** : 물체가 받은 부력의 크기는 물체가 물에 잠기기 전후 무게의 차이와 같다.

> 부력의 크기=(물 밖에서 물체의 무게)−(물속에서 물체의 무게)

③ 물체에 작용하는 부력과 중력

㉠ 부력의 크기 > 중력의 크기 : 물속에서 부력에 의해 물체가 위로 떠오른다.

㉡ 부력의 크기 = 중력의 크기 : 물 위나 물속에 물체가 떠 있다.

㉢ 부력의 크기 < 중력의 크기 : 중력에 의해 물체가 가라앉는다.

(4) 부력의 이용

① 액체 속에서 받는 부력 : 공기가 든 튜브를 잡으면 부력을 받아 물에 쉽게 뜬다.

② 기체 속에서 받는 부력 : 열기구 속 공기를 가열하여 부피를 크게 하면 부력을 받아 위로 올라간다.

02 운동과 에너지

1 운동

(1) 운동의 기록

① 운동 : 물체의 위치가 시간에 따라 변하는 현상

㉠ 운동하는 물체의 빠르기 비교

같은 거리를 이동할 때	걸린 시간이 짧을수록 더 빠르다.
같은 시간 동안 이동할 때	이동한 거리가 길수록 더 빠르다.

㉡ 물체의 운동 분석 : 다중 섬광 사진으로 물체의 운동을 분석할 수 있다.

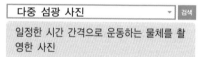

다중 섬광 사진 ▾ [검색]

일정한 시간 간격으로 운동하는 물체를 촬영한 사진

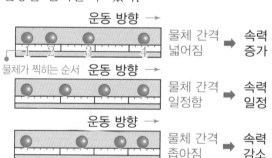

② 속력 : 물체의 빠르기로, 단위 시간 동안 물체가 이동한 거리이다.

→ 단위 : m/s(미터 매 초), km/s(킬로미터 매 시)

$$속력(m/s) = \frac{이동\ 거리(m)}{걸린\ 시간(s)}$$

③ 평균 속력 : 운동하는 동안의 속력 변화에 관계 없이 전체 이동한 거리를 걸린 시간으로 나누어 구한 속력이다.

$$\text{평균 속력(m/s)} = \frac{\text{전체 이동 거리(m)}}{\text{걸린 시간(s)}}$$

(2) 등속 운동

① 등속 운동 : 속력이 변하지 않고 일정한 운동
② 등속 운동 그래프

시간-이동 거리 그래프	시간-속력 그래프
이동거리 ↑ 기울기 = 속력(일정) / 시간 →	속력 ↑ 기울기 = 0(속력 일정) / 넓이 = 속력×시간 = 이동 거리 / 시간 →
• 원점을 지나고 기울기가 일정한 직선 모양이다. • 그래프의 기울기는 '$\frac{\text{이동 거리}}{\text{걸린 시간}}$'이므로 속력을 나타낸다. 　→ 그래프의 기울기가 **클수록** 속력이 빠르다.	• 시간축과 나란한 직선 모양이다. • 그래프 아랫부분과 시간축으로 둘러싸인 부분의 넓이는 '속력×걸린 시간'이므로 이동 거리를 나타낸다.

③ 등속 운동의 예 : 에스컬레이터, 무빙워크, 컨베이어 벨트, 케이블카 등

(3) 자유 낙하 운동

① 자유 낙하 운동 : 공기의 저항이 없을 때, 정지해 있던 물체가 중력만 받아 아래로 떨어지는 운동
    ㉠ 물체에 작용하는 힘 : 물체의 무게와 같은 크기이고, 연직 아래 방향으로 작용한다.
    ㉡ 속력 변화 : 자유 낙하하는 물체의 속력은 1초에 9.8m/s씩 증가한다.

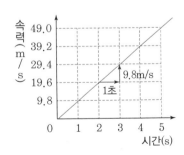

② **자유 낙하 운동 그래프** : 시간-속력 그래프는 원점을 지나는 기울어진 직선 모양이며, 그래프의 기울기는 9.8이다.

③ **질량이 다른 물체의 자유 낙하 운동**

　㉠ 진공 상태일 때 : 질량이 다른 두 물체를 같은 높이에서 동시에 떨어뜨리면 지면에 동시에 도달한다.

　　• 물체에 작용하는 중력의 크기는 물체의 질량에 비례한다.

　　• 낙하할 때 물체의 속력은 1초마다 9.8m/s씩 증가한다.

　㉡ 공기 저항이 있을 때 : 물체의 크기와 모양에 따라 공기 저항이 다르게 작용하므로 같은 높이에서 동시에 떨어뜨려도 지면에 동시에 도달하지 않는다.

2 일과 에너지

(1) 일

① **과학에서의 일** : 물체에 힘이 작용하여 물체가 힘의 방향으로 이동할 때, 과학에서는 힘이 물체에 일을 한다고 한다.

② **일의 양(W)** : 물체에 작용한 힘의 크기(F)와 물체가 힘의 방향으로 이동한 거리(s)의 곱과 같다.

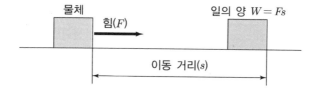

$$\text{일(J)} = \text{힘(N)} \times \text{이동 거리(m)}, \quad W = Fs$$

　㉠ 단위 : J(줄)

　㉡ 1J : 물체에 1N의 힘을 작용하여 물체가 힘의 방향으로 1m 이동했을 때 한 일의 양이다. → $1J = 1N \times 1m = 1N \cdot m$

③ **일의 양이 0인 경우**

　㉠ 물체에 작용하는 힘이 0일 때 : 얼음판 위에서 스케이트를 타고 등속 운동할 때

　㉡ 물체의 이동 거리가 0일 때 : 바위를 밀었으나 움직이지 않거나 가방을 들고 가만히 서 있을 때

ⓒ 힘의 방향과 물체의 이동 방향이 수직일 때 : 가방을 들고 수평 방향으로 걸어갈 때

심화학습

힘-이동 거리 그래프 : 힘-이동 거리 그래프의 아랫부분의 넓이는 힘이 한 일의 양을 나타낸다.

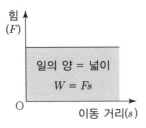
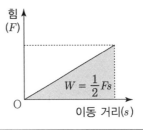

(2) 일과 에너지

① 에너지 : 일을 할 수 있는 능력

ⓐ 단위 : 일과 같은 단위인 J(줄)을 사용
한다.

ⓑ 일과 에너지의 전환 : 일은 에너지로,
에너지는 일로 전환된다.

② 일과 에너지의 관계 : 물체가 다른 물체에 일을 하면 일을 한 물체의 에너지는 감소하고,
일을 받은 물체의 에너지는 증가한다.

바로 바로 CHECK√

다음 중 에너지의 단위는?

① N   ② N/m²
③ W   ❹ J

해설 에너지의 단위는 일의 단위와 같다.

(3) 중력에 의한 위치 에너지 : 높은 곳에 있는 물체가 중력을 받아 떨어져 일을 할 수 있는 능력

① 크기 : 질량이 m(kg)인 물체를 높이 h(m)만큼 들어 올릴 때 중력에 대해 한 일의 양과
같다.

위치 에너지(J) = 9.8 × 질량(kg) × 높이(m), $E_{위치} = 9.8mh$

② 중력에 의한 위치 에너지와 질량 및 높이 관계

질량과의 관계	높이와의 관계
위치 에너지 / 높이 : 일정 / O 질량	위치 에너지 / 질량 : 일정 / O 높이
물체의 높이가 일정할 때, 중력에 의한 위치 에너지는 물체의 질량에 비례한다.	물체의 질량이 일정할 때, 중력에 의한 위치 에너지는 높이에 비례한다.

③ **중력에 대해 한 일과 중력에 의한 위치 에너지** : 물체를 중력과 반대 방향으로 들어 올릴 때에는 중력에 대해 일을 한 것이 되면, 한 일은 중력에 의한 위치 에너지로 전환된다.

중력에 대해 한 일=힘×이동 거리=9.8×질량×들어 올린 높이 → 위치 에너지

(4) 운동 에너지 : 운동하는 물체가 가지는 에너지

① **크기** : 질량이 $m(\mathrm{kg})$인 물체가 속력 $v(\mathrm{m/s})$로 운동할 때, 물체는 다음과 같은 운동 에너지를 갖는다.

$$운동\ 에너지 = \frac{1}{2} \times 질량 \times (속력)^2,\ E_{운동} = \frac{1}{2}mv^2$$

② 운동 에너지와 질량 및 속력 관계

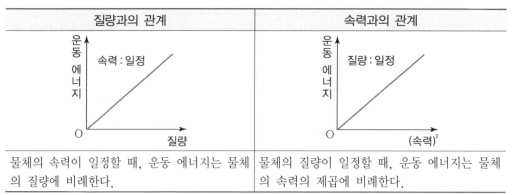

질량과의 관계	속력과의 관계
운동 에너지 / 속력 : 일정 / O 질량	운동 에너지 / 질량 : 일정 / O (속력)²
물체의 속력이 일정할 때, 운동 에너지는 물체의 질량에 비례한다.	물체의 질량이 일정할 때, 운동 에너지는 물체의 속력의 제곱에 비례한다.

③ **중력에 대해 한 일과 운동 에너지** : 자유 낙하 운동은 중력이 일을 하는 과정이며, 이때 중력이 한 일은 물체의 운동 에너지로 전환된다.

$$중력이 \ 한 \ 일의 \ 양 = 힘 \times 이동 \ 거리 = 9.8 \times 질량 \times 낙하한 \ 거리 \quad \rightarrow \quad 운동 \ 에너지$$

3 역학적 에너지 전환과 보존

(1) 역학적 에너지 전환

① 역학적 에너지 : 물체가 가진 중력에 의한 위치 에너지와 운동 에너지의 합

② 역학적 에너지 전환 : 중력을 받아 운동하는 물체에서 위치 에너지와 운동 에너지가 서로 전환된다.

물체가 자유 낙하할 때	물체를 던져 올렸을 때
• 위치 에너지가 운동 에너지로 전환된다.	• 운동 에너지가 위치 에너지로 전환된다.
• 물체의 높이가 낮아지고, 위치 에너지가 감소한다.	• 물체의 높이가 높아지고, 위치 에너지가 증가한다.
• 물체의 속력이 증가하고, 운동 에너지가 증가한다.	• 물체의 속력이 감소하고, 운동 에너지가 감소한다.

(2) 역학적 에너지 보존

① 역학적 에너지 보존 : 공기 저항이나 마찰이 없을 때 운동하는 물체의 역학적 에너지는 항상 일정하게 보존된다.

> 역학적 에너지 = 위치 에너지 + 운동 에너지 = 일정

② 자유 낙하하는 물체의 역학적 에너지 보존 : 물체가 자유 낙하 운동을 하는 동안 감소한 위치 에너지는 증가한 운동 에너지와 같다. 질량 m인 물체가 지면으로부터 높이 h_1에서 h_2로 낙하하는 동안 속력이 v_1에서 v_2로 증가한다.

바로 바로 CHECK√

자유 낙하 운동하는 물체의 역학적 에너지가 가장 큰 지점은? (단, 공기 저항은 무시한다.)

① 맨 위   ② 중간

③ 맨 아래   ❹ 모두 같다.

㉠ 높이 h_1에서의 역학적 에너지 : $9.8mh_1 + \dfrac{1}{2}mv_1{}^2$

㉡ 높이 h_2에서의 역학적 에너지 : $9.8mh_2 + \dfrac{1}{2}mv_2{}^2$

ⓒ 위치 에너지의 감소량＝운동 에너지의 증가량

$$9.8mh_1 - 9.8mh_2 = \frac{1}{2}mv_2{}^2 - \frac{1}{2}mv_1{}^2$$

$$\therefore \ 9.8mh_1 + \frac{1}{2}mv_1{}^2 = 9.8mh_2 + \frac{1}{2}mv_2{}^2$$

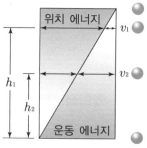

역학적 에너지의 전환

(3) 여러 가지 운동의 역학적 에너지

① 비스듬히 위로 던진 공의 물체의 운동

　ⓐ 올라갈 때 : 높이는 증가하고 속력은 감소하므로 운동 에너지가 위치 에너지로 전환된다.

　ⓑ 내려갈 때 : 높이는 감소하고 속력은 증가하므로 위치 에너지가 운동 에너지로 전환된다.

　ⓒ 최고점에서 : 위치 에너지는 최대이고, 운동 에너지는 0이 아니다($v \neq 0$, 공이 옆으로 이동 중이다).

② 진자의 운동

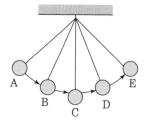

구분	A	B	C	D	E
위치 에너지	최대	감소	최소	증가	최대
운동 에너지	0	증가	최대	감소	0
역학적 에너지	모든 지점에서 같다.				

③ 롤러코스터의 운동

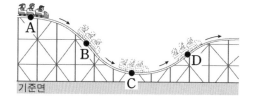

구분	A	B	C	D
위치 에너지	최대	감소	최소	증가
운동 에너지	0	증가	최대	감소
역학적 에너지	모든 지점에서 같다.			

01 다음 중 힘이 작용했을 때 나타나는 현상이 <u>아닌</u> 것은?

① 물체의 모양이 달라진다.
② 물체의 질량이 증가한다.
③ 물체의 운동 방향이 변한다.
④ 정지하고 있던 물체가 움직이기 시작한다.

02 다음 중 힘의 3요소가 <u>아닌</u> 것은?

① 힘의 크기   ② 힘의 작용선
③ 힘의 방향   ④ 힘의 작용점

03 다음 설명에 해당하는 힘은?

> • 나무에서 사과가 떨어진다.
> • 지구가 물체를 끌어당기는 힘이다.
> • 힘의 방향은 지구 중심 방향이다.

① 중력   ② 탄성력
③ 부력   ④ 마찰력

04 질량이 1kg, 2kg, 3kg인 물체 A~C가 같은 높이 h에 있을 때, 각각의 물체에 작용하는 중력의 크기가 가장 큰 것은?

① A
② B
③ C
④ 모두 같다.

05 질량과 무게에 대한 설명으로 옳지 <u>않은</u> 것은?

① 무게의 단위는 N이다.
② 질량은 물체 고유의 양이다.
③ 무게는 용수철저울로 측정한다.
④ 지구에서의 질량은 달에서의 질량의 6배이다.

06 탄성력에 대한 설명으로 옳지 <u>않은</u> 것은?

① 탄성체의 변형이 커질수록 탄성력은 작아진다.
② 탄성력의 크기는 탄성체에 작용한 힘의 크기와 같다.
③ 변형된 물체가 원래 모양으로 되돌아가려는 힘을 말한다.
④ 탄성력은 탄성체에 작용한 힘의 방향과 반대 방향으로 작용한다.

07 그림과 같이 용수철을 오른쪽으로 당겼을 때, 손에 작용하는 탄성력의 방향은?

① →   ② ←
③ ↑   ④ ↓

08 마찰력에 대한 설명으로 옳지 <u>않은</u> 것은?

① 마찰력은 물체의 질량이 클수록 커진다.
② 마찰력은 물체의 운동을 방해하는 힘이다.
③ 접촉면이 클수록 마찰력은 커진다.
④ 접촉면이 거칠수록 마찰력은 커진다.

09 부력에 대한 설명으로 옳지 **않은** 것은?

① 부력은 항상 위쪽으로 작용한다.

② 물속에 있는 물체에 작용하는 힘이다.

③ 부력의 크기는 물체의 무게가 무거울수록 크다.

④ 물 위에 떠 있는 물체의 부력은 물체의 무게와 같다.

10 무게가 12N인 물체를 용수철저울에 매달아 물에 완전히 잠기게 하였더니 용수철저울의 눈금이 8N을 가리켰다. 이때 물체가 받는 부력의 크기는 몇 N인가?

① 2N

② 4N

③ 6N

④ 8N

11 다음 중 속력이 가장 큰 경우는?

① 10초 동안 50m를 달릴 때

② 10초 동안 100m를 달릴 때

③ 20초 동안 50m를 달릴 때

④ 20초 동안 100m를 달릴 때

12 그래프에서 평균 속력은 얼마인가?

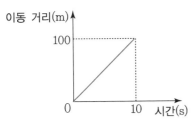

① 2m/s

② 7m/s

③ 10m/s

④ 13m/s

09

부력은 액체나 기체에 잠긴 물체의 부피가 클수록 크게 작용하며, 물체의 질량이나 무게와는 관계없다.

10

부력의 크기는 '(물 밖에서 물체의 무게)−(물속에서 물체의 무게)'이다. 그러므로 물체가 받는 부력의 크기는 12−8=4N이다.

11

$$속력 = \frac{이동\ 거리}{걸린\ 시간}$$

① $\frac{50m}{10s} = 5m/s$

② $\frac{100m}{10s} = 10m/s$

③ $\frac{50m}{20s} = 2.5m/s$

④ $\frac{100m}{20s} = 5m/s$

12

$$평균\ 속력 = \frac{전체\ 이동\ 거리}{걸린\ 시간}$$

$$= \frac{100m}{10s} = 10m/s$$

ANSWER

09. ③   10. ②   11. ②   12. ③

13 그림은 어떤 물체가 운동한 것을 나타낸 시간−속력 그래프이다. 이 물체가 0~5초 동안 이동한 거리는?

① 10m

② 25m

③ 50m

④ 100m

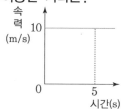

13

10m/s×5s=50m

14 등속 운동하는 물체에 대한 설명으로 옳지 <u>않은</u> 것은?

① 등속 운동은 속력이 변하지 않고 일정한 운동이다.

② 등속 운동하는 물체는 같은 시간 동안 같은 거리만큼 이동한다.

③ 등속 운동을 하는 물체의 다중 섬광 사진에서 이웃한 물체 사이의 거리는 항상 같다.

④ 등속 운동을 하는 물체의 시간에 따른 이동 거리 그래프는 시간축과 나란한 직선 모양이다.

14

등속 운동을 하는 물체의 시간에 따른 이동 거리 그래프는 원점을 지나고 기울기가 일정한 직선 모양이다.

15 자유 낙하를 하는 물체의 속력에 대한 설명으로 옳은 것은?

① 속력이 일정하다.

② 속력이 일정하게 감소한다.

③ 속력이 일정하게 증가한다.

④ 속력이 감소하다가 증가한다.

15

자유 낙하를 하는 물체는 운동 방향으로 중력이 계속 작용하므로 속력이 일정하게 증가하는 운동을 한다.

16 진공에서 질량 200g인 물체를 가만히 떨어뜨렸더니 1초마다 속력이 9.8m/s씩 증가하였다. 질량 400g인 물체를 떨어뜨린다면 1초마다 속력은 얼마씩 증가하는가?

① 9.8m/s　　　　② 19.6m/s

③ 29.4m/s　　　　④ 39.2m/s

16

진공 상태일 때 자유 낙하 운동을 하는 물체는 질량이나 모양에 관계없이 속력이 1초마다 9.8m/s씩 증가한다.

ANSWER

13. ③　**14.** ④　**15.** ③　**16.** ①

17 다음은 과학에서 말하는 일의 정의이다. 일을 한 예로 적절한 것은?

> 물체에 힘을 작용하여 물체가 힘의 방향으로 이동할 때, '물체에 일을 한다'고 한다.

① 책상을 끌어 옮긴다.
② 의자에 앉아서 책을 읽는다.
③ 책을 들고 제자리에 서 있다.
④ 벽을 밀고 있으나 움직이지 않는다.

17
물체가 힘의 방향으로 이동했어야 한다.

18 그림과 같이 같이 20N의 힘을 가하여 나무토막을 2m 이동시켰다.

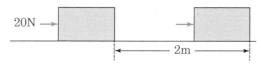

힘이 나무토막에 한 일은 몇 J인가? (단, 공기 저항과 마찰은 무시한다.)

① 4J   ② 10J
③ 20J   ④ 40J

18
나무토막에 한 일
= 나무토막에 작용한 힘 × 이동 거리
= 20N × 2m
= 40J

19 일과 에너지에 대한 설명으로 옳지 <u>않은</u> 것은?

① 일과 에너지는 서로 전환된다.
② 에너지의 단위와 일의 단위는 같다.
③ 에너지는 일을 할 수 있는 능력을 말한다.
④ 물체가 다른 물체에 일을 하면 일을 한 물체의 에너지는 증가한다.

19
물체가 다른 물체에 일을 하면 일을 한 물체의 에너지는 감소하고, 일을 받은 물체의 에너지는 증가한다.

ANSWER
17. ① **18.** ④ **19.** ④

20 50J의 에너지를 가진 물체가 외부에 20J의 일을 하였다.
일을 하고 난 후 물체가 가진 에너지는 몇 J인가?

① 20J ② 30J
③ 50J ④ 70J

20

물체가 일을 하면 물체의 에너지는 감소한다. 따라서 일을 하고 난 후 물체가 가진 에너지는 50J－20J＝30J이다.

21 위치 에너지에 대한 설명으로 옳지 않은 것은?

① 기준면에서 위치 에너지는 0이다.
② 물체가 중력을 받아 떨어져 일을 할 수 있는 능력이다.
③ 높이가 같을 때 물체의 질량이 작을수록 위치 에너지가 크다.
④ 질량이 같을 때 물체의 높이가 높을수록 위치 에너지가 크다.

21

위치 에너지는 물체의 높이와 질량에 각각 비례한다. 높이가 같을 때 물체의 질량이 작을수록 위치 에너지가 작다.

22 그림은 질량과 높이가 다른 물체의 모습을 나타낸 것이다. 지표면을 기준으로 하였을 때 위치 에너지가 가장 큰 것은?

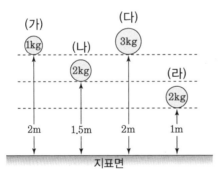

① (가) ② (나)
③ (다) ④ (라)

22

위치 에너지＝9.8×질량×높이
(가) 9.8×1×2＝19.6(J)
(나) 9.8×2×1.5＝29.4(J)
(다) 9.8×3×2＝58.8(J)
(라) 9.8×2×1＝19.6(J)

23 운동 에너지(E)와 속력(v) 및 질량(m)의 관계 그래프로 옳은 것을 〈보기〉에서 모두 고른 것은?

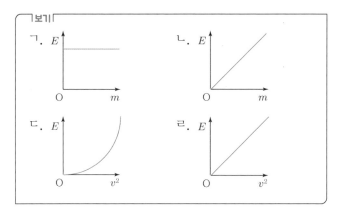

① ㄱ, ㄴ
② ㄱ, ㄷ
③ ㄴ, ㄷ
④ ㄴ, ㄹ

23
운동 에너지는 물체의 질량(m)에 비례(ㄴ)하고, 속력의 제곱(v^2)에 비례(ㄹ)한다.

24 물체 B의 질량과 속력이 모두 물체 A의 2배일 때 물체 B의 운동 에너지는 물체 A의 운동 에너지의 몇 배인가?

① 2배
② 4배
③ 8배
④ 16배

24
A의 운동 에너지 : $E_{운동} = \dfrac{1}{2}mv^2$

B의 운동 에너지 :

$E'_{운동} = \dfrac{1}{2} \times 2m \times (2v)^2 = 4mv^2$

$\therefore E'_{운동} = 8E_{운동}$

25 질량이 4kg인 물체가 가진 운동 에너지가 50J일 때 이 물체의 속력은?

① 2.5m/s
② 5m/s
③ 10m/s
④ 20m/s

25
물체가 가지고 있는 운동 에너지는
$\dfrac{1}{2}mv^2 = \dfrac{1}{2} \times 4kg \times v^2 = 50J$이므로
물체의 속력 $v = 5$m/s이다.

ANSWER
23. ④   24. ③   25. ②

26 그림과 같이 곤이 떨어지는 동안, 공의 운동 에너지와 위치 에너지에 대한 설명으로 옳은 것은? (단, 공기 저항은 무시한다.)

운동 방향 ↓

① 운동 에너지는 증가한다.
② 위치 에너지는 증가한다.
③ 운동 에너지는 변하지 않는다.
④ 위치 에너지는 변하지 않는다.

27 그림은 A 지점에서 지면으로 떨어지고 있는 공을 나타낸 것이다. C 지점에서 공의 운동 에너지는? (단, 역학적 에너지는 보존된다.)

운동 방향 ↓
A ○
B ○
C ●
지면

지 점	위치 에너지	운동 에너지
A	60J	0J
B	40J	20J
C	20J	( )

① 20J   ② 30J
③ 40J   ④ 50J

28 그림과 같은 궤도를 가진 공의 운동에 대한 설명으로 옳은 것은? (단, 공기 저항은 무시한다.)

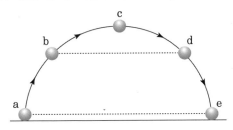

① a 지점에서 위치 에너지는 최대이다.
② b와 d 지점에서 역학적 에너지는 같다.
③ a에서 c 지점으로 갈수록 운동 에너지는 증가한다.
④ c에서 e 지점으로 갈수록 위치 에너지는 증가한다.

28
비스듬히 던져 올린 물체는 올라갈 때 속력이 감소하고 높이가 증가하므로 운동 에너지는 감소하고 위치 에너지는 증가한다. 반대로 내려갈 때는 속력이 증가하고 높이가 감소하므로 위치 에너지는 감소하고 운동 에너지는 증가한다. 따라서 c에서 위치 에너지가 최대이다.

29 그림은 A에서 출발한 진자가 D까지 가는 동안의 운동 경로를 나타낸 것이다. 속력이 가장 빠른 곳은? (단, 공기 저항과 마찰은 무시한다.)

① A
② B
③ C
④ D

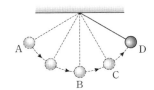

29
높이가 제일 낮아 위치 에너지가 운동 에너지로 가장 많이 전환된 B 지점의 추 속력이 가장 빠른 지점이다.

30 그림과 같이 쇠구슬이 A에서 D로 레일을 따라 굴러갔다. A~D 중, 중력에 의한 쇠구슬의 위치 에너지가 가장 작은 지점은? (단, 지면을 기준으로 한다.)

① A
② B
③ C
④ D

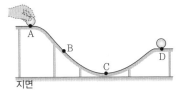

30
물체의 위치 에너지는 물체의 질량과 높이에 비례한다. 물체가 운동하는 동안 질량은 변하지 않으므로 높이가 가장 낮은 상태인 C가 위치 에너지가 가장 낮은 지점이다.

Chapter

02 전기와 자기

물체가 대전되는 정전기 유도 현상을 관찰하여 원자 모형으로 전기 현상을 설명할 수 있어야 합니다. 또한 전기 회로에서 전압과 전류, 저항 사이의 관계를 이해하고 직렬연결과 병렬연결의 차이에 대해 이해합니다. 전류가 흐르는 도선이나 코일과 자기장과의 관계를 이해하여 전동기와 발전기의 원리를 파악하고, 에너지 전환에 대해 이해하며 나아가 소비 전력의 의미를 이해합니다.

01 전기의 발생

1 마찰 전기

(1) 원자의 구조

(+)전하를 띠는 원자핵과 (−)전하를 띠는 전자로 이루어져 있다.

① 원자는 (+)전하의 양과 (−)전하의 양이 같아 전기를 띠지 않는다.

② 원자가 전자를 잃거나 얻으면 전기를 띠게 된다.

원자

(2) 대전과 대전체

① 대전 : 물체가 전기를 띠는 현상

② 대전체 : 전기를 띤 물체

(3) 마찰 전기

서로 다른 두 물체를 마찰시킬 때 물체가 띠는 전기로, 정전기라고도 한다.

① **마찰 전기의 발생 원인** : 마찰시킬 때 전자가 한 물체에서 다른 물체로 이동하기 때문이다.

② **마찰한 두 물체의 특징**

㉠ 전자를 얻은 물체는 (−)전하를, 전자를 잃은 물체는 (+)전하를 띤다.

㉡ 마찰시킨 두 물체는 서로 다른 전하를 띠어 서로 끌어당기는 힘(인력)이 작용한다.

㉢ 대전시킨 물체를 공기 중에 놓아두면 방전 현상이 일어난다.

③ **마찰 전기에 의한 현상**

㉠ 머리를 빗을 때 머리카락이 빗에 달라붙는다.

ⓛ 스웨터를 벗을 때 머리카락이 스웨터에 달라붙는다.

ⓒ 겨울철 금속으로 만든 손잡이를 잡을 때 찌릿함을 느낀다.

심화학습 대전되는 순서

두 물체를 마찰시킬 때 (+)전하를 띠기 쉬운 것(=전자를 잃기 쉬운 것)부터 순서대로 나열하면 다음과 같다.

(+) 털가죽 – 상아 – 유리 – 명주 – 솜 – 고무 – 플라스틱 – 에보나이트 (–)

- 어떤 물체와 마찰시키는가에 따라 물체가 띠는 전하의 종류가 달라질 수 있다.
- 멀리 떨어져 있는 물체들일수록 마찰시켰을 때 전기가 잘 발생한다.
- 같은 종류의 물체들끼리는 마찰시켜도 전기가 발생하지 않는다.

2 전기력

(1) **전기력** : 대전체 사이에 작용하는 힘

(2) **전기력의 작용**

① **인력** : 다른 전하를 띤 물체 사이에 작용하는 서로 끌어당기는 힘

② **척력** : 같은 전하를 띤 물체 사이에 작용하는 서로 밀어내는 힘

(3) **전기력의 세기** : 물체가 띤 전하의 양이 많을수록, 물체 사이의 거리가 가까울수록 세다.

2 정전기 유도

(1) **정전기 유도** : 전기를 띠지 않는 금속 막대에 대전체를 가까이 할 때, 금속 막대의 양 끝이 전하를 띠는 현상

① **대전체와 가까운 쪽** : 대전체와 다른 종류의 전하로 대전

② **대전체와 먼 쪽** : 대전체와 같은 종류의 전하로 대전

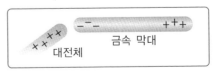

정전기 유도 현상

(2) 정전기 유도의 원인

대전체가 띤 전기력에 의해 금속 막대 내부의 자유 전자가 전기력을 받아 이동하기 때문이다.

4 검전기

(1) 검전기 : 정전기 유도 현상을 이용하여 물체가 대전되었는지를 알아보는 기구

검전기의 구조

- 금속판
- 금속 막대
- 금속박
- 유리병

(2) 검전기의 원리

금속판에 대전체를 가까이 하면 금속판은 대전체와 다른 종류의 전하로, 금속박은 대전체와 같은 종류의 전하로 대전되면서 금속박이 벌어진다.

(3) 검전기로 알 수 있는 것

① **물체의 대전 여부** : 물체를 검전기에 가까이 할 때 대전된 물체의 경우에는 금속박이 벌어지고, 대전되지 않은 물체의 경우에는 금속박이 벌어지지 않는다.

② **물체에 대전된 전하의 양** : 대전된 전하의 양이 많을수록 금속박이 더 크게 벌어진다.

③ **물체에 대전된 전하의 종류** : 검전기와 같은 전하로 대전된 물체를 가까이 하면 금속박이 더 벌어지고, 검전기와 다른 전하로 대전된 물체를 가까이 하면 금속박이 오므라든다.

02 전류, 전압, 저항

1 전류와 전압

(1) 전류 : 전하의 흐름

① 전기 회로의 전선 내 전자의 이동

ㄱ 전선에 전류가 흐를 때 : 전자가 전기력을 받아 전지의 (−)극에서 (+)극으로 이동한다.

ⓒ 전선에 전류가 흐르지 않을 때 : 진자는 정지해 있지 않고
도선 속에서 여러 방향으로 자유롭게 이동한다.

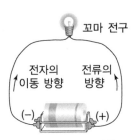

전자와 전류의 방향

② **전류의 방향**

㉠ 전지의 (+)극에서 나와 (−)극으로 들어가는 방향이다.

ⓒ 전류의 방향은 전자의 이동 방향과 반대이다.

③ **전류의 세기(I)**

㉠ 전류의 세기 : 1초 동안 전선의 한 단면을 지나는 전하의 양

ⓒ 단위 : A(암페어), mA(밀리암페어) → $1A = 1000mA$

④ **전류의 측정** : 전류계를 회로에 연결하여 측정한다.

㉠ 직류용($\underset{=}{A}$)인지 교류용($\underset{\sim}{A}$)인지 확인한다.

ⓒ 측정하려는 전류의 세기를 대략 짐작하여 알맞
은 눈금의 전류계를 선택한다.

ⓒ 전지에 직접 연결할 수 없고 전구 등의 기구와
함께 연결해야 하며, 측정하려는 회로에 반드시
직렬로 연결한다.

㉣ 전류계의 (+)단자는 전지의 (+)극에, (−)단자는
전지의 (−)극에 연결한다.

㉤ 여러 개의 (−)단자 중 값이 큰 단자부터 연결한다.

㉥ (−)단자 값을 확인한 후 눈금을 읽는다.

직류와 교류	▾	검색

- 직류 : 전지에 의해 흐르는 전류와 같이
한 방향으로만 흐르는 전류로, 자유 전자
들이 도선을 따라 계속해서 순환한다.
- 교류 : 가정에서 쓰는 전류와 같이 전류
의 방향이 주기적으로 바뀌는 전류로, 자
유 전자들이 도선을 따라 순환하지 않고
왕복 운동을 한다.

(2) 전압

① **전압(V)**

㉠ 전압 : 전기 회로에서 전류를 흐르게 하는 능력

ⓒ 단위 : V(볼트)

ⓒ 물의 흐름과 전기 회로의 비교 : 물의 높이 차이로 생긴 수압에 의해 물이 흐르는 듯
이 전기 회로에서는 전지의 전압에 의해 전류가 흐른다.

② **전압의 측정** : 전압계를 회로에 연결하여 측정한다.

㉠ 직류용($\underset{=}{V}$)인지 교류용($\underset{\sim}{V}$)인지 확인한다.

ⓒ 전지와 직접 연결할 수 있으며, 측정하려는 회로에 반드시 병렬로 연결한다.

ⓒ 전압계의 (+)단자는 전지의 (+)극에, (−)단자는 전지의 (−)극에 연결한다.

ⓔ 여러 개의 (−)단자 중 값이 큰 단자부터 연결한다.

ⓜ (−)단자 값을 확인한 후 눈금을 읽는다.

2 전기 저항

(1) 전기 저항(R)

① 전기 저항 : 전기 회로에서 전류가 흐르는 것을 방해하는 정도

② 단위 : Ω(옴) → 1Ω은 1V의 전압을 걸었을 때 1A의 전류가 흐르게 하는 저항의 크기이다.

③ 전기 저항이 생기는 까닭 : 전류가 흐를 때 전자들이 이동하며 원자들과 충돌하기 때문에 발생한다.

④ 전기 저항을 결정하는 요인

ⓐ 물질의 종류 : 물질마다 원자의 배열 상태가 달라 전기 저항이 달라진다.

ⓑ 물질의 길이와 단면적 : 물질의 길이가 길수록, 단면적이 좁을수록 전기 저항이 크다.

바로 바로 CHECK√

재질이 같은 금속의 길이와 단면적을 다르게 할 경우, 다음 중 저항값이 가장 큰 것은?

	길이(cm)	단면적(mm^2)
①	1	4
②	2	3
③	3	2
❹	4	1

해설 1cm, 1mm^2당 1Ω 이라고 한다면,

① $\frac{1}{4}$Ω, ② $\frac{2}{3}$Ω, ③ $\frac{3}{2}$Ω, ④ 4Ω

(2) 옴의 법칙

① 전류, 전압, 저항의 관계

전류와 전압의 관계	전류와 저항의 관계	전압과 저항의 관계
전류 / 저항 : 일정 / 전압	전류 / 전압 : 일정 / 저항	전압 / 전류 : 일정 / 저항
저항이 일정할 때 전압이 커질수록 전류의 세기가 커진다. → 전류의 세기 ∝ 전압	전압이 일정할 때 저항이 클수록 전류의 세기가 작아진다. → 전류의 세기 ∝ $\frac{1}{저항}$	전류의 세기가 일정할 때 저항이 클수록 전압이 커진다. → 전압 ∝ 저항

② 옴의 법칙 : 전류이 세기(I)는 전압(V)에 비례하고 저항(R)에 반비례한다.

$$\text{전류의 세기 (A)} = \frac{\text{전압(V)}}{\text{저항(}\Omega\text{)}} \longrightarrow I = \frac{V}{R}, \; V = IR, \; R = \frac{V}{I}$$

3 저항의 연결

(1) 저항의 직렬연결

① 저항의 직렬연결 : 여러 개의 저항을 한 줄로 연결하는 방법

⊙ 저항이 길어지는 효과가 있으므로 많이 연결할수록 전체 저항이 증가한다.

ⓒ 하나의 저항에 전류가 흐르지 않으면, 다른 저항에도 전류가 흐르지 않는다.

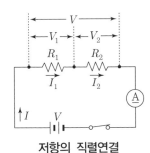
저항의 직렬연결

② 저항의 직렬연결 회로

⊙ 각각의 저항에 흐르는 전류의 세기 I_1, I_2는 전체 전류의 세기 I와 같다(전하량 보존 법칙).

$$I = I_1 = I_2$$

ⓒ 전체 전압 V는 각각의 저항에 걸리는 전압 V_1, V_2의 합과 같다.

$$V = V_1 + V_2$$

ⓒ 전체 저항 R은 각 저항의 합과 같다.

$$R = R_1 + R_2$$

③ 저항의 직렬연결의 이용 : 장식용 전구, 누전 차단기, 퓨즈 등

(2) 저항의 병렬연결

① 저항의 병렬연결 : 여러 개의 저항의 양 끝을 서로 이어 연결하는 방법

⊙ 저항의 단면적이 넓어지는 효과가 있으므로 많이 연결할수록 전체 저항이 감소한다.

ⓒ 하나의 저항에 전류가 흐르지 않아도 다른 저항에 전류가 흐른다.

② 저항의 병렬연결 회로

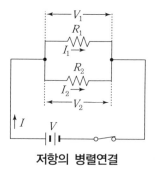

저항의 병렬연결

㉠ 전체 전류의 세기 I는 각각의 저항에 흐르는 전류의 세기 I_1, I_2의 합과 같다(전하량 보존 법칙).

$$I = I_1 + I_2$$

ⓛ 각각의 저항에 걸리는 전압 V_1, V_2는 전체 전압 V와 같다.

$$V = V_1 = V_2$$

ⓒ 전체 저항 R의 역수는 각 저항의 역수의 합과 같다.

$$\frac{1}{R} = \frac{1}{R_1} + \frac{1}{R_2} \quad \therefore R = \frac{R_1 \times R_2}{R_1 + R_2}$$

③ 저항의 병렬연결의 이용 : 멀티탭, 건물의 전기 배선, 가로등 등

03 자기

1 자기장

(1) 자기력과 자기장

① 자기력 : 자석과 자석 사이에 작용하는 힘
② 자기장 : 자기력이 작용하는 공간
　㉠ 자기장의 방향 : 나침반 자침의 N극이 가리키는 방향
　ⓛ 자기장의 세기 : 자석의 양극에 가까울수록 세다.

(2) 자기력선 : 자기장의 모습을 선으로 나타낸 것

① 자기력선의 방향 : 나침반 자침의 N극이 가리키는 방향

② 자기력선의 특징

　㉠ 항상 N극에서 나와 S극으로 들어간다.

　㉡ 중간에 끊어지거나 서로 교차하지 않는다.

　㉢ 자기력선의 간격이 좁을수록 자기장의 세기가 세다.

심화학습

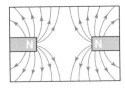 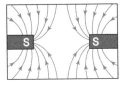 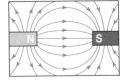 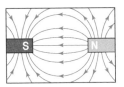

같은 극 사이의 자기력선　　　　　다른 극 사이의 자기력선

2 전류가 흐르는 도선 주위의 자기장

(1) 직선 도선 주위의 자기장

① 자기장의 방향

　㉠ 오른손의 엄지손가락을 전류의 방향으로 향하게
　할 때, 나머지 네 손가락으로 도선을 감아쥐는
　방향이 자기장의 방향이 된다.

　㉡ 전류의 방향이 반대가 되면 자기장의 방향도 반
　대가 된다.

② 자기장의 세기 : 직선 도선에 흐르는 전류의 세기가
세을수록, 직선 도선과의 거리가 가까울수록 자기장이
세다.

(2) 원형 도선 주위의 자기장

① 자기장의 방향

　㉠ 오른손 엄지손가락을 전류의 방향으로 향하게 할 때, 나머지 네 손가락으로 도선을
　감아쥐는 방향이 자기장의 방향이 된다.

　㉡ 전류의 방향이 반대가 되면 자기장의 방향도 반대가 된다.

② **자기장의 세기**

㉠ 원형 도선에 흐르는 전류의 세기가 셀수록, 원형 도선의 반지름이 작을수록 자기장이 세다.

㉡ 원형 도선 중심에서는 원형 도선 바깥쪽보다 자기장이 세다.

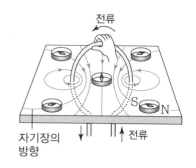

(3) 코일 주위의 자기장

① **자기장의 방향**

㉠ 오른손의 네 손가락을 전류의 방향으로 감아쥘 때 엄지손가락이 가리키는 방향이 자기장의 방향(N극)이 된다.

㉡ 전류의 방향이 반대가 되면 자기장의 방향도 반대가 된다.

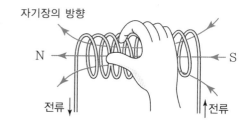

② **자기장의 세기** : 코일에 흐르는 전류의 세기가 셀수록, 코일을 촘촘하게 감을수록 자기장이 세다.

(4) 전자석 : 코일 속에 철심을 넣어 만든 자석

① **전자석의 특징**

㉠ 전류가 흐를 때만 자석의 성질을 띤다.

㉡ 코일 속에 철심을 넣지 않을 때보다 더 강한 자기장이 생긴다.

㉢ 코일에 흐르는 전류의 방향과 세기를 조절하여 자석의 극과 세기를 조절할 수 있다.

② **전자석의 세기** : 코일에 흐르는 전류의 세기가 셀수록, 코일을 촘촘하게 감을수록 세다.

③ **전자석의 이용** : 전자석 기중기, 자기 부상 열차, 스피커, 자기 공명 영상 장치(MRI) 등

3 자기장에서 전류가 흐르는 도선이 받는 힘

(1) 자기장에서 전류가 흐르는 도선이 받는 힘(자기력)

전류가 흐르는 도선이 자기장 속에 놓여 있을 때 도선은 힘을 받는다.

(2) 전류가 흐르는 도선이 받는 자기력의 방향과 크기

① 자기력의 방향

 ㉠ 자석의 N극과 S극의 위치를 바꾸거나 전류의 방향을 바꾸면 전류가 흐르는 도선이
  받는 힘의 방향이 바뀌며, 전류가 흐르는 도선은 자기장의 방향과 전류의 방향에 수
  직인 방향으로 힘을 받는다.

 ㉡ 자기장의 방향으로 오른손의 네 손가락을 펴고 전류의 방향을 엄지손가락으로 가리켰
  을 때 도선이 받는 힘의 방향은 손바닥이 향하는 방향이 된다.

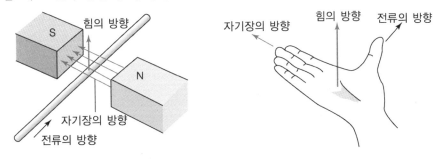

② 자기력의 크기

 ㉠ 전류의 세기가 셀수록, 자기장의 세기가 셀수록 받는 힘의 크기는 크다.

 ㉡ 전류의 방향과 자기장의 방향이 수직일 때 받는 힘의 크기가 가장 크고, 평행일 때는
  힘을 받지 않는다.

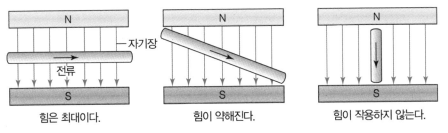

| 힘은 최대이다. | 힘이 약해진다. | 힘이 작용하지 않는다. |

4 자기장에서 전류가 흐르는 도선이 받는 힘의 이용

(1) **전동기** : 자석 사이에 있는 코일에 전류가 흐를 때 회전하는 코일이 힘을 받아 회전하는 장치

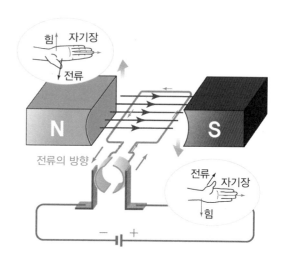

(2) **전동기의 작동 원리** : 코일의 양쪽 전선이 받는 자기력의 방향이 서로 반대가 되어 그림의 코일은 시계 방향으로 회전한다.

(3) **전동기의 이용** : 선풍기, 전기 자동차, 세탁기, 엘리베이터 등

04 에너지 전환과 이용

1 전자기 유도

(1) **전자기 유도** : 코일 주위에서 자석을 움직일 때 코일을 지나는 자기장이 변하면서 코일에 전류가 흐르게 되는 현상

(2) **유도 전류** : 전자기 유도에 의해 코일에 흐르는 전류
 ① **유도 전류의 방향** : 자석을 코일에 가까이 할 때와 멀리 할 때 서로 반대 방향으로 흐른다.
 ② **유도 전류의 세기** : 코일을 감은 횟수가 많을수록, 자기력이 강한 자석일수록, 자석이 빠르게 움직일수록 세다.

바로 바로 CHECK√

그림과 같이 에나멜선을 감은 코일에 막대자석을 위아래로 움직이면 검류계의 바늘이 움직인다. 이 현상과 가장 관계 깊은 것은?

① 옴의 법칙
② 마찰 전기
③ 작용과 반작용
❹ 전자기 유도

(3) **전자기 유도의 이용** : 변압기, 발전기, 교통 카드 판독기, 금속 탐지기, 자기 테이프, 자동차의 점화 플러그 등

2 발전기의 에너지 전환

(1) **발전기**

① 발전기의 구조 : 발전기는 영구 자석 사이에서 코일이 회전할 수 있는 구조이다.

② 발전기의 원리 : 자석 사이에서 코일이 회전하면 전자기 유도에 의해 전류가 흐른다.

③ 발전기에서 에너지 전환 : 역학적 에너지 → 전기 에너지

(2) **발전소의 에너지 전환**

구분	에너지 전환
수력 발전소	물의 위치 에너지 → 물의 운동 에너지 → 발전기의 역학적 에너지 → 전기 에너지
화력 발전소	연료의 화학 에너지 → 수증기의 열에너지 → 발전기의 역학적 에너지 → 전기 에너지
풍력 발전소	바람의 역학적 에너지 → 발전기의 역학적 에너지 → 전기 에너지

3 전기 에너지의 전환

(1) **전기 에너지** : 전류가 흐를 때 공급되는 에너지

(2) **전기 에너지의 장점**

① 전선을 이용하여 비교적 쉽게 먼 곳까지 전달할 수 있다.

② 각종 전기 기구를 통해 다른 형태의 에너지로 쉽게 전환하여 이용할 수 있다.

(3) **전기 에너지의 전환**

전환되는 에너지	예
빛에너지	전구, 텔레비전, 모니터 등
열에너지	전기다리미, 전기밥솥, 전기난로 등
운동 에너지	선풍기, 세탁기, 진공청소기 등
소리 에너지	오디오, 스피커, 텔레비전 등
화학 에너지	배터리 충전 등

4 소비 전력과 전력량

(1) **소비 전력** : 1초 동안 전기 기구가 소비하는 전기 에너지의 양

$$소비 \ 전력(W) = \frac{전기 \ 에너지(J)}{사용 \ 시간(s)}$$

① 단위 : W(와트), kW(킬로와트)

② 1W : 1초 동안 1J의 전기 에너지를 사용할 때의 전력

(2) **전력량** : 일정 시간 동안 소모하는 전기 에너지의 양

$$전력량(Wh) = 소비 \ 전력(W) \times 시간(h)$$

① 단위 : Wh(와트시), kWh(킬로와트시)

② 1Wh : 소비 전력이 1W인 전기 기구를 1시간 동안 사용했을 때의 전력량

5 에너지 전환과 보존

(1) **에너지 전환** : 에너지는 한 형태에서 다른 형태의 에너지로 전환된다.

(2) **에너지 보존 법칙** : 에너지가 전환되는 과정에서 에너지는 새로 생기거나 없어지지 않으므로 에너지의 총량은 일정하게 보존된다.

01 마찰 전기에 의한 현상이 <u>아닌</u> 것은?

① 젖은 손으로 전기 기구를 만지면 감전된다.

② 머리를 빗을 때 머리카락이 빗에 달라붙는다.

③ 겨울철 금속으로 만든 손잡이를 잡을 때 찌릿함을 느낀다.

④ 스웨터를 벗을 때 머리카락이 스웨터에 달라붙는다.

01

젖은 손으로 전기 기구를 만졌을 때 감전되는 현상은 마찰 전기가 아니라 이온의 흐름 때문에 일어나는 것이다.

02 전기력에 대한 설명으로 옳지 <u>않은</u> 것은?

① 전하를 띤 물체 사이에서 작용하는 힘이다.

② 같은 전하를 띤 물체 사이에는 인력이 작용한다.

③ 물체 사이의 거리가 가까울수록 작용하는 힘이 크다.

④ 물체가 띤 전하의 양이 많을수록 작용하는 힘이 크다.

02

같은 전하를 띤 물체 사이에는 척력이 작용하고, 다른 전하를 띤 물체 사이에는 인력이 작용한다.

03 정전기 유도에 대한 설명으로 옳은 것은?

① 물체와 대전체를 마찰할 때 발생한다.

② 대전체와 가까운 쪽은 대전체와 같은 종류의 전하로 대전된다.

③ 대전체와 먼 쪽은 대전체와 다른 종류의 전하로 대전된다.

④ 대전체가 띤 전기력에 의해 금속 막대 내부의 자유 전자가 전기력을 받아 이동하기 때문이다.

03

정전기 유도는 전기를 띠지 않는 금속 막대에 대전체를 가까이 할 때, 금속 막대의 양 끝이 전하를 띠는 현상으로, 대전체와 가까운 쪽은 대전체와 다른 종류의 전하로 대전되고, 대전체와 먼 쪽은 대전체와 같은 종류의 전하로 대전된다.

A N S W E R

01. ① **02.** ② **03.** ④

04 털가죽으로 문질러 (−)전하를 띤 에보나이트 막대를 검전기의 금속판에 가까이 가져갔을 때 나타나는 현상은?

① 금속판이 밀린다.

② 금속박이 벌어진다.

③ 금속박이 오므라든다.

④ 아무런 변화가 없다.

05 (+)전하로 대전된 검전기에 종류를 알 수 없는 전기로 대전된 대전체를 가까이 가져갔을 때 검전기의 금속박이 더 많이 벌어진다면, 대전체에 대전된 전하의 종류는 무엇인가?

① (−)진하

② (+)전하

③ 아무 전하도 띠지 않는다.

④ 알 수 없다.

06 전류와 전압에 대한 설명으로 옳은 것은?

① 전류는 (−)극에서 나와 (+)극으로 들어간다.

② 전류와 전자는 같은 방향으로 이동한다.

③ 전압은 전류를 흐르게 하는 능력이다.

④ 전압의 단위로는 A(암페어)를 사용한다.

04
(−)전하로 대전된 에보나이트 막대를 금속판에 가까이 가져가면 금속박이 (−)전하로 대전되어 벌어진다.

05
(+)전하로 대전된 검전기는 금속판은 (−)전하로, 금속박은 (+)전하로 대전된다. 검전기를 대전시킨 전하와 같은 전하로 대전된 물체를 가까이하면 금속박이 더 벌어지고, 검전기와 다른 전하로 대전된 물체를 가까이하면 금속박이 오므라든다.

06
전자는 (−)극에서 나와 (+)극으로 이동하나, 전류는 반대 방향인 (+)극에서 나와 (−)극으로 들어가는 방향으로 흐른다. 전압의 단위로는 V(볼트)를 사용한다.

ANSWER

04. ② 05. ② 06. ③

07 전류계와 전압계를 사용할 때의 공통점은?

① 회로에 직렬로 연결한다.

② 회로에 병렬로 연결한다.

③ 전지에 직접 연결하여 사용한다.

④ (+)단자는 전지의 (+)극에, (−)단자는 전지의 (−)극에 연결하여 사용한다.

07
전류계는 전지에 직접 연결할 수 없고 측정하려는 회로에 반드시 직렬로 연결해야 하는 반면, 전압계는 전지에 직접 연결할 수 있고 측정하려는 회로에 반드시 병렬로 연결해야 한다.

08 그림에서 전구 (가)와 (나)에 흐르는 전류의 세기가 다를 때, A~D 중 전구 (가)에 흐르는 전류의 세기를 측정하기 위한 전류계의 위치는?

① A

② B

③ C

④ D

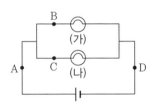

08
전구 (가)에 흐르는 전류를 측정하기 위해서는 전류계를 B에 설치해야 하고, 전구 (나)에 흐르는 전류를 측정하기 위해서는 전류계를 C에 설치해야 한다. A와 D에 전류계를 설치하면 (가)와 (나)에 흐르는 전체 전류를 측정할 수 있다.

09 다음 중 저항값이 가장 작은 것은 어느 것인가? (단, 물질의 종류는 일정하다.)

①
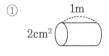
1m
2cm²

②
2m
1cm²

③
2m
0.5cm²

④
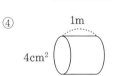
1m
4cm²

09
저항은 도선의 길이에 비례하고 단면적에 반비례한다. 즉, 도선의 길이가 짧고 단면적이 클수록 저항값이 작다.

A N S W E R
07. ④ 08. ② 09. ④

10 다음 중 저항이 일정할 때 전선에 흐르는 전류의 세기와 전압의 관계를 바르게 나타낸 그래프는?

①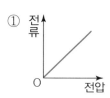

②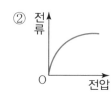

③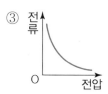

④

10
저항이 일정할 때 전압이 커질수록 전류의 세기가 커지므로 전류의 세기와 전압은 비례 관계에 있다.

11 다음은 저항이 연결된 회로 세 개에 걸리는 전압과 전류를 측정하여 나타낸 그래프이다.

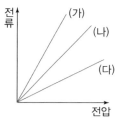

각 회로에 연결된 저항의 크기를 비교하면?

① (가) > (나) > (다)

② (다) > (나) > (가)

③ (가) = (나) = (다)

④ 비교할 수 없다.

11
$R = \dfrac{V}{I}$ 이므로 전류가 같은 값일 때, 전압이 커질수록 저항은 커진다. 따라서 저항의 크기는 같은 전류에서 전압이 높은 (다), (나), (가)의 순서가 된다.

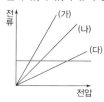

12 그림과 같이 저항이 3Ω인 니크롬선에 2A의 전류가 흐를 때, 이 니크롬선에 걸리는 전압은?

① 4V

② 6V

③ 8V

④ 10V

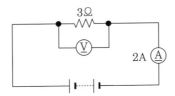

12

$V = IR = 2A \times 3Ω = 6V$

13 그림에서 3Ω의 저항에 9V의 전압이 걸릴 경우 회로에 흐르는 전류의 세기는?

① 1A

② 3A

③ 5A

④ 7A

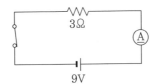

13

$I = \dfrac{V}{R} = \dfrac{9V}{3Ω} = 3A$

14 그림과 같이 3V의 전원에 연결된 전류계에 1A의 전류가 흐를 때 저항 R의 값은? (단, 전선의 저항은 무시한다.)

① 3Ω

② 5Ω

③ 7Ω

④ 9Ω

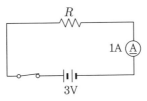

14

$R = \dfrac{V}{I} = \dfrac{3V}{1A} = 3Ω$

15 그림의 전기 회로도에서 전류계 (가)에 흐르는 전류의 세기는?

① 1A

② 2A

③ 3A

④ 5A

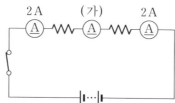

15

전하는 새로 생겨나거나 없어지지 않고 일정하기 때문에 저항이 직렬로 연결되어 있을 때 전류의 세기는 항상 일정하다.

16 전지의 연결 방법 중 전체 전압이 가장 낮은 것은? (단, 각 전지의 전압은 1.5V이다.)

①

②

③

④

16

전지를 직렬연결하면 전압이 증가하고 병렬연결하면 전압의 증가 없이 사용 시간이 늘어난다.
① 3V, ② 3V, ③ 4.5V, ④ 1.5V로 ④의 전압이 가장 낮다.

17 그림과 같이 2Ω과 4Ω인 저항을 직렬로 연결하고 6V의 전압을 걸어주었을 때 이 회로에 흐르는 전류의 세기는?

① 1A

② 2A

③ 4A

④ 6A

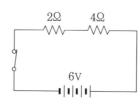

17

$$I = \frac{V}{R} = \frac{6V}{6Ω} = 1A$$

ANSWER

15. ② **16.** ④ **17.** ①

18 저항의 크기가 같은 니크롬선을 그림과 같이 다양하게 연결하였다. 전체 저항의 크기를 바르게 비교한 것은?

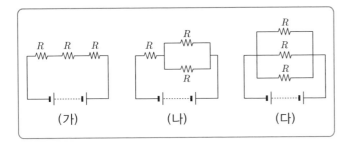

① (가) > (나) > (다) ② (가) > (다) > (나)
③ (나) > (가) > (다) ④ (다) > (나) > (가)

19 자기장과 자기력선에 대한 설명으로 옳지 <u>않은</u> 것은?

① 자기장은 자기력이 작용하는 공간을 의미한다.
② 자기장의 방향은 나침반 자침의 N극이 가리키는 방향이다.
③ 자기력선의 간격이 좁을수록 자기장이 강하다.
④ 자기력이 강할 경우 자기력선이 서로 교차한다.

20 다음 설명에 해당하는 힘은?

• 잡아당기는 힘과 밀어내는 힘이 있다.
• 이 힘을 이용한 예로는 전자석, 자기 부상 열차 등이 있다.

① 중력   ② 구심력
③ 마찰력   ④ 자기력

21 그림과 같이 직선 도선 위에 나침반을 놓고 전류를 흐르게 하면 나침반 자침의 N극은 어느 방향을 가리키는가?

① (가)
② (나)
③ (다)
④ (라)

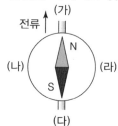

21

오른손 엄지손가락을 전류의 방향으로 향하게 할 때, 나머지 네 손가락으로 도선을 감아쥐면 네 손가락이 오른쪽을 가리키므로 자기장의 방향은 오른쪽이 된다. 따라서 나침반 자침의 N극은 (라) 쪽을 가리킨다.

22 원형 도선에 화살표 방향으로 전류가 흐를 때 자기장의 방향을 바르게 나타낸 것은?

①

②
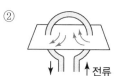

③

④

22

오른손 엄지손가락을 전류의 방향으로 향하게 할 때, 나머지 네 손가락으로 도선을 감아쥐는 방향이 자기장의 방향이 된다.

23 그림과 같은 코일에 전류를 흐르게 하였다. 이때 생기는 자기장에 대한 설명으로 옳지 <u>않은</u> 것은?

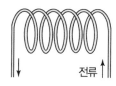

① 코일 내부에는 자기장이 없다.
② 자기장의 세기는 단위 길이당 코일을 감은 횟수가 많을수록 세다.
③ 자기장의 세기는 코일에 흐르는 전류의 세기가 셀수록 세다.
④ 코일 내부에 철심을 넣으면 자기장이 더 세진다.

23

코일 내부에는 직선 모양의 자기장이 생긴다.

A N S W E R
21. ④ 22. ③ 23. ①

24 그림과 같이 자석 사이에 직선 도선을 장치하고 도선에 전류가 흐르게 하였다. 이때 도선이 받는 힘의 방향은?

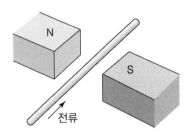

① 위쪽
③ 왼쪽
② 아래쪽
④ 오른쪽

24

자기장의 방향은 N극에서 S극으로 향한다. 따라서 자기장의 방향으로 오른손의 네 손가락을 펴고 전류의 방향으로 엄지손가락을 향하게 하면, 도선이 받는 힘은 아래쪽으로 작용한다.

25 그림과 같이 막대자석을 코일 속에 넣었다 뺐다 하면 검류계의 바늘이 움직인다. 이와 같은 원리를 이용한 것은?

① 전열기
② 발전기
③ 텔레비전
④ 전기밥솥

코일   검류계

25

그림은 코일을 지나는 자속이 변할 때 코일에 유도 전류가 발생하는 전자기 유도 현상이다. 이 현상을 이용해 발전기를 만들 수 있다.

26 코일 주위에서 자석을 움직일 때에 흐르는 유도 전류를 증가시키기 위한 방법은?

① 더 센 자석을 사용한다.
② 코일 감는 횟수를 감소시킨다.
③ 자석의 운동 속력을 감소시킨다.
④ 자석의 극을 반대로 바꾸어 사용한다.

26

② 코일 감는 횟수를 증가시킨다.
③ 자석의 운동 속력을 증가시킨다.
④ 자석의 극을 반대로 바꾸어 사용하면 전류의 방향만 변한다.

ANSWER

24. ② **25.** ② **26.** ①

27 220V–20W인 전기 기구를 220V인 전원에 연결하여 30분 동안 사용하였다면 소비한 전력량은?

① 1Wh
② 2Wh
③ 5Wh
④ 10Wh

전력량 = 전력 × 시간

$$= 20W \times \frac{1}{2}h = 10Wh$$

28 에너지 전환과 보존에 대한 설명으로 옳은 것만을 〈보기〉에서 있는 대로 고른 것은?

┌─보기─────────────────────────────┐
│ ㄱ. 에너지는 전환될수록 유용한 에너지가 증가한다.
│ ㄴ. 전자기 유도에서 역학적 에너지는 전기 에너지로
│   전환된다.
│ ㄷ. 에너지는 다른 종류로 전환되지만 새로 생기거나
│   없어지지 않으므로 에너지의 총량은 일정하게
│   보존된다.
└─────────────────────────────────┘

① ㄱ
② ㄴ
③ ㄱ, ㄷ
④ ㄴ, ㄷ

한 종류의 에너지는 다른 종류의 에너지로 전환될 수 있고 그 에너지의 총량은 변하지 않지만 에너지의 전환 과정에서 우리가 사용하기 어려운 열에너지 등의 형태로 전환되기 때문에 에너지를 절약하여 사용해야 한다.

A N S W E R
27. ④ **28.** ④

03 열과 에너지

물체의 온도 차이와 그 차이에 따라 열이 이동하는 원리를 이해하고 이를 바탕으로 열평형에 대해 이해합니다. 또한 물질에 따라 열을 받아들이는 정도가 다름을 이해하여 비열과 열팽창의 개념에 대해 설명할 수 있어야 합니다.

01 열의 이동

1 온도와 입자의 운동

(1) **온도** : 물체의 차갑고 뜨거운 정도를 수치로 나타낸 것

① 단위 : ℃(섭씨도), K(켈빈) 등

② 알코올 온도계, 디지털 온도계, 적외선 온도계 등으로 측정한다.

> 절대 온도 ▾ 검색
>
> 절대 온도(K)=섭씨온도(℃)+273

(2) **온도와 입자의 운동**

온도는 물체를 이루는 입자의 운동이 활발한 정도를 나타낸다.

→ 온도가 높을수록 물체를 이루는 입자의 운동이 활발하다.

2 열의 이동 방법

(1) **열과 열량**

① **열** : 온도가 서로 다른 두 물체가 접촉했을 때 온도가 높은 물체에서 온도가 낮은 물체로 이동하는 에너지

② **열량** : 온도가 다른 물체 사이에서 이동하는 열의 양

㉠ 단위 : cal, kcal

㉡ 1kcal는 물 1kg의 온도를 1℃ 높이는 데 필요한 열량이다.

(2) 열의 이동 방법

① 전도 : 고체에서 분자의 운동이 이웃한 분자로 전달되어 열이 이동하는 방법

　　예 겨울에 철봉을 잡으면 차갑게 느껴진다, 뜨거운 라면을 먹다 보면 젓가락이 뜨거워진다.

② 대류 : 액체나 기체 상태의 분자가 직접 이동하면서 열이 전달되는 방법

　　예 방바닥에만 보일러를 틀어도 방 전체가 따뜻해진다, 높이 설치한 에어컨을 틀면 방 전체가 시원해
　　진다, 라면을 끓일 때 냄비 아래쪽만 가열해도 위쪽까지 잘 끓일 수 있다.

③ 복사 : 물질의 도움 없이 열이 직접 전달되는 방법

　　예 태양열이 진공인 우주를 지나 지구에까지 전달된다, 난로를 쬐고 있으면 열기를 느낄 수 있다.

(3) 열의 효율적인 이용

① 냉난방 기구 : 대류가 잘 일어나도록 냉방기
는 위쪽에, 난방기는 아래쪽에 설치한다.

② 단열 : 물체 사이에서 열이 이동하는 것을
막는 것

　　㉠ 단열재 : 열의 이동을 막는 물질로, 내
　　부에 공기를 포함하는 공간이 많을수록
　　단열에 효율적이다. **예** 스타이로폼, 솜, 털 등

　　㉡ 단열의 이용 : 보온병, 이중창, 아이스박스, 방한복 등

> **바로 바로 CHECK√**
>
> 뜨거운 국 대접에 넣은 숟가락에서 따뜻
> 한 열이 전해지는 것은 열이 어떤 방법으
> 로 이동했기 때문인가?
>
> ① 대류　　　　❷ 전도
> ③ 이동　　　　④ 복사

3　열평형

(1) 열평형 상태 : 온도가 다른 두 물체가 접촉했
을 때 열이 이동하여 두 물체의 온도가 같아진
상태

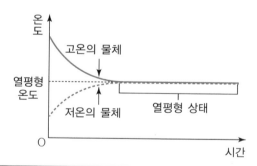

구분	열	온도	분자 운동	열의 양(열량)
온도가 높은 물체	잃음	낮아짐	둔해짐	온도가 높은 물체가 잃은 열량
온도가 낮은 물체	얻음	높아짐	활발해짐	=온도가 낮은 물체가 얻은 열량

(2) 열평형의 이용

① 여름에 수박을 시원한 물속에 담가두면 열평형 상태가 되어 수박이 시원해진다.

② 음식을 냉장고 안에 넣으면 열평형 상태가 되어 음식의 온도는 냉장고 안의 온도와 같아진다.

③ 입 안이나 겨드랑이에 체온계를 넣고 열평형 상태가 될 때까지 기다린다.

02 비열과 열팽창

1 비열

(1) 비열 : 어떤 물질 1kg의 온도를 1℃ 높이는 데 필요한 열량

① 단위 : kcal/(kg · ℃)

② 물의 비열 : 1kcal/(kg · ℃)

$$\text{비열(kcal/(kg · ℃))} = \frac{\text{열량(kcal)}}{\text{질량(kg)} \times \text{온도 변화(℃)}} \longrightarrow c = \frac{Q}{m \times t}$$

(2) 비열의 특징

① 물질의 종류에 따라 비열이 다르다.

② 일반적으로 액체의 비열이 고체의 비열보다 크다.

③ 비열이 작은 물질은 온도가 잘 변하고, 비열이 큰 물질은 온도가 잘 변하지 않는다.

④ 여러 가지 물질의 비열

[단위 : kcal/(kg · ℃)]

물 질	물	얼음	식용유	콘크리트	모래	구리
비 열	1.00	0.5	0.4	0.22	0.19	0.09

(3) 비열에 의한 현상과 이용

① 뚝배기는 금속 냄비보다 비열이 커서 금속 냄비에 담은 찌개보다 오랫동안 따뜻하다.

② 바닷가에서 낮에는 해풍이 불고(바다 → 육지), 밤에는 육풍이 분다(육지 → 바다).

2 열팽창

(1) 열팽창 : 물질에 열을 가할 때 온도가 높아져서 물질의 길이 또는 부피가 증가하는 현상

　① **열팽창이 일어나는 이유** : 열에 의해 물질을 이루는 분자의 운동이 활발해져서 분자 사이의 거리가 멀어지기 때문

　② **열팽창 정도** : 고체 < 액체 < 기체 → 고체, 액체는 물질에 따라 열팽창 정도가 다르다.

(2) 열팽창에 의한 현상과 이용

　① 바이메탈 : 열팽창 정도가 다른 두 금속을 붙여 만든 것으로, 자동 온도 조절이 필요한 기기 등에 이용한다.　**예** 다리미, 화재경보기 등

　② 유리병의 뚜껑이 안 열릴 때 뚜껑 쪽을 뜨거운 물에 담가 두면 팽창하여 열린다.

　③ 다리나 선로의 이음새에 틈을 만들어 놓는다.

　④ 알코올 온도계과 수은 온도계는 에탄올이나 수은의 열팽창을 활용하여 온도를 측정한다.

　⑤ 여름에 더운 곳에 보관한 음료 페트병을 만져 보면 팽팽하게 부풀어 있다.

바로 바로 CHECK√

다음 중 물질의 열팽창과 관계없는 것은?

① 에탄올이나 수은으로 온도계를 만들어 사용한다.

② 다리나 선로의 이음새에 틈을 만들어 놓는다.

❸ 음식을 할 때 넘칠 것을 대비하여 뚜껑을 열어 둔다.

④ 송유관을 ㄷ자 형태로 만들어 놓는다.

심화학습 ─ 물의 열팽창

　물은 다른 액체와 달리 4℃일 때의 부피가 가장 작고, 온도가 더 내려가면 다시 부피가 팽창한다. 따라서 다음과 같은 현상이 일어난다.

• 고체인 얼음의 부피가 물보다 더 크다.

• 얼음이 물 위에 뜬다.

• 겨울에 수도관이 얼어 터진다.

• 겨울에 강물이 위부터 얼어, 수중 생태계가 얼지 않고 보존된다.

01
온도에 대한 설명으로 옳은 것만을 〈보기〉에서 모두 고른 것은?

> **보기**
> ㉠ 온도는 물체의 차갑고 뜨거운 정도를 수치로 나타낸 것이다.
> ㉡ 온도가 높을수록 물체를 이루는 입자의 운동이 활발하다.
> ㉢ 절대 온도(K) = 섭씨온도(℃) + 273이다.

① ㉠, ㉡
② ㉠, ㉢
③ ㉡, ㉢
④ ㉠, ㉡, ㉢

01
온도는 물체의 차갑고 뜨거운 정도를 수치로 나타낸 것이다. 단위는 ℃(섭씨도), K(켈빈) 등이 있으며, 절대 온도(K) = 섭씨온도(℃) + 273이다. 온도는 물체를 이루는 입자의 운동이 활발한 정도를 나타낸 것으로, 온도가 높을수록 물체를 이루는 입자의 운동이 활발하다.

02
다음 중 복사에 의한 현상은?

① 냄비의 손잡이는 플라스틱으로 만든다.
② 뜨거운 라면을 먹다 보면 젓가락이 뜨거워진다.
③ 주전자 바닥을 가열하면 물 전체가 데워진다.
④ 태양열이 진공인 우주를 지나 지구에까지 전달된다.

02
①·②는 전도, ③은 대류에 의한 현상이다.

03
그래프는 온도가 높은 물질과 낮은 물질을 접촉시켰을 때의 온도 변화를 시간에 따라 나타낸 것이다. 다음에서 열평형이 이루어진 구간은?

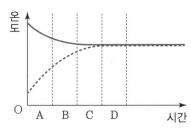

① A
② B
③ C
④ D

03
열평형은 온도가 다른 두 물체가 접촉했을 때 열이 이동하여 두 물체의 온도가 같아진 상태이다.

04 그림은 접촉한 두 물체 A, B가 열평형을 이룰 때까지의 온도 변화를 시간에 따라 나타낸 것이다. 열평형 온도는?

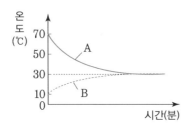

① 10℃　　　　　② 30℃

③ 50℃　　　　　④ 70℃

04

고온의 물체(70℃)와 저온의 물체(10℃)를 접촉시키면 열은 고온에서 저온으로 양쪽 물체의 온도가 같아질 때까지 이동한다. 이때의 온도(30℃)를 열평형 온도라고 한다.

05 80℃의 물속에 15℃의 금속구가 들어 있다. 다음 중 옳지 **않은** 것은?

① 시간이 지나면 물과 금속구의 온도는 같아진다.

② 온도가 같아진 상태를 열평형이라 한다.

③ 열은 금속구에서 물로 이동한다.

④ 열평형 상태에 이르기까지 물이 잃은 열량과 금속구가 얻은 열량은 같다.

05

열에너지는 온도가 높은 쪽에서 낮은 쪽으로 이동한다.

06 오른쪽 그래프는 질량이 같은 두 물질 A, B를 같은 세기의 불꽃으로 가열할 때, 가열 시간에 따른 온도 변화를 나타낸 것이다. 이에 대한 설명으로 옳지 **않은** 것은?

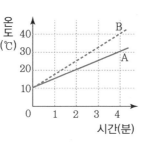

① 열량은 물질을 가열한 시간에 비례한다.

② A의 비열은 B의 비열보다 크다.

③ 그래프의 기울기가 클수록 비열이 큰 것이다.

④ 같은 열량을 가했을 때 B의 온도가 A보다 크게 변한다.

06

질량이 같은 두 물질 A와 B에 같은 열량을 가했으므로 온도-시간 그래프에서 기울기는 비열에 반비례한다. 따라서 그래프의 기울기가 작을수록 비열이 큰 것이다.

A N S W E R
04. ②　**05.** ③　**06.** ③

07 어떤 물질 1kg에 1kcal의 열량을 가했더니 온도가 2℃ 상승하였다. 이 물질의 비열은 얼마인가?

① 0.2kcal/(kg · ℃)　　② 0.5kcal/(kg · ℃)

③ 1kcal/(kg · ℃)　　④ 2kcal/(kg · ℃)

07
비열(kcal/(kg · ℃))

$$= \frac{열량(kcal)}{질량(kg) \times 온도\ 변화(℃)}$$

$$= \frac{1}{2} \text{kcal/(kg · ℃)} = 0.5\ \text{kcal/(kg · ℃)}$$

08 단열을 이용하는 기구가 <u>아닌</u> 것은?

① 보온병　　　　　② 이중창

③ 방한복　　　　　④ 냄비 바닥

08
냄비 바닥은 열을 잘 전달하는 금속으로 만들어 음식물이 잘 익을 수 있게 한다.

09 솜, 스타이로폼은 내부에 많은 양의 공기를 가지고 있어 단열에 효율적이다. 공기가 단열에 효율적인 이유로 옳은 것은?

① 공기가 가볍기 때문

② 공기가 비열이 작기 때문

③ 공기는 대류가 잘 일어나기 때문

④ 공기는 열의 전도가 느리게 일어나기 때문

09
공기는 열의 전도가 느리게 일어나기 때문에 내부에 공기를 많이 가지고 있는 물질이 단열에 효율적이다.

10 물질에 열을 가하면 물질의 길이 또는 부피가 증가하는 이유로 옳은 것은?

① 열에 의해 분자의 수가 많아지기 때문

② 열에 의해 분자의 크기가 커지기 때문

③ 열에 의해 분자의 구조가 달라지기 때문

④ 열에 의해 분자 사이의 거리가 멀어지기 때문

10
물질에 열을 가할 때 열에 의해 물질을 이루는 분자의 운동이 활발해져서 분자 사이의 거리가 멀어지기 때문에 물질의 길이 또는 부피가 증가한다.

ANSWER

07. ②　**08.** ④　**09.** ④　**10.** ④

Chapter 04 빛과 파동

 우리가 물체를 보는 과정을 빛의 경로로 나타내고 빛이 세 가지 색상으로 합성된다는 것을 이해하며 여러 가지 렌즈와 거울을 통해 나타나는 상에 대해 비교합니다. 또한 빛을 비롯한 여러 파동이 횡파와 종파로 구분된다는 사실을 배우며 그 중 소리를 이용하여 파동의 진폭, 진동수, 파형에 대해 이해합니다.

01 빛과 빛의 합성

1 물체를 보는 과정

(1) **광원** : 스스로 빛을 내는 물체

(2) **광원에서 나온 빛의 진행 경로**

① **빛의 직진** : 광원에서 나온 빛이 똑바로 나아가는 현상

예 자동차의 전조등, 구름 사이로 비치는 햇빛, 등대의 불빛 등

② **빛의 반사** : 직진하던 빛이 물체를 만나면 반사되어 방향이 바뀌는 현상

(3) **물체를 보는 과정**

① **광원을 볼 때** : 광원에서 나온 빛이 눈으로 직접 들어온다.

② **광원이 아닌 물체를 볼 때** : 광원에서 나온 빛이 물체 표면에서 반사된 후 눈으로 들어온다.

2 빛의 합성

(1) **빛의 합성** : 두 가지 이상의 빛(단색광)이 합쳐져서 다른 색의 빛으로 보이는 현상

예 영상 장치(컴퓨터 모니터, 텔레비전, 휴대 전화)의 화면, 무대 조명 등

(2) **빛의 삼원색**

① **빛의 삼원색** : 빨간색, 초록색, 파란색

② 빛의 삼원색의 합성 : 빛은 합성할수록 밝아지고, 삼원색을 적절히 합성하면 모든 색의 빛을 다 나타낼 수 있다.

ⓐ 빨간색 + 초록색 → 노란색

ⓑ 빨간색 + 파란색 → 자홍색

ⓒ 초록색 + 파란색 → 청록색

ⓓ 빨간색 + 초록색 + 파란색 → 흰색

3 물체의 색

(1) **물체의 색** : 물체의 색은 물체가 반사하는 빛이 합성된 색으로 보인다.

① 빨간색 빛을 반사하면 빨간색으로 보인다.

② 모든 색의 빛을 반사하면 흰색으로 보인다.

③ 반사하는 빛이 없으면 검은색으로 보인다.

(2) **조명에 따른 물체의 색** : 같은 물체라도 비추는 조명색에 따라 물체의 색이 다르게 보일 수 있다. → 물체는 조명색과 물체가 반사하는 색이 공통으로 포함하는 색으로 보인다.

02 거울에 의한 물체의 상

1 빛의 반사

(1) **빛의 반사** : 직진하던 빛이 물체를 만나면 반사되어 방향이 바뀌는 현상

법선	▼	검색

거울 면에 수직인 선

(2) **반사 법칙** : 빛이 반사할 때 입사각과 반사각의 크기는 항상 같다.

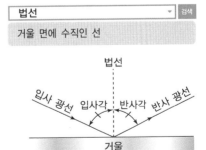

심화학습 반사의 종류

• **정반사** : 금속이나 유리면처럼 매끄러운 면에서 빛이 모두 일정한 방향으로 반사되는 것으로 반사면에 상이 비치며, 일정 방향에서만 반사된 빛을 볼 수 있다.

• **난반사** : 종이나 영화관 스크린처럼 거친 면에서 빛이 여러 방향으로 반사되는 것으로 반사면에 상이 비치지 않으며, 어느 방향에서나 반사된 빛을 볼 수 있다. 난반사에서 각각의 입사 광선은 서로 다른 각도로 입사하기 때문에 여러 방향으로 반사되는 것이다. 그러나 각각의 광선에서는 모두 반사 법칙이 성립한다.

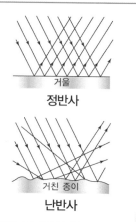

2 거울에 의한 물체의 상

(1) 평면거울에 의한 상

① 평면거울에서 상이 생기는 원리

㉠ 물체에서 반사되어 나온 빛이 거울 면에서 반사되어 눈으로 들어온다.

㉡ 눈에 들어온 빛이 거울 뒤쪽에서 직진해 온 것으로 인식한다.

㉢ 눈에 들어온 반사 광선의 연장선이 만난 점에 생긴 상을 인식한다.

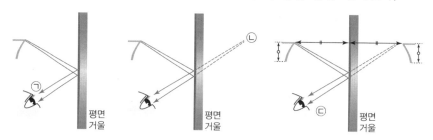

② 평면거울에 의한 상의 특징

㉠ 상의 크기 : 실제 물체의 크기와 같다.

㉡ 상의 모습 : 물체의 좌우가 바뀌어 보인다.

㉢ 상의 위치 : 물체에서 거울까지의 거리는 거울에서 상까지의 거리와 같다.

③ **평면거울의 이용** : 잠망경, 욕실, 미용실 등의 거울 등

(2) 볼록 거울에 의한 상

① 볼록 거울에서 반사하는 빛 : 빛이 거울에 나란하게 입사하면, 거울 면에서 반사된 빛이 넓게 퍼져 나가 평면거울보다 더 넓은 범위를 볼 수 있다.

② 볼록 거울에 의한 상의 모습

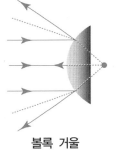

볼록 거울

ㄱ 거울과 물체 사이의 거리에 관계없이 항상 물체보다 작고 바로 선 상이 생긴다.

ㄴ 물체가 거울에서 멀어질수록 상의 크기는 작아진다.

③ 볼록 거울의 이용 : 자동차의 측면 거울, 마트의 감시용 거울, 굽은 길 모퉁이의 반사경 등

(3) 오목 거울에 의한 상

① 오목 거울에서 반사하는 빛 : 빛이 거울에 나란하게 입사하면, 거울 면에서 반사된 빛이 한 점으로 모인다.

② 오목 거울에 의한 상의 모습

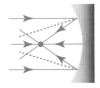

오목 거울

ㄱ 물체가 가까이 있을 때는 실제 물체보다 크고 바로 선 상이, 멀리 있을 때는 실물보다 작고 거꾸로 선 상이 생긴다.

ㄴ 물체가 거울에서 멀어질수록 상의 크기는 작아진다.

③ 오목 거울의 이용 : 현미경의 반사경, 천체용 반사 망원경, 성화 채화용 거울, 자동차의 전조등, 등대 등

---

03 렌즈에 의한 물체의 상

1 빛의 굴절

(1) **빛의 굴절** : 두 물질의 경계면에서 빛의 진행 방향이 꺾이는 현상

(2) **빛의 굴절의 예**

① 물컵 속의 빨대가 꺾여 보인다.

② 물고기가 실제보다 위쪽에 있는 것처럼 보인다.

③ 개울 속에 들어가면 다리가 굵고 짧아 보인다
④ 빈 그릇 바닥에 동전을 놓고 물을 부으면 동전이 떠올라 보인다.

2 렌즈에 의한 물체의 상

(1) 볼록 렌즈에 의한 상

① 볼록 렌즈에서 굴절하는 빛 : 빛이 렌즈에 나란하게 입사하면, 렌즈에서 굴절된 빛이 초점으로 모인다.

② 볼록 렌즈에 의한 상의 모습

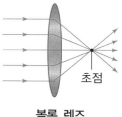

볼록 렌즈

㉠ 물체가 가까이 있을 때는 실제 물체보다 크고 바로 선 상이, 멀리 있을 때는 실물보다 작고 거꾸로 선 상이 생긴다.

㉡ 물체가 거울에서 멀어질수록 상의 크기는 작아진다.

③ 볼록 렌즈의 이용 : 원시 교정용 안경, 돋보기, 굴절 망원경 등

(2) 오목 렌즈에 의한 상

① 오목 렌즈에서 굴절하는 빛 : 빛이 렌즈에 나란하게 입사하면, 렌즈에서 굴절된 빛이 넓게 퍼져 나간다.

② 오목 렌즈에 의한 상의 모습

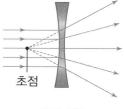

오목 렌즈

㉠ 거울과 물체 사이의 거리에 관계없이 항상 물체보다 작고 바로 선 상이 생긴다.

㉡ 물체가 거울에서 멀어질수록 상의 크기는 작아진다.

③ 오목 렌즈의 이용 : 근시 교정용 안경 등

04 파동과 소리

1 파동

(1) **파동** : 물질의 진동이 다른 곳으로 전달되는 현상

　① **파원** : 파동에서 시작되는 지점

　② **매질** : 파동을 전달하는 물질

　③ 여러 가지 파동의 매질

파동	물결파	지진파	빛	소리
매질	물	땅	매질 없이도 전달됨	고체, 액체, 기체

(2) **파동의 진행** : 파동이 진행할 때 매질은 이동하지 않고 제자리에서 진동만 하며, 에너지만 전달된다.

(3) **파동의 영향 및 이용**

　① 지진으로 인해 건물이나 도로가 붕괴된다.

　② 초음파를 이용하여 몸속의 사진을 찍는다.

　③ 파도에 의해 바위가 깎여 해안 절벽이 생긴다.

(4) **파동의 종류**

　① **횡파(고저파)** : 파동의 진행 방향과 매질의 진동 방향이 서로 수직인 파동

　　예 지진파의 S파, 현악기 줄의 진동, 빛, 물결파, 전자기파 등

　② **종파(소밀파)** : 파동의 진행 방향과 매질의 진동 방향이 서로 나란한 파동

　　예 지진파의 P파, 소리(음파), 초음파 등

(5) 파동의 표시

① 파동의 요소

ㄱ 마루 : 가장 높은 부분

ㄴ 골 : 가장 낮은 부분

ㄷ 진폭 : 진동의 중심에서 마루 또는 골까지의 수직 거리

ㄹ 파장 : 마루에서 다음 마루, 골에서 다음 골까지의 거리

② 주기와 진동수

ㄱ 주기 : 매질이 한 번 진동하는 데 걸리는 시간 → **단위 : 초**

ㄴ 진동수 : 매질의 한 점이 1초 동안 진동하는 횟수 → **단위 : Hz(헤르츠)**

예 1초에 10회 진동하는 파동의 진동수 → 10Hz

ㄷ 진동수와 주기의 관계 : 역수 관계

$$진동수 = \frac{1}{주기}$$

③ 파동의 그래프

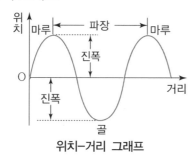

위치–거리 그래프

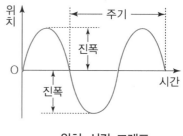

위치–시간 그래프

2 소리

(1) **소리(음파)** : 물체의 진동이 공기와 같은 매질을 진동시켜 전달되는 파동

① 소리는 파동의 진행 방향과 매질의 진동 방향이 나란한 종파이다.

② 소리는 매질이 있어야 전달되는 파동으로, 고체, 액체, 기체 상태일 때 모두 전달된다.

→ 진공 상태에서는 전달되지 않는다.

(2) 소리의 3요소

① 소리의 크기(세기) : 진폭이 클수록 큰 소리가 난다.

② 소리의 높낮이 : 진동수가 클수록 높은 소리가 난다.

③ 음색 : 파형이 다르면 음색이 다르다.

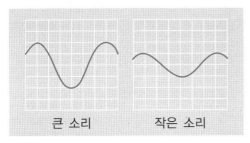

소리의 크기

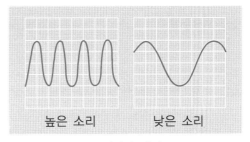

소리의 높낮이

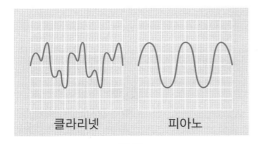

음색

01 색깔이 다른 두 가지 이상의 빛을 한 곳에 비추었을 때 새로운 색깔이 나타나는 빛의 성질은?

① 직진   ② 합성

③ 굴절   ④ 반사

02 다음 설명 중 옳지 <u>않은</u> 것은?

① 초록색 빛을 반사하면 초록색으로 보인다.

② 모든 색의 빛을 반사하면 흰색으로 보인다.

③ 반사하는 빛이 없으면 검은색으로 보인다.

④ 햇빛 아래에서 흰색으로 보이는 물체는 어떤 색의 불빛 아래에서도 흰색으로 보인다.

03 다음 설명에 해당하는 빛의 성질은?

> • 물체가 거울에 비쳐 보인다.
> • 잔잔한 수면 위에 주위의 풍경이 비쳐 보인다.

① 분해   ② 반사

③ 분산   ④ 합성

04 그림과 같이 빛이 거울에 입사할 경우 반사각 A의 크기는?

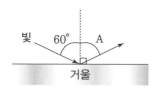

① $20°$ ② $40°$

③ $60°$ ④ $80°$

05 목욕탕 물에 잠긴 다리 부분이 실제보다 짧아 보이는 것은 빛의 어떤 성질 때문인가?

① 굴절　　　　　　② 반사

③ 직진　　　　　　④ 분산

06 그림은 평면 거울에 비친 시계의 모습이다. 다음 중 이 시계가 나타내는 시각은?

① 03시 00분

② 06시 30분

③ 09시 00분

④ 12시 30분

07 볼록 거울로 물체를 보면 항상 실물보다 작게 보이지만 넓은 지역을 볼 수 있다. 이와 같은 볼록거울의 성질을 일상생활에서 이용한 예로 적절한 것은?

① 자동차의 전조등

② 잠망경 속의 거울

③ 성화 채화용 거울

④ 도로의 굽은 길에 설치된 거울

08 빛을 한 점에 모으는 역할을 하는 것은?

① 평면 거울　　　　② 볼록 거울

③ 오목 렌즈　　　　④ 볼록 렌즈

09 잔잔한 호수에 돌을 던졌을 때 생기는 물의 출렁임이 수면을 따라 퍼져 나가는 현상은?

① 진폭   ② 파장
③ 매질   ④ 파동

09

파동은 물질의 진동이 다른 곳으로 전달되는 현상이다.

10 다음 중 소리가 공기 중에서 전달되는 방법과 가장 유사한 형태로 파동이 전달되는 경우는?

① 잔잔한 연못에 돌을 던질 때
② 용수철을 상하로 흔들 때
③ 용수철을 앞뒤로 흔들었을 때
④ 지진파의 S파가 전파될 때

10

소리는 파동의 진행 방향과 매질의 진동 방향이 서로 나란한 종파이다.

11 그림은 어떤 파동의 순간적인 모습을 나타낸 것이다. (가)에 해당하는 것은?

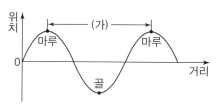

① 매질   ② 진폭
③ 파장   ④ 진동수

11

마루와 마루 사이, 혹은 골과 골 사이의 거리를 파장이라고 한다. 진동수는 파동이 1초 동안 왕복 운동을 한 횟수로 Hz(헤르츠)로 나타낸다.

━ A N S W E R ━

09. ④   **10.** ③   **11.** ③

12 그림과 같은 파동의 진폭과 파장을 바르게 나타낸 것은?

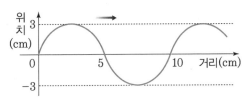

	진폭(cm)	파장(cm)		진폭(cm)	파장(cm)
①	3	5	②	3	10
③	6	5	④	6	10

12
진폭은 파동의 중심에서 마루(골)까지의 거리이고, 파장은 마루(골)에서 다음 마루(골)까지의 거리이다.

13 철수는 음악 시간에 합창 연습을 하였는데, 같은 노래를 부르더라도 누가 부르는지 정확히 구별할 수 있었다. 이것은 소리의 어떤 성질 때문인가?

① 소리의 높낮이가 다르다.
② 소리의 크기(세기)가 다르다.
③ 소리의 음색이 다르다.
④ 소리의 리듬이 다르다.

13
소리의 음색은 파형(파동의 모양)에 의해 구분되며, 같은 크기와 높이를 가진 소리가 구분되는 것은 소리의 음색이 각각 다르기 때문이다.

ⒶⓃⓈⓌⒺⓇ
12. ② **13.** ③

01 중력에 대한 설명으로 옳지 <u>않은</u> 것은?

① 중력의 크기는 장소에 따라 다르다.

② 중력은 항상 지구 중심 방향으로 작용한다.

③ 물체의 질량이 클수록 중력의 크기가 크다.

④ 지구 중심에서 멀어질수록 중력의 크기가 크다.

01
중력의 크기는 물체의 질량이 클수록, 지구 중심에 가까울수록 크다.

02 다음 설명에 해당하는 것은?

> • 물체와 접촉면 사이에서 물체의 운동을 방해하는 힘이다.
> • 아기 양말 바닥에 붙어 있는 고무는 미끄러짐을 방지한다.

① 중력   ② 부력

③ 탄성력   ④ 마찰력

02
마찰력은 물체와 접촉면 사이에서 물체의 운동을 방해하는 힘으로 움직이지 않는 상태에서 물체를 움직이려고 하는 힘의 반대나 움직이는 물체의 반대 방향으로 작용한다.

03 그래프는 운동하는 A, B, C 세 물체의 시간에 따른 이동 거리를 나타낸 것이다. 속력이 가장 빠른 물체는?

① A

② B

③ C

④ 모두 같다.

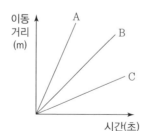

03
그래프는 시간에 따른 이동 거리를 나타내고 있으므로, 기울기가 곧 속력이 된다. 따라서 속력이 가장 빠른 것을 찾으려면 기울기가 가장 큰 것을 찾아야 한다.

ANSWER
01. ④ 02. ④ 03. ①

04 등속 운동을 하는 물체의 시간에 따른 속력 그래프에서 그래프 아랫부분과 시간축으로 둘러싸인 부분의 넓이가 의미하는 것은?

① 속력
② 걸린 시간
③ 이동 거리
④ (속력)^2

04
등속 운동을 하는 물체의 시간에 따른 속력 그래프에서 그래프 아랫부분과 시간축으로 둘러싸인 부분의 넓이는 '속력×걸린 시간'이므로 이동 거리를 나타낸다.

05 그림과 같이 질량이 다른 물체 A, B, C를 진공 상태에서 가만히 놓았다. 높이가 h로 같을 때, A~C가 지면에 도달하는 순간까지 걸리는 시간에 대한 설명으로 옳은 것은?

① A가 가장 짧다.
② B가 가장 짧다.
③ C가 가장 짧다.
④ 모두 같다.

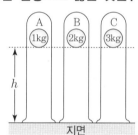

05
공기 마찰이 없는 진공상태에서 질량이나 모양이 다른 물체들을 자유 낙하시키면 물체의 종류와 상관없이 1초당 9.8m/s씩 속력이 증가하기 때문에 같은 높이에서 낙하한 A~C의 경우 동시에 바닥에 떨어진다.

06 무게가 30N인 물체를 일정한 속력으로 2m 위로 들어 올렸을 때, 한 일의 양은?

① 20J
② 40J
③ 60J
④ 80J

06
$W = F \times s = 30N \times 2m = 60J$

07 다음 중 일의 양이 0인 경우는?

① 1N의 힘으로 물체를 힘의 방향으로 1m 이동시킬 때
② 질량이 1kg인 물체를 1m 들어 올릴 때
③ 질량이 1kg인 물체를 들고 수평 방향으로 1m 이동할 때
④ 질량이 1kg인 물체를 들고 계단을 1m 올라갈 때

07
힘의 방향과 물체의 이동 방향이 수직일 때는 일의 양이 0이다.

08 어떤 물체를 지면에서 5m 높이까지 들어 올리는 데 980J의 일을 하였다면, 이 물체의 질량은 몇 kg이겠는가?

① 5kg ② 10kg

③ 15kg ④ 20kg

09 지표면 부근에서 물체가 자유 낙하하는 동안, 물체의 에너지 변화에 대한 설명으로 옳은 것은? (단, 공기 저항과 마찰은 무시한다.)

① 운동 에너지는 감소한다.

② 위치 에너지는 증가한다.

③ 역학적 에너지는 증가한다.

④ 위치 에너지가 운동 에너지로 전환된다.

10 그림은 (가)에서 (나)로 공이 운동한 경로를 나타낸 것이다. 구간 A~D 중 위치 에너지가 운동 에너지로 전환된 곳은? (단, 공기 저항과 마찰은 무시한다.)

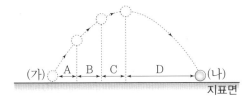

① A ② B

③ C ④ D

08

E위치$=9.8mh$

$980=9.8 \times m \times 5$

$\therefore m = 20$kg

09

물체가 자유 낙하하는 동안 공기 저항과 마찰을 무시하면, 물체의 높이가 감소하면서 위치 에너지가 줄어들고 속력이 증가하면서 운동 에너지는 증가한다. 하지만 감소한 물체의 위치 에너지만큼 운동 에너지로 전환되어 증가할 것이기 때문에 역학적 에너지는 일정하게 보존된다.

10

위치 에너지가 운동 에너지로 전환되는 과정은 물체의 높이가 낮아지며 속력이 빨라지는 구간인 D이다.

ANSWER

08. ④ 09. ④ 10. ④

11 그림과 같이 5m 높이에서 질량 2kg인 물체를 2m/s의 속력으로 수평 방향으로 던졌다. 이 물체가 지면에 닿는 순간 역학적 에너지는 몇 J인가? (단, 공기의 저항은 무시한다)

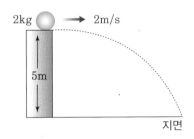

① 4J
② 10J
③ 98J
④ 102J

11

처음 역학적 에너지
=운동 에너지+위치 에너지
$= \dfrac{1}{2} \times 2 \times 2^2 + 9.8 \times 2 \times 5$
$= 102(J)$

12 마찰 전기에 대한 설명으로 옳지 <u>않은</u> 것은?

① 서로 다른 물체를 마찰시킬 때 발생한다.
② 전자를 잃은 물체는 (+)전하를 띤다.
③ 마찰시킨 두 물체는 서로 다른 전하를 띤다.
④ 서로 다른 물체를 마찰시킨 후 가까이 하면 서로 밀어내는 힘이 작용한다.

12

마찰시킨 두 물체는 서로 반대의 전기를 띠어 서로 끌어당기는 힘(인력)이 작용한다.

13 검전기는 어떤 현상을 이용하여 물체의 대전 여부를 알아내는 장치인가?

① 마찰 전기
② 방전 현상
③ 질량 보존
④ 정전기 유도

13

검전기는 정전기 유도 현상을 이용한 것이다.

ANSWER
11. ④ 12. ④ 13. ④

14 전구에 흐르는 전하량을 측정하려고 한다. 전류계를 바르게 연결한 것은?

①
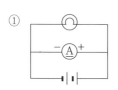

②
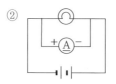

③
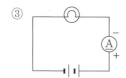

④
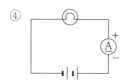

15 저항 5Ω에 10V의 전압이 걸릴 경우 회로에 흐르는 전류의 세기는?

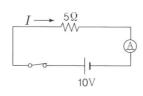

① 2A   ② 5A

③ 10A   ④ 50A

16 그림과 같은 전기 회로에서 3A의 전류가 흐를 때 (가)와 (나) 사이에 걸리는 전압은?

① 3V

② 6V

③ 9V

④ 12V

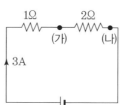

17 그래프는 니크롬선에 걸리는 전압과 전류의 관계를 나타낸 것이다. 이 니크롬선의 저항은?

① 1Ω

② 3Ω

③ 5Ω

④ 7Ω

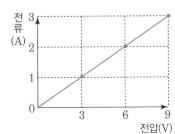

17

$$R = \frac{V}{I} = \frac{3V}{1A} = 3Ω$$

18 그림과 같은 회로에서 각 저항에 흐르는 전류의 세기 I, I_1, I_2의 관계를 바르게 나타낸 것은? (단, $R_1 > R_2$)

① $I > I_1 > I_2$

② $I > I_2 > I_1$

③ $I_1 > I_2 > I$

④ $I_1 > I > I_2$

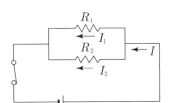

18

병렬연결에서는 저항이 작은 쪽이 큰 전류가 흐르므로, $I > I_2 > I_1$가 된다.

19 그림과 같이 3Ω의 저항 두 개를 병렬로 연결한 전기 회로에서, 스위치를 닫았을 때 전압계의 바늘이 3V를 가리켰다. 이때 전류계의 바늘이 가리키는 값은?

① 0.5A

② 1A

③ 1.5A

④ 2A

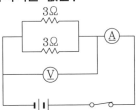

19

$$\frac{1}{R} = \frac{1}{3} + \frac{1}{3} = \frac{2}{3}$$

$$\therefore R = \frac{3}{2}Ω = 1.5Ω$$

따라서 $I = \frac{V}{R} = \frac{3V}{1.5Ω} = 2A$

20 자기장과 자기력선에 대한 설명으로 옳지 <u>않은</u> 것은?

① 나침반을 놓았을 때 나침반 자침의 N극이 가리키는
   방향이 자기장의 방향이 된다.

② 자석의 양극에 가까울수록 자기장의 세기는 세다.

③ 자기력선의 간격이 넓을수록 자기장의 세기가 세다.

④ 자기력선은 중간에 끊어지거나 서로 교차하지 않는다.

21 그림은 막대자석 주위의 자기력선을 나타낸 것이다. A, B에
해당하는 자석의 극을 바르게 짝지은 것은?

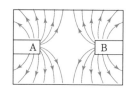

	A	B			A	B
①	N극	S극		②	S극	S극
③	N극	N극		④	S극	N극

22 직선 도선에 전류가 흐를 때, 직선 도선 주위에 생기는
자기장의 모양으로 적절한 것은?

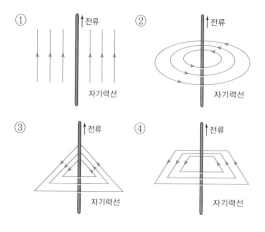

20

자기력선의 간격이 좁을수록 자기장의
세기가 세다.

21

자기력선은 항상 N극에서 나와 S극으로
들어가며, 서로 같은 극 사이에서는 척력
이 작용한다. 그림에서 A, B 모두 자기력
선이 나오는 극이므로 모두 N극이다.

22

직선 도선에 전류가 흐를 때 도선 주위
에는 도선을 감싸는 둥근 모양의 자기장
이 형성된다.

ANSWER

20. ③ **21.** ③ **22.** ②

23 그림과 같이 직선 도선에 전류를 흘려줄 때 자침의 방향은?
(단, 지구 자기장은 무시한다.)

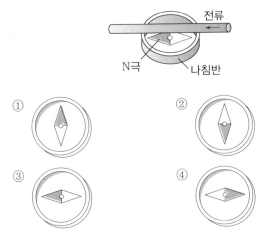

① ② ③ ④

23
직선 도선에서 전류가 왼쪽으로 흐를 때 엄지 손가락을 왼쪽으로 한 오른손으로 도선을 감아주면 나머지 네 손가락의 방향이 자기장의 방향이 된다. 따라서 도선의 아래쪽 부분에서는 자기장의 방향이 아래쪽이라는 것을 알 수 있다.

24 코일에 전류가 흐를 때 생기는 자기장의 방향이 바르게 표시된 것은?

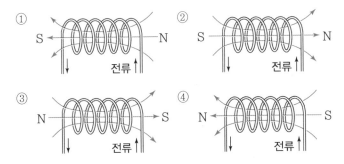

① S ← N 전류
② S ← N 전류
③ N → S 전류
④ N → S 전류

24
오른손의 네 손가락을 전류의 방향으로 감아쥘 때 엄지손가락이 가리키는 방향이 N극이다.

25 그림과 같이 코일이 중심축 상에 있는 막대자석을 손으로 잡고 있다. 코일에 유도 전류가 흐르지 <u>않는</u> 경우는?

막대자석

코일

G

중심축

① 막대자석을 위로 움직일 때
② 막대자석을 아래로 움직일 때
③ 코일을 위로 움직일 때
④ 코일 속에서 막대자석을 움직이지 않을 때

26 다음 중 전자기 유도 현상을 이용하지 <u>않는</u> 것은?

① 변압기 　　　　② 도난 경보기
③ 금속 탐지기 　　④ 수은 기압계

27 표는 어떤 가정에서 하루 동안 사용하는 가전제품의 소비 전력과 사용 시간을 나타낸 것이다. 이 가정에서 하루 동안 사용한 전력량은?

	소비 전력	하루 사용 시간
선풍기	220V-200W	5시간
컴퓨터	220V-500W	4시간
전기밥솥	220V-1000W	1시간

① 1000Wh 　　　② 2000Wh
③ 3000Wh 　　　④ 4000Wh

25
코일과 막대자석을 보면 그림이 '전자기 유도'에 관한 것임을 알 수 있다. 코일 주변에서 자기장의 움직임에 변화를 주면 코일에 전류가 유도되는 것인데, 자기장(자석)에 변화를 주지 않으면 전류가 유도되지 않는다.

26
전자기 유도 현상은 자기장을 띤 물체가 코일 주위에서 움직여 자기장의 변화가 생길 때 코일 주위에 전류가 흐르는 현상이다. 수은 기압계의 경우 대기압에 의한 시험관 속 수은 기둥의 높이 변화를 이용한 것으로 전자기 유도 현상과는 상관이 없다.

27
전력량(Wh)＝소비 전력(W)×시간(h)
선풍기 : 200W×5h＝1000Wh
컴퓨터 : 500W×4h＝2000Wh
전기밥솥 : 1000W×1h＝1000Wh
1000Wh＋2000Wh＋1000Wh＝4000Wh

ANSWER
25. ④　26. ④　27. ④

28 에어컨을 높은 곳에 설치하는 것은 열의 이동 방법 중 어떤 것과 관련된 것인가?

① 전도   ② 대류

③ 이동   ④ 복사

29 온도 50℃, 질량 50g인 물체 A에 온도 10℃, 질량 300g인 물체 B를 접촉시켰을 때 나타나는 현상으로 옳지 <u>않은</u> 것은?

① 열에너지는 A에서 B로 이동한다.

② 시간이 지나면 A와 B의 온도가 같아지는 상태가 된다.

③ A는 분자 운동이 점점 둔해지고 B는 점점 활발해진다.

④ 열평형 상태에 이르기까지 B가 얻은 열량은 A가 잃은 열량보다 많다.

30 표는 물질 A~C의 비열을 나타낸 것이다. 같은 질량의 물질 A~C에 같은 열량을 가할 때 온도가 변하는 정도를 바르게 비교한 것은?

[단위 : kcal/(kg · ℃)]

물 질	A	B	C
비 열	1	0.5	0.1

① A > B > C   ② A = B > C

③ A = B = C   ④ C > B > A

31 금속 A, B를 붙여 만든 바이메탈을 가열했더니 그림과 같은 방향으로 휘어졌다. 이에 대한 설명으로 옳은 것은?

① A와 B는 비열이 같다.

② A와 B는 열팽창 정도가 같다.

③ 이 바이메탈을 냉각시키면 A 쪽으로 휘어진다.

④ B는 A보다 열에 의해 더 많이 팽창한다.

31

바이메탈은 서로 다른 열팽창 정도를 가진 두 금속을 붙여 만든 것이다. 가열하면 열팽창 정도가 작은 금속 쪽으로 휘고, 냉각하면 그 반대 방향으로 휜다.

32 빛의 색에 대한 설명으로 옳지 <u>않은</u> 것은?

① 빨간색, 초록색, 파란색의 빛을 빛의 삼원색이라 한다.

② 빛의 삼원색을 한 지점에서 비추면 백색광이 된다.

③ 식물의 잎이 초록색으로 보이는 것은 잎이 초록색 빛을 흡수하기 때문이다.

④ 텔레비전의 브라운관은 빛의 삼원색을 적절히 합성하여 색을 만든다.

32

식물의 잎이 초록색으로 보이는 것은 잎이 초록색 빛을 반사하기 때문이다.

33 그림은 흰 종이 위에서 빛의 삼원색을 합성시켰을 때 보이는 색을 나타낸 것이다. 이 때, 빨간색과 초록색 빛이 합성되어 보이는 색 A는?

① 검정색

② 노란색

③ 자홍색

④ 파란색

33

빛의 삼원색은 빨간색, 초록색, 파란색이다. 그 중 빨간색과 초록색 빛을 합성하면 노란색 빛이 된다.

34 다음 현상과 관련된 빛의 성질은?

> • 물이 들어 있는 유리컵에 젓가락을 넣으면 꺾여 보인다.
> • 물속에 잠겨 있는 동전은 실제보다 위쪽에 있는 것처럼 보인다.

① 굴절 ② 반사
③ 합성 ④ 직진

35 오목 렌즈에 대한 설명으로 옳지 <u>않은</u> 것은?

① 항상 거꾸로 선 상이 보인다.
② 양 끝보다 가운데 부분이 얇다.
③ 빛을 퍼지게 하는 성질이 있다.
④ 항상 실물보다 작은 상이 생긴다.

36 다음 설명에 해당하는 것은?

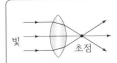

> • 나란하게 들어온 빛을 굴절시켜 한 초점을 지나게 한다.
> • 돋보기로 이용된다.

① 프리즘 ② 볼록 렌즈
③ 오목 렌즈 ④ 평면거울

37 파동은 종파와 횡파로 나눌 수 있다. 다음 중 종파끼리만 묶인 것은?

① 음파, 지진파의 P파, 용수철을 앞뒤로 흔들 때의 파동
② 물결파, 지진파의 S파, 용수철을 위아래로 흔들 때의 파동
③ 음파, 물결파, 용수철을 앞뒤로 흔들 때의 파동
④ 전자기파, 지진파의 P파, 용수철을 위아래로 흔들 때의 파동

38 다음 중 옳지 <u>않은</u> 것은?

① 파동에서 가장 높은 부분을 마루라고 한다.

② 마루에서 다음 마루까지의 거리를 파장이라고 한다.

③ 매질의 한 점이 1초 동안 진동하는 횟수를 주기라고 한다.

④ 진동의 중심에서 마루나 골까지의 거리를 진폭이라고 한다.

39 다음 중 진폭이 가장 큰 파동은?

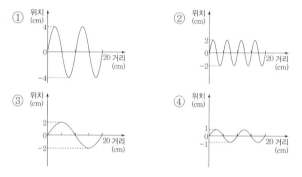

40 소리에 대한 설명으로 옳지 <u>않은</u> 것은?

① 소리는 물체가 진동할 때 발생한다.

② 소리는 진행 방향과 공기의 진동 방향이 나란하다.

③ 소리는 진공 상태에서도 전달된다.

④ 소리는 고체, 액체, 기체 상태일 때 모두 전달된다.

38

• 주기 : 매질의 한 점이 1회 진동하는 데 걸리는 시간
• 진동수 : 매질의 한 점이 1초 동안 진동하는 횟수

39

진폭은 진동하는 매질의 중심에서 마루 혹은 골까지의 거리이다. ①의 진폭은 4cm, ②의 진폭은 2cm, ③의 진폭은 2cm, ④의 진폭은 1cm이다.

40

소리는 매질이 있는 곳에서만 전달된다.

ANSWER
38. ③ 39. ① 40. ③

PART

II

화 학

01 물질의 구성

물질을 구성하는 입자인 원자, 분자, 이온의 기본 개념에 대해 배웁니다. 원소를 구분하는 방법과 원자핵, 전자의 개념을 이해하고 분자와 구분하며 원소 기호로 나타낼 수 있어야 합니다. 그리고 이온이 형성되는 과정을 식으로 나타내며 전하를 띄고 있음을 이해합니다.

01 원소

1 물질관의 변천

(1) 고대

① 탈레스의 1원소설 : 모든 물질의 근원은 물이다.

② 엠페도클레스의 4원소설 : 모든 물질은 물, 불, 흙, 공기의 4원소로 이루어져 있다.

③ 데모크리토스의 입자설 : 모든 물질은 더 이상 쪼개지지 않는 입자로 이루어져 있다.

④ 아리스토텔레스의 4원소설 : 모든 물질은 4원소(물, 불, 흙, 공기)로 이루어져 있으며, 이 원소들은 4가지 성질(따뜻함, 차가움, 건조함, 습함)에 의해 서로 변환된다.

(2) 중세 - 연금술 : 값싼 금속을 이용하여 금을 만드는 방법을 연구했으나 실패하였다. 그러나 새로운 물질을 발견하거나 실험 도구를 발명하여 근대 과학의 발달에 이바지한 면이 있다.

(3) 근대

① 보일의 원소설 : 모든 물질은 더 이상 분해되지 않는 원소로 이루어져 있다.

  → 최초의 근대적 원소 개념 제시

② 라부아지에의 원소설 : 더 이상 분해되지 않는 물질을 원소로 정의하고, 33종의 원소를 발표하였으며, 실험을 통해 물을 수소와 산소로 분해하여 물이 원소가 아님을 증명하였다.

  → 4원소설 부정

2 원소

(1) **원소** : 더 이상 다른 물질로 분해되지 않으면서 물질을 이루는 기본 성분

① 약 120가지의 원소가 알려져 있으며, 종류에 따라 특성이 다르다.

② 대부분의 원소는 자연에 존재하지만, 약 20가지의 원소는 인공적으로 만들어졌다.

(2) **여러 가지 원소의 특징과 이용**

구분	특징과 이용
수소	가장 가벼운 기체로, 우주 왕복선의 연료로 이용
헬륨	공기보다 가벼워 풍선의 충전 기체로 이용
탄소	다이아몬드, 숯의 성분이며, 연필심, 건전지의 전극으로 이용
질소	다른 물질과 잘 반응하지 않으므로 과자 봉지 속 기체로 이용
염소	살균 작용을 하므로 수돗물 소독에 이용
금	광택이 있어 장신구에 사용되며, 치과 재료 등 다양한 형태로 이용
철	철강의 주재료이며, 헤모글로빈의 성분
구리	전기를 잘 통하므로 전선으로 이용
알루미늄	가벼우므로 비행기 몸체의 제조에 이용되며, 부식이 잘 되지 않아 음료 캔으로도 이용

3 원소의 확인

(1) **불꽃 반응** : 금속 원소나 금속 원소를 포함하는 물질을 겉불꽃에 넣었을 때 금속 원소의 종류에 따라 특정한 색깔이 나타나는 현상

겉불꽃	▼	검색

불꽃의 바깥 부분으로 산소 공급이 원활하여 완전 연소가 일어나기 때문에 색깔이 거의 없어, 금속 원소의 불꽃색을 관찰하기에 유리하다.

① 여러 가지 원소의 불꽃색

원소	리튬(Li)	나트륨(Na)	칼륨(K)	칼슘(Ca)	스트론튬(Sr)	바륨(Ba)	구리(Cu)
불꽃색	빨간색	노란색	보라색	주황색	빨간색	황록색	청록색

② 불꽃 반응의 특징

ㄱ 실험 방법이 간단하다.

ㄴ 물질의 양이 적어도 금속 원소의 확인이 가능하다.

ㄷ 물질의 종류가 달라도 같은 금속 원소가 들어 있으면 불꽃색이 같다.

바로 바로 CHECK√

염화 칼륨과 불꽃 반응색이 같은 물질은?

① 염화 구리　　　② 질산 구리

❸ 질산 칼륨　　　④ 염화 칼슘

(2) **스펙트럼** : 빛을 분광기에 통과시킬 때 나타나는 여러 가지 색의 띠

　① **연속 스펙트럼** : 햇빛이나 백열전등의 빛을 분광기로 관찰할 때 나타나는 무지개와 같은 연속적인 색의 띠

　② **선 스펙트럼** : 금속 원소의 불꽃색을 분광기로 관찰할 때 특정 부분에만 나타나는 밝은 색 선의 띠

　　㉠ 원소의 종류에 따라 선의 개수와 위치, 색깔, 굵기 등이 다르다.

　　㉡ 물질에 몇 가지 금속 원소가 섞여 있는 경우 각 원소의 선 스펙트럼이 그대로 나타난다.

　　㉢ 불꽃색이 비슷한 원소도 쉽게 구별할 수 있다.

　　　예 리튬과 스트론튬의 불꽃색은 모두 빨간색이지만 선 스펙트럼에서 선이 나타나는 위치가 다르다.

심화학습 ─ 선 스펙트럼 분석

❖ 물질 X가 포함하고 있는 원소 : 칼슘

물질 X의 선 스펙트럼에는 칼슘의 선 스펙트럼이 그대로 나타난다.

→ 물질 X에는 칼슘이 포함되어 있다.

02 원자와 분자

1 입자에 대한 학자들의 생각

(1) 입자설과 연속설

① 데모크리토스의 입자설 : 물질은 더 이상 쪼갤 수 없는 입자인 원자로 이루어져 있으며, 입자들 사이에는 빈 공간이 존재한다.

② 아리스토텔레스의 연속설 : 물질은 계속 쪼개어 나가다 보면 결국 없어지며, 입자들 사이에 빈 공간은 존재하지 않는다.

(2) 돌턴의 원자설

① 모든 물질은 더 이상 쪼갤 수 없는 원자로 되어 있다.

② 같은 종류의 원자는 크기와 질량이 같고, 다른 종류의 원자는 크기와 질량이 다르다.

③ 원자는 없어지거나 새로 생기지 않으며, 다른 종류의 원자로 변하지 않는다.

④ 서로 다른 원자들이 일정 비율로 결합하여 새로운 물질이 만들어진다.

바로 바로 CHECK✓

돌턴의 원자설 내용이 <u>아닌</u> 것은?

① 원자는 더 이상 쪼개지지 않는다.

❷ 화학 반응이 일어날 때 원자는 변한다.

③ 같은 종류의 원자는 크기와 질량이 같다.

④ 화학 반응이 일어날 때 원자는 새로 생겨나지 않는다.

심화학습 — 돌턴의 원자설 수정

과학이 계속 발전하면서 현대에 들어와서는 일부 수정되어야 하는 내용이 발견되었다.

• 원자는 원자핵과 전자로 나눌 수 있으며, 핵분열로 인해 더 작은 입자로 쪼갤 수 있다.

• 같은 종류의 원소이면서 질량이 다른 동위 원소가 발견되었다.

• 핵반응에 의해 원자는 다른 원자로 바뀔 수 있다.

2 원자

(1) 원자 : 물질을 이루는 기본 입자

① 원자의 구조 : (+)전하를 띠는 원자핵과 (−)전하를 띠는 전자로 이루어져 있다.

㉠ 원자핵 : (+)전하를 띠며, 원자의 중심에 있다.

㉡ 전자 : (−)전하를 띠며, 원자핵 주위에서 움직이고 있다.

② 원자의 특징

㉠ 원자는 전기적으로 중성이다. → 원자핵의 (+)전하량과 전자의 총 (−)전하량이 같기 때문

㉡ 원자의 종류에 따라 원자핵의 전하량과 전자의 수가 다르다.

㉢ 원자는 지름이 10^{-10}m 정도로 매우 작아서 눈에 보이지 않는다.

㉣ 원자핵과 전자의 크기는 원자에 비해 매우 작다. → 원자 내부는 대부분이 빈 공간이다.

㉤ 원자핵은 전자에 비해 질량이 매우 크다. → 원자핵이 원자 질량의 대부분을 차지한다.

(2) 원자 모형 : 눈에 보이지 않는 원자를 이해하기 쉽게 모형으로 나타낸 것

원 자	수 소	헬 륨	리 튬	나트륨
원자 모형	+1	+2	+3	+11
원자핵의 전하량	+1	+2	+3	+11
전자 수	1개	2개	3개	11개

3 원소 기호

(1) 원소 기호 : 원소를 나타내는 기호

① 원소 기호의 변천

㉠ 연금술사(간단한 그림으로 표현) → 돌턴(원과 기호로 표현) → 베르셀리우스(알파벳으로 표현)

㉡ 현재의 원소 기호 : 베르셀리우스가 제안한 방식

② 원소 기호를 나타내는 방법

　㉠ 원소 이름의 알파벳 첫 글자를 따서 대
　　문자로 쓴다.

　㉡ 첫 글자가 같은 경우, 중간의 다른 글
　　자를 선택해 첫 글자 다음에 소문자로
　　나타낸다.

　　예 질소 : Nitrogen → N, 네온 : Neon → Ne

(2) 여러 가지 원소 기호

원소 이름	원소 기호	원소 이름	원소 기호	원소 이름	원소 기호
수소	H	염소	Cl	칼륨	K
탄소	C	네온	Ne	수은	Hg
질소	N	인	P	금	Au
산소	O	황	S	은	Ag
규소	Si	칼슘	Ca	철	Fe
헬륨	He	마그네슘	Mg	구리	Cu
아이오딘	I	나트륨	Na	알루미늄	Al

4 분자

(1) **분자** : 독립된 입자로 존재하여 물질의 성질을 나타내는 가장 작은 입자

① 원자가 결합하여 이루어진다.
② 결합하는 원자의 종류와 수에 따라 분자의 종류가 달라진다.
③ 원자로 나누어지면 물질의 성질을 잃는다.

(2) **분자식** : 원소 기호를 사용하여 분자를 이루는 원자의 종류와 개수를 나타낸 것

① 분자식을 나타내는 방법

　㉠ 분자를 이루는 원자의 종류를 원소 기호로 쓴다.
　㉡ 분자 1개를 이루는 원자의 수를 원소 기호의 오른쪽 아래에 작은 숫자로 표시한다
　　(단, 1은 생략).
　㉢ 분자의 수는 분자식 앞에 숫자로 표시한다.

② 분자 모형과 부자식

헬륨(He)	수소(H_2)	산소(O_2)	질소(N_2)	염화 수소(HCl)
				H · Cl
이산화 탄소(CO_2)	물(H_2O)	암모니아(NH_3)	메테인(CH_4)	과산화 수소(H_2O_2)
O — C — O	H — O — H	N (H H H)	H C H H H	O O H H

03 이온

1 이온과 이온식

(1) **이온** : 원자가 전자를 잃거나 얻어서 전하를 띠게 된 입자

  ① 양이온 : 원자가 전자를 잃어서 (+)전하를 띠는 입자

  ② 음이온 : 원자가 전자를 얻어서 (−)전하를 띠는 입자

(2) **이온식**

  ① 이온식 : 이온을 이루는 원자의 종류나 전하를 원소 기호를 이용하여 나타낸 식

  ② 이온의 표시 방법 : 원소 기호의 오른쪽 위에 전하의 종류와 잃거나 얻은 전자의 개수를
  함께 표시한다(단, 1은 생략).

구분	양이온	음이온
이온식	Li^+ ← 전하의 종류 / 잃은 전자의 개수 (1은 생략함) / 원소 기호 Mg^{2+} ← 전하의 종류 / 잃은 전자의 개수 / 원소 기호	F^- ← 전하의 종류 / 얻은 전자의 개수 (1은 생략함) / 원소 기호 O^{2-} ← 전하의 종류 / 얻은 전자의 개수 / 원소 기호
이름	원소의 이름 뒤에 '이온'을 붙임	원소의 이름 뒤에 '화 이온'을 붙임(단, 원소 이름이 '소'로 끝나는 경우는 '소'를 생략하고 '화 이온'을 붙임)

③ 여러 가지 이온의 이온식

양이온		음이온	
이름	이온식	이름	이온식
수소 이온	H^+	플루오린화 이온	F^-
리튬 이온	Li^+	염화 이온	Cl^-
나트륨 이온	Na^+	아이오딘화 이온	I^-
칼륨 이온	K^+	수산화 이온	OH^-
암모늄 이온	NH_4^+	질산 이온	NO_3^-
마그네슘 이온	Mg^{2+}	산화 이온	O^{2-}
칼슘 이온	Ca^{2+}	황화 이온	S^{2-}
구리 이온	Cu^{2+}	탄산 이온	CO_3^{2-}
알루미늄 이온	Al^{3+}	황산 이온	SO_4^{2-}

2 이온의 전하 확인

(1) 전해질과 비전해질

① 전해질 : 고체 상태일 때는 전류가 흐르지 않지만, 수용액 상태에서는 전류가 흐르는 물질
   예 염화 나트륨, 질산 칼륨 등

② 비전해질 : 고체 상태와 수용액 상태에서 모두 전류가 흐르지 않는 물질
   예 설탕, 녹말, 포도당 등

(2) 이온의 전하 확인

이온이 들어 있는 수용액에 전류를 흘려 주면 양이온은 (−)극 쪽으로, 음이온은 (+)극 쪽으로 이동한다.

3 앙금 생성 반응

(1) 앙금 생성 반응 : 서로 다른 수용액을 섞을 때 양이
온과 음이온이 반응하여 물에 녹지 않는 물질(앙금)
을 생성하는 반응

| 앙금을 생성하지 않는 이온 | ▼ | 검색 |

Na^+(나트륨 이온), K^+(칼륨 이온), NH_4^+
(암모늄 이온), NO_3^-(질산 이온) 등

(2) 여러 가지 앙금 생성 반응

양이온	음이온	생성되는 앙금과 앙금의 색깔
Ag^+(은 이온)	Cl^-(염화 이온) I^-(아이오딘화 이온) CO_3^{2-}(탄산 이온) S^{2-}(황화 이온)	AgCl(염화 은, 흰색) AgI(아이오딘화 은, 노란색) Ag_2CO_3(탄산 은, 흰색) Ag_2S(황화 은, 검은색)
Ca^{2+}(칼슘 이온)	CO_3^{2-}(탄산 이온) SO_4^{2-}(황산 이온)	$CaCO_3$(탄산 칼슘, 흰색) $CaSO_4$(황산 칼슘, 흰색)
Ba^{2+}(바륨 이온)	CO_3^{2-}(탄산 이온) SO_4^{2-}(황산 이온)	$BaCO_3$(탄산 바륨, 흰색) $BaSO_4$(황산 바륨, 흰색)
Pb^{2+}(납 이온)	I^-(아이오딘화 이온) S^{2-}(황화 이온)	PbI_2(아이오딘화 납, 노란색) PbS(황화 납, 검은색)
Zn^{2+}(아연 이온), Cu^{2+}(구리 이온), Cd^{2+}(카드뮴 이온)	S^{2-}(황화 이온)	ZnS(황화 아연, 흰색) CuS(황화 구리, 검은색) CdS(황화 카드뮴, 노란색)

(3) 앙금 생성 반응의 이용

① 수돗물 속 염화 이온 : Ag^+(은 이온)을 이
용하여 검출
② 폐수 속 납 이온 : I^-(아이오딘화 이온)을
이용하여 검출

바로 바로 CHECK✓

다음 여러 가지 앙금들 중 색깔이 나머
지 셋과 다른 것은?

① AgCl ② $CaCO_3$

❸ PbS ④ $BaSO_4$

해설 PbS는 검은색 앙금이고 나머지는 모두 흰
색이다.

심화학습 · 염화 은 앙금이 생성될 때 이온 수의 변화

일정량의 염화 나트륨(NaCl) 수용액에 질산 은(AgNO₃) 수용액을 조금씩 가하여 염화 은(AgCl)이 생성될 때, 수용액 속에 존재하는 4가지 이온의 수는 각각 다른 변화를 보인다.

• Na^+ : 반응에 참여하지 않으므로 처음 그대로이다.

• Cl^- : Ag^+과 반응하여 AgCl을 생성하므로 점점 감소하다가 없어진다.

• Ag^+ : Cl^-과 반응하여 AgCl을 생성하므로 처음에는 이온이 혼합 수용액에 없다가 Cl^-이 없어지면 점점 증가한다.

• NO_3^- : 반응에 참여하지 않으므로 질산 은 수용액을 넣는 만큼 증가한다.

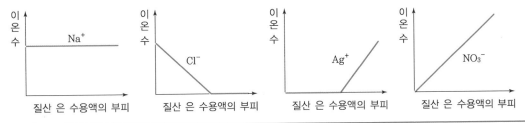

01 다음 중 원소에 대한 물질관과 학자의 이름이 잘못 연결된 것은?

① 데모크리토스 – 모든 물질은 더 이상 쪼개지지 않는 입자인 원자로 이루어져 있다.
② 아리스토텔레스 – 모든 물질은 4원소로 이루어져 있으며, 이 원소들은 4가지 성질에 의해 서로 변환된다.
③ 탈레스 – 모든 물질의 근원은 우주이다.
④ 보일 – 모든 물질은 더 이상 분해되지 않는 원소로 이루어져 있다.

01
탈레스는 모든 물질의 근원을 물이라고 보았다.

02 다음 중 원소와 그 이용이 잘못 연결된 것은?

① 수소 – 우주 왕복선의 연료
② 탄소 – 건전지의 전극
③ 염소 – 수돗물의 소독
④ 금 – 비행기 몸체의 제조

02
비행기 몸체의 제조에 이용되는 금속은 알루미늄(Al)이다.

03 불꽃 반응 실험에서 황산 나트륨과 같은 불꽃색을 나타내는 것은?

① 염화 리튬
② 염화 칼륨
③ 염화 나트륨
④ 염화 스트론튬

03
같은 금속 원소를 가지고 있어야 같은 불꽃색이 나타난다.

04 물질의 스펙트럼을 분석하여 알 수 있는 것은?

① 원자의 결합 상태
② 성분 물질의 질량비
③ 분자의 결합 상태
④ 물질의 성분 원소

04
원소에 따라 특유의 스펙트럼이 나타나기 때문에 물질의 성분 원소를 알 수 있다.

A N S W E R
01. ③ 02. ④ 03. ③ 04. ④

05 원자에 대한 설명으로 옳지 <u>않은</u> 것은?

① 중심에 원자핵이 있으며, 원자핵 주위에서 전자가 움직이고 있다.

② 원자 질량의 대부분은 전자가 차지한다.

③ 원자의 종류에 따라 전자의 수가 다르다.

④ 원자핵과 전자의 크기는 원자에 비해 매우 작다.

05
원자의 질량은 대부분 원자핵이 차지하며, 전자는 질량을 거의 차지하지 않는다.

06 원소 기호와 이름을 바르게 짝지은 것은?

① F – 철   ② He – 수소

③ Cl – 탄소   ④ Ca – 칼슘

06
① F(플루오린), ② He(헬륨), ③ Cl(염소)

07 이산화 탄소의 분자식은 CO_2이다. 이산화 탄소 1분자를 구성하는 산소 원자의 수는?

① 1개   ② 2개

③ 3개   ④ 4개

07
산소의 원소 기호는 O이며, CO_2에는 O가 2개 들어 있다.

08 오른쪽 그림과 같은 분자 모형으로 나타낼 수 있는 것은?

① O_2 ② H_2O

③ NH_3 ④ HCl

08
그림은 서로 다른 종류의 원자가 하나씩 만나 만들어진 분자 모형이다.

09 다음은 이온이 생성되는 과정을 나타낸 것이다. (가)에 해당하는 것은?

> • $Na \rightarrow Na^+ + \ominus$
> • $Ca \rightarrow$ (가) $+ 2\ominus$

① Ca^+
② Ca^{2+}
③ Ca^-
④ Ca^{2-}

09
칼슘 원자(Ca)는 전자 2개를 잃어 칼슘 이온(Ca^{2+})이 된다.

10 다음은 황산 구리($CuSO_4$)가 물에 녹아 이온화되는 과정을 나타낸 것이다. ㉠에 해당하는 이온은?

> $CuSO_4 \rightarrow$ (㉠) $+ SO_4^{2-}$

① Na^+
② Cu^{2+}
③ F^-
④ O^{2-}

10
황산 구리($CuSO_4$)가 이온화하면 구리 이온(Cu^{2+})과 황산 이온(SO_4^{2-})으로 나누어진다.

11 어떤 물질 A의 수용액에 질산 은 수용액과 묽은 황산을 각각 떨어뜨렸더니 모두 앙금이 생성되었다. 다음 중 물질 A일 가능성이 있는 것은?

① $NaCl$
② $CuCl_2$
③ $Ba(NO_3)_2$
④ $BaCl_2$

11
$Ag^+ + Cl^- \longrightarrow AgCl \downarrow$
$Ba^{2+} + SO_4^{2-} \longrightarrow BaSO_4 \downarrow$

12 폐수 속의 납 이온을 검출할 때 이용할 수 있는 이온을 바르게 짝지은 것은?

① Na^+, CO_3^{2-}
② S^{2-}, Cl^-
③ S^{2-}, I^-
④ Na^+, Cl^-

12
납 이온(Pb^{2+})은 황화 이온과 아이오딘화 이온을 만나 각각 검은색 황화 납과 노란색 아이오딘화 납을 생성한다.

Ⓐ Ⓝ Ⓢ Ⓦ Ⓔ Ⓡ
09. ② 10. ② 11. ④ 12. ③

Chapter

02 물질의 성질

물질들을 순물질과 혼합물로 구별하고 물질의 고유한 특성들을 이해하여 이를 바탕으로 혼합물을 분리하는 방법을 배웁니다. 또한 물질 중 기체가 나타내는 현상을 통해 입자의 운동을 이해하여 압력과 부피, 온도와 부피의 관계를 설명할 수 있어야 합니다.

01 물질의 특성

1 물질의 분류

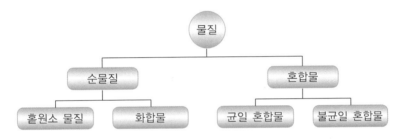

(1) **순물질** : 한 종류의 물질로 이루어진 물질로, 밀도, 끓는점, 녹는점, 용해도 등 물질의 특성이 일정하다.

    ① **홑원소 물질** : 한 종류의 원소로만 이루어진 물질 예 수소(H_2), 산소(O_2), 철(Fe), 구리(Cu), 다이아몬드(C), 헬륨(He), 나트륨(Na) 등

    ② **화합물** : 두 종류 이상의 원소로 이루어진 물질 예 물(H_2O), 염화 나트륨(NaCl), 이산화 탄소(CO_2) 등

> **바로 바로 CHECK✔**
>
> **다음에서 순물질을 모두 고른 것은?**
>
> | ㉠ 구리 | ㉡ 공기 |
> |---|---|
> | ㉢ 설탕물 | ㉣ 염화 나트륨 |
>
> ① ㉠, ㉢   ❷ ㉠, ㉣
> ③ ㉡, ㉢   ④ ㉡, ㉣

(2) **혼합물** : 두 종류 이상의 순물질이 섞여 있는 물질로, 밀도, 끓는점, 녹는점, 용해도 등 물질의 특성이 일정하지 않다.

① 균일 혼합물 : 성분 물질들이 고르게 섞여 있는 혼합물

  예 식초, 공기, 탄산음료, 합금, 소금물, 설탕물 등

② 불균일 혼합물 : 성분 물질들이 고르지 않게 섞여 있는 혼합물

  예 흙탕물, 우유, 아이스크림, 암석, 콘크리트, 주스 등

(3) **물질의 특성** : 다른 물질과 구별되는 그 물질만이 나타내는 고유한 성질 예 겉보기 성질, 밀도, 끓는점, 녹는점, 어는점, 용해도 등

| 겉보기 성질 | ▼ | 검색 |

눈, 코, 입 등의 감각 기관이나 간단한 도구로 쉽게 구별할 수 있는 물질의 성질 예 색깔, 냄새, 맛, 촉감, 굳기 등

① 물질의 종류에 따라 다르다.

  → 물질의 종류를 구별하는 데 이용할 수 있다.

바로바로 CHECK√

물질을 구별할 때 이용하는 특성이 <u>아닌</u> 것은?

① 밀도   ❷ 부피
③ 어는점   ④ 끓는점

② 같은 물질인 경우 물질의 양에 관계없이 일정하다.

③ 물질의 특성을 이용하여 혼합물로부터 순물질을 분리할 수 있다.

  → 혼합물에서 각 순물질은 그 물질만의 고유한 성질을 그대로 지니기 때문

2 부피와 질량

(1) **부피** : 물질이 차지하는 공간의 크기

  ① 단위 : cm^3, m^3, mL, L → $1cm^3 = 1mL$

  ② 측정 방법 : 눈금실린더, 부피 플라스크, 피펫 등을 이용한다.

심화학습 액체와 모양이 불규칙적인 고체의 부피 측정 방법

• 액체 : 눈금실린더를 평평한 곳에 놓고 액체를 넣은 후 액체의 높이와 눈의 높이가 수평해지도록 하여 최소 눈금의 $\frac{1}{10}$ 까지 어림하여 읽는다.

• 모양이 불규칙적인 고체 : 눈금실린더에 고체가 녹지 않는 액체를 넣은 후 고체 물질을 실에 매달아 액체 속에 넣고 늘어난 부피를 측정한다.

(2) **질량** : 장소나 상태에 따라 변하지 않는 물질의 고유한 양

① 단위 : mg, g, kg 등
② 측정 방법 : 전자저울, 윗접시저울 등을 이용한다.
③ 전자저울 이용 방법
    ㉠ 전자저울을 평평한 곳에 놓고 영점 조절 버튼을 눌러 영점을 맞춘다.
    ㉡ 물체를 올려놓고 숫자가 더 이상 변하지 않을 때 눈금을 읽는다.

3 밀도

(1) 밀도 : 단위 부피당 질량

$$\text{밀도} = \frac{\text{질량}}{\text{부피}} (\text{단위} : g/mL, \ g/cm^3, \ kg/m^3 \ 등)$$

① 밀도는 물질의 양에 관계없이 일정하며, 물질마다 고유한 값을 나타내므로 물질의 특성이다.
② 밀도가 작은 물질은 위로 뜨고, 밀도가 큰 물질은 아래로 가라앉는다.
    ㉠ 질량이 같을 때 : 부피가 작을수록 밀도가 크다.
    ㉡ 부피가 같을 때 : 질량이 클수록 밀도가 크다.
③ 일반적으로 같은 물질인 경우 밀도는 상태에 따라 고체 > 액체 ≫ 기체 순이다.
    ➡ 일반적으로 물질의 부피는 고체 < 액체 ≪ 기체 순이기 때문
④ 기체는 온도와 압력에 따라 부피가 변한다.
    ➡ 기체의 밀도를 나타낼 때는 반드시 온도와 압력을 함께 표시한다.

(2) 밀도와 관련된 생활 속 현상

① 열기구를 띄울 때 내부의 공기를 가열한다.
    ➡ 주변 공기보다 기구 내부 공기의 밀도를 감소시켜 띄워 올린다.
② 철로 만든 배가 물 위에 뜬다.
    ➡ 배 내부의 공간을 채운 공기로 인해 전체 밀도가 작아져 물 위에 뜬다.
③ 물에 빠질 때를 대비해 구명조끼를 입는다.
    ➡ 구명조끼 내부의 물질이 물보다 밀도가 작아 물 위에 뜬다.

④ 가스 누출 경보기를 설치할 때 LNG용은 위쪽에, LPG용은 바닥 쪽에 설치한다.

→ 공기보다 밀도가 작은 LNG는 위로 떠오르고, 공기보다 밀도가 큰 LPG는 아래로 가라앉기 때문이다.

⑤ 사해에서는 물 위에 편하게 떠 있을 수 있다.

→ 사해는 염분이 높아 보통의 바닷물보다 밀도가 약 5배에 달하기 때문에 사람이 잘 떠 있을 수 있다.

4 용해도

(1) 용해와 용액

① 용해 : 한 물이 다른 물질에 녹아 고르게 섞이는 현상

② 용질, 용매, 용액

> **용매와 용질의 구별 방법** [검색]
>
> 일반적으로 두 물질이 섞일 때 양이 많은 쪽을 용매라 하고, 적은 쪽을 용질이라고 한다. 또한 두 물질 중 한 쪽이 액체면 양에 관계없이 일반적으로 액체 물질을 용매라고 한다.

ㄱ 용질 : 다른 물질에 녹는 물질

ㄴ 용매 : 다른 물질을 녹이는 물질

ㄷ 용액 : 용질과 용매가 고르게 섞여 있는 물질

$$\text{설탕(용질)} + \text{물(용매)} \xrightarrow{\text{용해}} \text{설탕물(용액)}$$

(2) 용액의 농도 : 용액의 묽고 진한 정도

① 퍼센트 농도(%) : 용액 100g에 녹아 있는 용질의 질량(g)을 백분율로 나타낸 것

$$\text{퍼센트 농도(\%)} = \frac{\text{용질의 질량}}{\text{용액의 질량}} \times 100 = \frac{\text{용질의 질량}}{\text{용질의 질량} + \text{용매의 질량}} \times 100$$

② 용액의 농도가 진할수록 용액의 밀도가 커진다.

(3) 포화 용액과 불포화 용액

① 포화 용액 : 일정량의 용매에 용질이 최대로 녹아 더 이상 녹지 않는 용액

② 불포화 용액 : 포화 용액보다 용질이 적게 녹아 용매에 더 녹을 수 있는 용액

(4) 용해도 : 일정한 온도의 용매 100g에 최대로 녹을 수 있는 용질의 g수

① 일정한 온도에서 같은 용매에서 용해도는 일정하며, 물질마다 고유한 값을 나타내므로 물질의 특성이다.

② 용해도는 용매와 용질의 종류, 온도에 따라 달라진다.

③ **고체의 용해도**

㉠ 일반적으로 온도가 높을수록 증가하고, 압력의 영향을 거의 받지 않는다.

  → 고체의 용해도를 나타낼 때는 용매의 종류와 온도를 표시해야 한다.

㉡ 용해도 곡선 : 온도에 따른 물질의 용해도를 나타낸 그래프

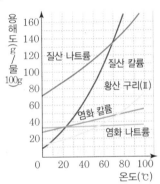

• 기울기가 클수록 온도에 따른 용해도의 변화가 크다.

  → 냉각할 때 석출되는 용질의 양이 많다.

• 기울기가 완만할수록 온도에 따른 용해도의 변화가 작다.

• 용액을 냉각시킬 때 석출되는 용질의 양을 구할 수 있다.

㉢ 용질의 석출 : 용액을 냉각하면 용해도가 감소하므로, 냉각한 온도에서의 용해도보다 많이 녹아 있던 용질이 석출된다.

> 용질의 석출량 = 처음 녹아 있던 용질의 양 − 냉각한 온도에서 녹을 수 있는 용질의 양

심화학습 용해도 곡선에서 포화, 불포화, 과포화 상태의 용액의 위치

• 곡선 상 : 포화 용액

• 곡선 위 : 과포화 용액

• 곡선 아래 : 불포화 용액

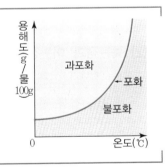

---

④ **기체의 용해도** : 온도가 낮을수록, 압력이 높을수록 증가한다.

5 끓는점, 녹는점, 어는점

(1) **끓는점** : 액체가 끓기 시작하여 기체로 될 때 일정하게 유지되는 온도

　① 끓는점은 물질마다 고유한 값을 나타내므로 물질의 특성이다.

　② 끓는점은 물질의 입자 사이의 인력이 클수록 높다.

　③ 같은 종류의 물질은 불꽃의 세기나 물질의 양에 관계없이 끓는점이 일정하다.

　　→ 끓는점에 도달하는 시간만 달라진다.

　　㉠ 불꽃의 세기가 같을 때 물질의 양이 많아지면 끓는점에 도달하는 데 걸리는 시간이 길어진다.

　　㉡ 물질의 양이 같을 때 불꽃의 세기가 세면 끓는점에 도달하는 데 걸리는 시간이 짧아진다.

　④ 일반적으로 액체의 끓는점은 외부 압력이 높아지면 높아지고, 외부 압력이 낮아지면 낮아진다.

심화학습 끓는점과 압력

끓는점이 높아지는 경우	끓는점이 낮아지는 경우
• 압력솥에 밥을 지을 때 : 물이 높은 온도에서 끓어 밥이 빨리 된다. • 높은 산에서 밥을 지을 때 : 높은 산은 기압이 낮기 때문에 압력을 높여 끓는점을 높이기 위해 냄비 뚜껑을 돌로 눌러 놓는다.	• 뜨거운 물이 든 둥근 바닥 플라스크를 거꾸로 하고 찬물을 부을 때 : 플라스크 내부 기압이 낮아져 물이 끓는다. • 높은 산에서 밥을 지을 때 : 높은 산은 기압이 낮기 때문에 밥을 그냥 지으면 낮은 온도에서 물이 끓어 쌀이 설익는다.

(2) **녹는점과 어는점** : 녹는점은 고체가 액체로 될 때 일정하게 유지되는 온도이고, 어는점은 액체가 고체로 될 때 일정하게 유지되는 온도이다.

　① 녹는점과 어는점은 물질마다 고유한 값을 나타내므로 물질의 특성이다.

　② 같은 종류의 물질은 녹는점과 어는점이 같다.

　③ 같은 종류의 물질인 경우 물질의 양에 관계없이 녹는점과 어는점이 일정하다.

(3) 물질의 상태

① 녹는점보다 낮은 온도에서는 고체 상태이다.

② 녹는점과 끓는점 사이 온도에서는 액체 상태
이다.

③ 끓는점보다 높은 온도에서는 기체 상태이다.

(4) 혼합물의 끓는점, 녹는점, 어는점 : 끓는점, 녹는점, 어는점은 순물질에서 일정하고, 혼
합물에서 일정하지 않다.

02 혼합물의 분리

1 끓는점 차를 이용한 혼합물의 분리

(1) 증류 : 액체 상태의 혼합물을 가열할 때 끓어 나오는 기체를 냉각시켜 순수한 액체를
얻는 방법

① 성분 물질의 끓는점 차가 클수록 분리가 잘 된다.

② 증류를 이용한 혼합물의 분리 예

    ㉠ 탁주에서 소주 만들기 : 소줏고리에 탁주를 넣고 끓이면 끓는점이 물보다 낮은 에탄
올이 먼저 끓어 나오다가 찬 뚜껑에 닿아 냉각되어 맑은 소주(증류주)가 된다.

    ㉡ 바닷물에서 식수 분리하기 : 장치에서 태양열을 받아 바닷물이 증발되면 증발된 수증
기가 차가운 유리 지붕에 닿아 냉각되어 물이 된다. 이 물을 모아 식수로 사용한다.

(2) 분별 증류 : 증류가 여러 번 일어나게 하여 액체 혼합물을 각각의 성분 물질로 분리하
는 방법

① 성분 물질의 끓는점 차이가 크지 않아도 분리할 수 있다.

② 분별 증류를 이용한 혼합물의 분리 예

    ㉠ 물과 에탄올 혼합물의 분리 : 끓는점이 낮은 에탄올이 먼저 증류되어 분리되고, 끓는
점이 높은 물이 나중에 증류되어 나온다.

ⓛ 원유의 분리 : 원유는 끓는점이 다른 물질들의 복잡한 혼합물로, 끓는점이 낮은 성분의 물질부터 차례대로 증류탑의 위쪽에서 분리되어 나온다.

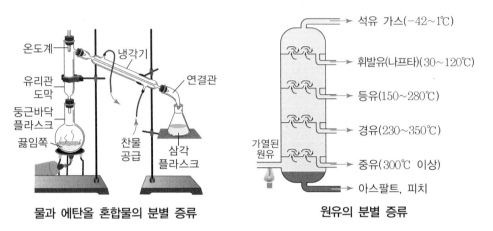

물과 에탄올 혼합물의 분별 증류   원유의 분별 증류

심화학습 › 증류와 분별 증류의 차이

소량의 불순물이 들어 있는 액체 혼합물이나 끓는점 차가 큰 액체 혼합물, 액체에 고체가 녹아 있는 경우에는 증류에 의해 순수한 액체 성분만을 얻는다. 끓는점이 서로 비슷한 액체 혼합물을 성분 물질로 따로따로 분리해 낼 경우에는 분별 증류에 의해 분리한다.

2 밀도 차를 이용한 혼합물의 분리

(1) **고체 혼합물의 분리** : 밀도가 다른 두 고체 물질의 혼합물은 두 물질을 모두 녹이지 않고, 밀도가 두 물질의 중간 정도인 액체에 넣어 분리한다.

① 액체보다 밀도가 작은 물질은 액체 위에 뜨고, 액체보다 밀도가 큰 물질은 아래로 가라앉는다.

② 고체 혼합물의 분리 예

   ㉠ 좋은 볍씨 고르기 : 볍씨를 소금물에 담그면 속이 빈 쭉정이는 위로 뜨고, 속이 찬 볍씨는 가라앉는다.

   ㉡ 신선한 달걀 고르기 : 달걀을 소금물에 넣으면 오래된 달걀은 위로 뜨고, 신선한 달걀은 가라앉는다.

(2) **액체 혼합물의 분리** : 서로 섞이지 않고 밀도가 다른 액체 혼합물의 경우 분별 깔대기를 이용하여 분리한다.

① 밀도가 큰 액체는 아래로 가라앉고, 밀도가 작은 액체는 위로 뜨면서 층을 이룬다.

② 액체 혼합물의 분리 예

액체 혼합물	밀도가 작은 것(위층)	밀도가 큰 것(아래층)
식용유와 간장	식용유	간장
물과 석유	석유	물
물과 수은	물	수은
물과 에테르	에테르	물
물과 사염화 탄소	물	사염화 탄소

3 용해도 차를 이용한 혼합물의 분리

(1) 용매에 따른 용해도 차를 이용한 분리

① 거름 : 두 고체 혼합물 중 한 가지 성분만 녹이는 용매에 녹인 후 거름 장치로 걸러서 분리하는 방법

예 • 소금과 모래 → 물에 소금만 녹는다.
  • 소금과 나프탈렌 → 물에는 소금만 녹고, 에탄올에는 나프탈렌만 녹는다.

② 추출 : 혼합물 중 특정 성분만 녹일 수 있는 용매를 사용하여 그 성분만을 분리하는 방법

예 장미꽃에서 색소 분리하기, 콩에서 지방 분리하기, 나물을 물에 담가서 쓴맛 빼기, 녹차나 홍차 우려내기 등

바로 바로 CHECK√

다음 중 거름으로 분리하기에 적당한 혼합물은?

❶ 어떤 용매에 녹는 고체와 녹지 않는 고체의 혼합물
② 서로 잘 섞이는 두 액체 혼합물
③ 밀도 차가 큰 두 액체 혼합물
④ 온도에 따른 용해도 차가 큰 고체 혼합물

(2) 온도에 따른 용해도 차를 이용한 분리

① 재결정 : 불순물이 포함된 고체 물질을 높은 온도의 용매에 녹인 후 냉각시켜 순수한 결정을 얻는 방법

② 재결정을 이용한 혼합물의 분리 예

 ⊙ 천일염에서 깨끗한 소금 얻기 : 불순물이 섞인 천일염을 물에 녹인 다음 거름 장치로 거르면 물에 녹지 않는 불순물이 제거되고, 거른 용액을 증발시키면 소금이 결정으로 석출된다.

 ⓒ 염화 나트륨과 질산 칼륨 혼합물에서 순수한 질산 칼륨 얻기 : 혼합물을 물에 넣고 가열하여 모두 녹인 다음 온도를 낮추면 온도에 따른 용해도 차가 큰 질산 칼륨이 결정으로 석출된다.

4 크로마토그래피를 이용한 분리

(1) **크로마토그래피** : 혼합물을 이루는 성분 물질이 용매를 따라 이동하는 속도 차를 이용하여 혼합물을 분리하는 방법 → 분리된 물질의 수는 성분 물질의 최소 개수로 해석할 수 있다.

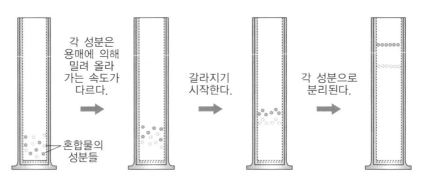

각 성분은 용매에 의해 밀려 올라가는 속도가 다르다.

혼합물의 성분들

갈라지기 시작한다.

각 성분으로 분리된다.

(2) **크로마토그래피의 특징**

 ① 매우 적은 양의 혼합물도 분리할 수 있다.

 ② 성질이 서로 비슷하여 분리하기 어려운 혼합물도 쉽게 분리할 수 있다.

 ③ 실험방법이 간단하고, 분리하는 데 걸리는 시간이 짧다.

 ④ 같은 물질이라도 사용하는 용매에 따라 결과가 다르다.

> **바로 바로 CHECK√**
>
> 섞여 있는 물질의 성질이 서로 비슷하거나 혼합물의 양이 적을 때, 다음 중 이들을 분리하는 가장 효과적인 방법은?
>
> ① 분별 증류
> ② 거름
> ❸ 크로마토그래피
> ④ 분별 깔때기의 이용

(3) **크로마토그래피의 이용** : 사인펜 잉크의 색소 분리, 꽃잎의 색소 분리, 식물의 엽록소 분리, 혈액이나 소변의 성분 분석(운동 선수의 도핑 테스트), 단백질의 성분 분석, 아미노산의 분리 등

03 기체의 성질

1 입자의 운동

(1) **입자의 운동** : 물질을 이루는 입자는 정지해 있지 않고 스스로 끊임없이 모든 방향으로 운동한다.

(2) **입자의 운동이 활발해지는 조건**

① 온도가 높을수록, 입자의 질량이 작을수록

② 물질의 상태 : 고체<액체<기체 순서로

(3) **입자 운동의 증거** : 확산과 증발

2 확산과 증발

(1) **확산** : 물질을 이루는 입자들이 스스로 운동하여 모든 방향으로 퍼져 나가는 현상

① 확산의 예

㉠ 꽃향기가 공기 중으로 퍼져 나간다.

㉡ 음식 냄새가 멀리 퍼져 나간다.

㉢ 향수병을 열어 놓으면 향수 냄새가 주변으로 퍼져 나간다.

② 확산이 잘 일어나는 조건

㉠ 온도가 높을수록, 입자의 질량이 작을수록

㉡ 물질의 상태 : 고체<액체<기체 순서로

㉢ 확산이 일어나는 곳 : 액체 속<기체 속<진공 속 순서로

(2) **증발** : 액체 입자들이 스스로 운동하다가 액체의 표면에서 떨어져 기체가 되어 공기 중으로 날아가는 현상

  ① 증발의 예

    ㉠ 젖은 빨래가 마른다.

    ㉡ 가뭄이 들면 논바닥이 갈라진다.

    ㉢ 바닷물을 증발시켜 소금을 얻는다.

  ② 증발이 잘 일어나는 조건 : 온도가 높을수록, 습도가 낮을수록, 바람이 강할수록, 표면적이 넓을수록, 입자 사이의 인력이 약할수록 증발이 잘 일어난다.

04 압력과 온도에 따른 기체의 부피 변화

1 기체의 압력과 부피

(1) **압력** : 단위 넓이에 수직으로 작용하는 힘의 크기

$$압력 = \frac{수직으로 \ 작용하는 \ 힘(N)}{힘을 \ 받는 \ 면의 \ 넓이(m^2)}$$

  ① 단위 : N/cm^2, N/m^2, Pa(파스칼) 등

  ② 압력의 크기 : 작용하는 힘의 크기가 클수록, 힘을 받는 면의 넓이가 좁을수록 압력이 커진다.

(2) **기체의 압력(기압)** : 기체 입자들이 운동하면서 물체에 충돌할 때, 일정한 면적에 작용하는 힘의 크기

  ① 압력의 방향과 크기 : 기체의 압력은 모든 방향에 같은 크기로 작용한다.

  ② 기체의 압력이 커지는 조건 : 기체 입자가 물체에 충돌하는 횟수가 많을수록 기체의 압력이 커진다.

    ㉠ 온도가 높을수록

    ㉡ 같은 부피일 때 기체 입자의 개수가 많을수록

ⓒ 입자의 개수가 같을 때 용기의 부피가 작을수록

③ 대기압 : 지구를 둘러싸고 있는 공기의 압력

　　ⓐ 지표면에서 대기압은 보통 1기압이다.

　　ⓑ 지표면에서 높이 올라갈수록 작아진다.

(3) 압력에 따른 기체의 부피 : 온도가 일정할 때 기체에 가하는 압력이 커지면 기체의 부피는 작아지고, 압력이 작아지면 기체의 부피는 커진다.

(4) 보일 법칙

① 보일 법칙 : 온도가 일정할 때 기체의 부피(V)는 압력(P)에 반비례한다.

→ 온도가 일정할 때 압력과 기체의 부피의 곱은 일정하다.

$$\text{압력}(P) \times \text{부피}(V) = \text{일정} \longrightarrow P_{\text{처음}} \times V_{\text{처음}} = P_{\text{나중}} \times V_{\text{나중}}$$

② 보일 법칙과 입자 운동

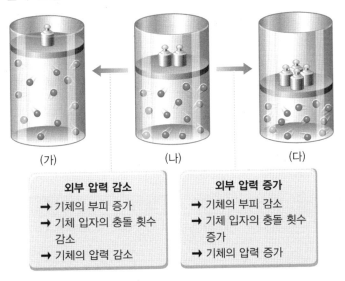

(가)　　　　(나)　　　　(다)

외부 압력 감소
→ 기체의 부피 증가
→ 기체 입자의 충돌 횟수 감소
→ 기체의 압력 감소

외부 압력 증가
→ 기체의 부피 감소
→ 기체 입자의 충돌 횟수 증가
→ 기체의 압력 증가

(가)<(나)<(다)	(가)>(나)>(다)	변하지 않는 것
• 외부 압력 • 기체의 압력 • 입자의 충돌 횟수	• 기체의 부피 • 입자 사이의 거리	• 입자의 개수 • 입자의 운동 속도 • 입자의 크기와 질량

③ 보일 법칙과 관련된 현상

　㉠ 풍선이 하늘 위로 올라갈수록 점점 커지다가 터진다.

　㉡ 물속에서 잠수부가 내뿜은 공기 방울은 수면 가까이 올라갈수록 크기가 커진다.

　㉢ 운항 중인 비행기 안에서 닫아 둔 빈 페트병은 비행기가 착륙할 때 찌그러진다.

　㉣ 비행기를 타고 하늘 높이 올라가거나 높은 산을 오르면 귀가 먹먹해진다.

> **바로바로 CHECK√**
>
> 0℃, 1기압에서 부피가 60mL인 기체가 있다. 같은 온도에서 압력을 2기압으로 높였을 때, 이 기체의 부피는?
>
> ① 10mL　　　② 20mL
> ❸ 30mL　　　④ 40mL
>
> **해설** 1기압×60mL=2기압×x
> 　∴　x=30mL

2　기체의 온도와 부피

(1) **온도에 따른 기체의 부피** : 압력이 일정할 때 기체에 가하는 온도가 높아지면 기체의 부피는 증가하고, 온도가 낮아지면 기체의 부피는 감소한다.

> **바로바로 CHECK√**
>
> 일정한 압력에서 기체의 부피를 가장 크게 할 수 있는 온도는?
>
> ① −10℃　　　② 0℃
> ③ 20℃　　　❹ 50℃

(2) **샤를 법칙**

① **샤를 법칙** : 압력이 일정할 때 기체의 부피는 그 종류에 관계없이 온도가 1℃씩 높아질 때마다 0℃일 때 부피의 $\dfrac{1}{273}$ 씩 증가한다.

$$V_t = V_0 + V_0 \times \frac{t}{273} \ (V_0 : 0℃ \text{ 때 부피}, \ V_t : t℃ \text{ 때 부피})$$

② 샤를 법칙과 입자 운동

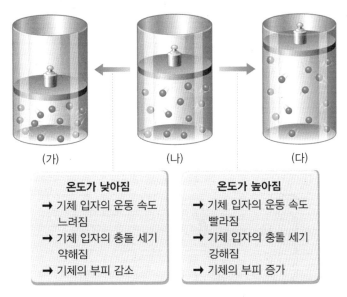

(가) (나) (다)

온도가 낮아짐
→ 기체 입자의 운동 속도 느려짐
→ 기체 입자의 충돌 세기 약해짐
→ 기체의 부피 감소

온도가 높아짐
→ 기체 입자의 운동 속도 빨라짐
→ 기체 입자의 충돌 세기 강해짐
→ 기체의 부피 증가

(가)<(나)<(다)	변하지 않는 것
• 온도 • 기체의 부피 • 입자 사이의 거리 • 입자의 운동 속도	• 입자의 개수 • 입자의 크기와 질량

③ 샤를 법칙과 관련된 현상

㉠ 열기구 속 공기를 가열하면 열기구가 떠오른다.

㉡ 찌그러진 탁구공에 뜨거운 물에 넣으면 탁구공이 펴진다.

㉢ 자동차가 도로를 달리면 타이어가 뜨거워지면서 팽팽해진다.

㉣ 공기가 들어 있는 페트병의 뚜껑을 닫고 냉장고에 넣으면 페트병이 찌그러진다.

실력 다지기
실전 예상문제

01 다음 중 순물질인 것은?

① 소금물　　　　② 알루미늄

③ 흙탕물　　　　④ 오렌지 주스

02 그림의 실험 기구들은 무엇을 측정하기 위한 것인가?

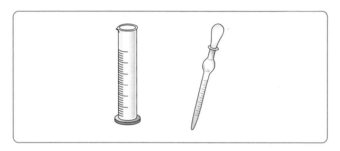

① 온도　　　　② 부피

③ 무게　　　　④ 넓이

03 그림은 물에 동전과 나무를 넣었을 때의 모습이다. 물에서 나무가 뜨고 동전이 가라앉는 현상과 관련 있는 물질의 특성은?

① 밀도

② 끓는점

③ 녹는점

④ 어는점

나무
물
동전

04 질량이 10g인 어떤 고체를 50mL의 물이 들어 있는 눈금실린더에 넣었더니 55mL가 되었다. 이 고체의 밀도는?

① 0.5g/mL ② 1g/mL
③ 2g/mL ④ 4g/mL

04

밀도 = $\frac{질량}{부피}$ = $\frac{10g}{(55-50)mL}$ = 2g/mL

05 표는 몇 가지 물질의 밀도를 나타낸 것이다. 물에 넣었을 때 가라앉는 물질은?

물 질	휘발유	참나무	얼 음	물	알루미늄
밀도 (g/cm³)	0.70	0.85	0.92	1.00	2.70

① 휘발유 ② 참나무
③ 얼음 ④ 알루미늄

05

물에 가라앉으려면 물보다 밀도가 커야 한다.

06 액체의 끓는점에 가장 큰 영향을 끼치는 요인은 무엇인가?

① 액체의 온도 ② 대기의 압력
③ 액체의 부피 ④ 액체의 질량

06

기압이 높을수록 끓는점이 높다.

07 그래프는 액체 A와 B의 가열 곡선이다. 다음 설명 중 옳은 것은?

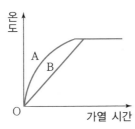

① A와 B의 질량은 같다.
② A와 B는 같은 물질이다.
③ A와 B는 서로 다른 물질이다.
④ A와 B의 어는점은 다를 것이다.

07

같은 물질인 경우 끓는점은 물질의 양에 관계없이 일정하다.

A N S W E R

04. ③ 05. ④ 06. ② 07. ②

08 일정한 양의 물에 설탕을 더 많이 녹이려고 한다. 가장 적당한 방법은?

① 압력을 낮춘다.

② 물의 온도를 높인다.

③ 물의 온도를 낮춘다.

④ 압력과 물의 온도를 낮춘다.

08
고체의 용해도는 용매의 온도가 높을수록 높아진다.

09 그래프에서 온도 변화에 따른 용해도 차가 가장 큰 것은?

① (가)

② (나)

③ (다)

④ (라)

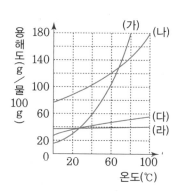

09
용해도 곡선에서 기울기가 클수록 온도 변화에 따른 용해도 차가 크다.

10 그림과 같은 실험 장치로 분리하기에 가장 적당한 것은?

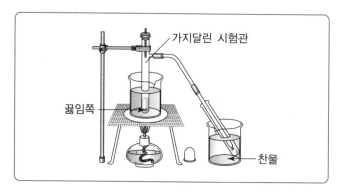

① 물과 메탄올의 혼합물

② 수성 사인펜 잉크의 색소

③ 스타이로폼 가루와 모래의 혼합물

④ 질산 칼륨과 염화 나트륨의 혼합물

10
그림은 끓는점 차이가 나는 혼합물을 가열하여 끓는점이 낮은 물질부터 끓어 나오게 하는 분별 증류이다.

11 소금과 모래의 혼합물을 분리하고자 할 때 어떤 성질의
    차이를 이용하는가?

① 끓는점   ② 밀도

③ 광택   ④ 용해도

12 다음의 경우에 이용할 수 있는 가장 적합한 방법은?

> • 운동 선수의 약물 복용 검사
> • 수성 사인펜 잉크의 색소 분리

① 거름   ② 분별 증류

③ 밀도 차 이용   ④ 크로마토그래피

13 물의 증발이 잘 일어나지 않는 날은?

① 비가 오는 날   ② 습도가 낮은 날

③ 바람이 부는 날   ④ 기온이 높은 날

14 그림과 같이 스포이트를 이용하여 물에 잉크를 넣었더니
    잉크가 스스로 물 전체에 퍼졌다. 이에 해당하는 현상은?

물에 잉크를   20초 후   40초 후
넣는다

① 증발   ② 응고

③ 풍화   ④ 확산

15 다음 중 증발이나 확산 현상을 통하여 알 수 있는 사실로 옳은 것은?

① 입자는 충돌을 한다.

② 입자는 스스로 움직인다.

③ 입자 사이의 간격은 매우 넓다.

④ 입자는 서로 부딪치지 않기 위해 움직인다.

15

증발과 확산은 외부의 작용 없이 분자가 스스로 움직이기 때문에 일어나는 현상이다.

16 50N의 힘을 받는 넓이 5m^{2}인 책상이 받는 압력은?

① $0.1 \, \text{N/m}^2$ ② $5 \, \text{N/m}^2$

③ $10 \, \text{N/m}^2$ ④ $50 \, \text{N/m}^2$

16

$$\frac{50\text{N}}{5\text{m}^2} = 10\text{N/m}^2$$

17 온도가 일정할 때 기체의 압력과 부피의 관계를 바르게 나타낸 그래프는?

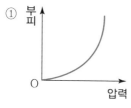
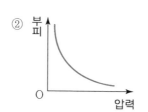
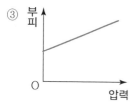
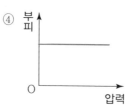

17

기체의 부피는 압력에 반비례한다.

18 밀폐된 그릇 속에 일정량의 기체가 들어 있다. 같은 온도에서 기체의 압력을 2배로 했을 때, 그 값이 $\frac{1}{2}$로 줄어드는 것은?

① 입자의 종류   ② 입자의 수

③ 입자의 질량   ④ 기체의 부피

18
온도가 일정할 때 기체의 부피는 압력에 반비례한다. 따라서 압력을 2배로 하면 기체의 부피는 $\frac{1}{2}$로 줄어든다.

19 표는 일정한 온도에서 압력에 따른 기체의 부피를 나타낸 것이다. (가)에 들어갈 기체의 부피는?

압력(기압)	1	2	4	8
부피(mL)	80	(가)	20	10

① 20   ② 30

③ 40   ④ 80

19
온도가 일정할 때 기체의 부피는 압력에 반비례하며, 압력×부피의 값은 항상 일정하다.

20 오른쪽 그림과 같이 고무풍선에 공기를 불어넣었더니, 풍선이 팽팽해졌다. 그 까닭은 무엇인가?

① 풍선 속의 압력이 작아지기 때문

② 풍선 속의 입자 수가 줄어들기 때문

③ 풍선 속의 입자들이 끊임없이 운동하기 때문

④ 풍선 속의 입자들의 충돌 횟수가 줄어들기 때문

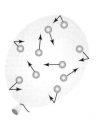

20
풍선 속의 입자들은 끊임없이 자유롭게 움직이면서 풍선의 벽에 충돌하여 압력을 나타낸다.

ANSWER
18. ④   19. ③   20. ③

21 그림과 같이 아세톤이 들어 있는 비닐 봉투를 60℃의 물에 넣었더니 아세톤이 기화되어 비닐 봉투가 부풀었다. 다음 중 비닐 봉투 내에서 변한 것은? (단, 비닐 봉투는 완전히 밀폐 되었다.)

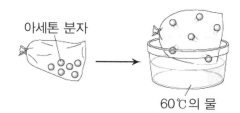

아세톤 분자

60℃의 물

① 입자의 수   ② 입자의 종류
③ 입자의 크기   ④ 입자 사이의 거리

22 오른쪽 그래프는 주사기 안에 들어 있는 기체의 압력과 부피와의 관계를 측정한 결과이다. 이 그래프에 대한 설명으로 옳은 것은?

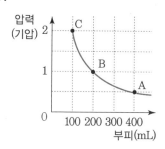

압력
(기압)

부피(mL)

① 기체의 부피와 압력은 비례한다.
② 주사기 안의 압력이 가장 큰 것은 A이다.
③ 입자 사이의 거리가 가장 먼 것은 B이다.
④ 입자가 주사기 벽에 부딪히는 횟수가 가장 많은 것은 C이다.

21
온도가 높아져 액체 아세톤이 기화하면 아세톤의 분자 운동이 활발해지고, 입자 사이의 인력이 줄어들어 입자 사이의 거리가 멀어져 부피가 커지게 된다.

22
주사기 안의 압력이 가장 큰 것은 C, 입자 사이의 거리가 가장 먼 것은 부피가 가장 큰 A, 충돌 횟수가 가장 많은 것은 압력이 가장 큰 C이다.

ANSWER
21. ④ **22.** ④

23 공기가 들어 있는 주사기의 피스톤을 눌렀을 때 주사기 속에서 일어나는 변화로 옳지 <u>않은</u> 것은?

① 압력이 증가한다.　　② 부피가 감소한다.
③ 입자 수가 증가한다.　④ 질량은 일정하다.

24 압력이 일정할 때 기체의 온도와 부피의 관계를 바르게 나타낸 그래프는?

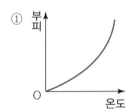
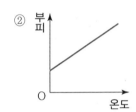
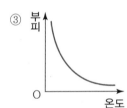
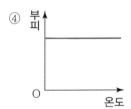

25 모든 기체가 같은 부피 속에 같은 수의 분자를 가지려면 어떤 조건이 같아야 하는가?

① 온도와 밀도　　　　② 질량과 밀도
③ 온도와 압력　　　　④ 질량과 압력

26 다음 물질 중 입력이 일정할 때 온도가 1℃ 높아질 때마다 그 부피가 0℃일 때 부피의 $\frac{1}{273}$씩 증가하는 것은?

① 유리
② 물
③ 구리
④ 이산화 탄소

26

모든 기체는 압력이 일정할 때 온도가 1℃ 높아질 때마다 0℃일 때 부피의 $\frac{1}{273}$씩 증가한다.

27 기체의 부피는 압력과 온도에 의해 변한다. 다음 현상 중 온도에 의해 기체의 부피가 변하는 예로 옳지 <u>않은</u> 것은?

① 열기구 속 공기를 가열하면 열기구가 떠오른다.
② 풍선이 하늘 위로 올라갈수록 점점 커지다가 터진다.
③ 찌그러진 탁구공을 뜨거운 물에 넣으면 탁구공이 펴진다.
④ 자동차가 도로를 달리면 타이어가 뜨거워지면서 팽팽해진다.

27

②는 압력에 따른 기체의 부피 변화에 대한 현상이다.

ANSWER
26. ④ 27. ②

03 물질의 변화

물질이 갖는 세 가지 상태와 상태 변화를 이해하여 입자 모형으로 표현할 수 있어야 합니다. 또한 이 과정에서 발생하는 열에너지의 출입에 대해 배웁니다. 그리고 물질 간의 화학 반응에 대해 배우며 반응에 적용되는 다양한 법칙들이 어떻게 작용하는지 이해합니다.

01 물질의 상태 변화

1 물질의 상태

(1) **물질의 세 가지 상태** : 물질은 고체, 액체, 기체의 세 가지 상태로 존재한다.

(2) **물질의 상태에 따른 특징**

구분	고체	액체	기체
모양	일정함	담는 용기에 따라 모양이 변함	담는 용기에 따라 모양이 변함
부피	일정함	일정함	일정하지 않음
압축	압축되지 않음	거의 압축되지 않음	압축이 잘 됨
성질	흐르는 성질 없음	흐르는 성질 있음	흐르는 성질 있음
예	얼음, 철, 소금 등	물, 식용유, 알코올 등	공기, 수증기, 산소 등

2 물질의 상태 변화

(1) **물질의 상태 변화** : 물질 자체는 변하지 않고 물질의 상태가 고체, 액체, 기체로 서로 변하는 현상

(2) **상태 변화의 원인** : 물질의 상태는 압력과 온도에 의해 변하며, 주로 온도에 의해 변한다.

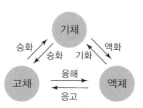

물질의 상태 변화

(3) 상태 변화의 종류

① 가열할 때 일어나는 상태 변화 : 융해, 기화, 승화(고체 → 기체)

    ㉠ 융해 : 고체에서 액체로 변하는 현상

        예 얼음이 녹아 물이 된다, 양초에 불을 붙이면 녹아서 촛농이 된다.

    ㉡ 기화 : 액체에서 기체로 변하는 현상

        예 물이 끓어 수증기가 된다, 빨랫줄에 널어놓은 젖은 빨래가 마른다.

    ㉢ 승화 : 고체에서 기체로 변하는 현상

        예 옷장 속에 넣어 두었던 나프탈렌이 작아진다, 드라이아이스의 크기가 작아진다.

② 냉각할 때 일어나는 상태 변화 : 응고, 액화, 승화(기체 → 고체)

    ㉠ 응고 : 액체에서 고체로 변하는 현상

        예 물이 얼어 얼음이 된다, 흘러내리던 촛농이 굳는다.

    ㉡ 액화 : 기체에서 액체로 변하는 현상

        예 이른 새벽 풀잎에 이슬이 맺힌다, 얼음물이 들어 있는 컵 표면에 물방울이 맺힌다.

    ㉢ 승화 : 기체에서 고체로 변하는 현상

        예 추운 겨울철 밤에 서리가 생긴다, 냉동실 벽면에 성에가 생긴다.

3 물질의 상태에 따른 입자 배열과 상태 변화에 따른 물질의 변화

(1) 물질의 상태에 따른 입자 배열

구분	고체	액체	기체
입자 모형			
입자 배열	규칙적이다.	고체보다 불규칙적이다.	매우 불규칙적이다.
입자 사이의 거리	매우 가깝다.	비교적 가깝다.	매우 멀다.
입자 사이의 인력	매우 강하다.	고체보다 약하다.	거의 작용하지 않는다.
입자 운동	제자리에서 진동 운동한다.	비교적 활발하게 운동한다.	매우 활발하게 운동한다.

(2) 상태 변화에 따른 물질의 변화

① 물질의 상태 변화에 따른 입자 배열과 부피 변화

구분	가열할 때	냉각할 때
상태 변화	융해, 기화, 승화(고체→기체)	응고, 액화, 승화(기체→고체)
입자 운동	활발해진다.	둔해진다.
입자 배열	불규칙적으로 된다.	규칙적으로 된다.
입자 사이의 거리	멀어진다.	가까워진다.
부피	증가한다(단, 물은 예외).	감소한다(단, 물은 예외).

(3) 물질의 상태 변화에 따른 질량 및 성질 변화

물질의 상태가 변하더라도 입자의 종류와 개수, 크기는 변하지 않는다.

→ 물질의 질량과 성질은 변하지 않는다.

4 열에너지 출입에 따른 상태 변화

(1) 물질을 가열할 때의 온도 변화 : 융해, 기화의 상태 변화 구간에서 온도가 일정하다.

→ 가해 준 열에너지가 상태 변화에 모두 사용되기 때문

① 녹는점과 끓는점

ㄱ 녹는점 : 고체 물질이 녹는 동안 일정하게 유지되는 온도

ㄴ 끓는점 : 액체 물질이 끓는 동안 일정하게 유지되는 온도

② 열에너지를 흡수하는 상태 변화와 입자 운동 : 입자 운동이 활발해지면서 입자 사이의 인력이 약해져 입자 사이의 거리가 멀어진다.

→ 융해, 기화, 승화(고체→기체)의 상태 변화가 일어남

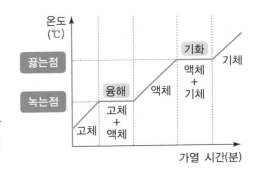

(2) 물질을 냉각할 때의 온도 변화 : 액화, 응고의 상태 변화 구간에서 온도가 일정하다.

→ 상태 변화하는 동안 방출한 열에너지가 온도가 낮아지는 것을 막아 주기 때문

① 어는점 : 액체 물질이 어는 동안 일정하게 유지되는 온도

② 열에너지를 방출하는 상태 변화 : 입자 운동이 둔해지면서 입자 사이의 인력이 강해져 입자 사이의 거리가 가까워진다.

→ 응고, 액화, 승화(기체→고체)의 상태 변화가 일어남

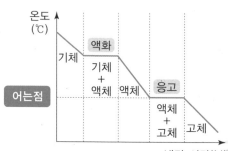

(3) 상태 변화에 따른 열에너지의 이용

① 상태 변화와 열에너지 : 상태 변화가 일어날 때는 열에너지를 흡수하거나 방출한다.

② 열에너지를 흡수하는 상태 변화의 예

열에너지를 흡수하는 상태 변화가 일어나면 주위의 온도가 낮아진다.

㉠ 융해 : 융해열 흡수

예 얼음 위에 생선을 올려놓으면 생선을 차갑게 보관할 수 있다.

㉡ 기화 : 기화열 흡수

예 더운 여름에 마당에 물을 뿌리면 시원해진다.

㉢ 승화(고체 → 기체) : 승화열 흡수

예 아이스크림을 포장할 때 드라이아이스를 포장 안에 넣어 주면 아이스크림이 녹지 않는다.

바로 바로 CHECK✓

열에너지를 흡수하는 상태 변화는?

① 물이 얼었다.
❷ 아이스크림이 녹았다.
③ 들판에 서리가 생겼다.
④ 냉동실에 성에가 생겼다.

해설 ②는 융해로, 열에너지를 흡수하는 상태 변화이다.

③ 열에너지를 방출하는 상태 변화의 예

열에너지를 방출하는 상태 변화가 일어나면 주위의 온도가 높아진다.

ㄱ 응고 : 응고열 방출   예 이글루에 물을 뿌려 이글루 안을 따뜻하게 한다.

ㄴ 액화 : 액화열 방출   예 비가 오기 전에 날씨가 후텁지근하다.

ㄷ 승화(기체 → 고체) : 승화열 방출   예 눈이 올 때는 날씨가 포근해진다.

02 화학 반응의 규칙과 에너지 변화

1 물질의 변화

(1) **물리 변화** : 물질의 고유한 성질은 변하지 않으면서 모양이나 상태 등이 변하는 현상

① 변하는 것 : 분자의 배열

② 변하지 않는 것 : 원자의 배열, 원자의 종류와 개수, 분자의 종류와 개수, 물질의 성질, 물질의 총질량

③ 물리 변화가 일어나는 예

ㄱ 얼음을 가열하면 물이 되고, 물을 가열하면 수증기가 된다.

ㄴ 소금이 물에 녹아 소금물이 된다.

ㄷ 달걀 껍질이 깨지거나 유리창이 깨진다.

(2) **화학 변화** : 어떤 물질이 처음과 성질이 다른 새로운 물질로 변하는 현상

① 변하는 것 : 원자의 배열, 분자의 종류, 물질의 성질

② 변하지 않는 것 : 원자의 종류와 개수, 물질의 총질량

③ 화학 변화의 증거 : 기체 발생, 색깔이나 냄새의 변화, 빛과 열 발생, 앙금 생성

④ 화학 변화가 일어나는 예

ㄱ 철로 만든 물건이 녹슨다.

ㄴ 나무, 숯 등이 연소된다.

ㄷ 껍질을 깎아놓은 사과나 감자의 색깔이 변한다.

2 화학 반응식

(1) 화학 반응과 화학 반응식

① 화학 반응 : 화학 변화가 일어나 어떤 물질이 다른 물질로 변하는 과정

② 화학 반응식 : 화학 반응을 화학식과 기호를 이용하여 나타낸 것

(2) 화학 반응식을 나타내는 방법(예 수증기 생성 반응)

① 1단계 : 반응물질(반응물)은 왼쪽에, 생성물질(생성물)은 오른쪽에 쓰고, 화살표로 연결한다. 반응물질이나 생성물질이 여러 개인 경우 '+'로 연결한다.

$$\text{수소 + 산소} \longrightarrow \text{수증기}$$
$$\text{(반응물질)} \qquad\qquad \text{(생성물질)}$$

② 2단계 : 반응물질과 생성물질을 화학식으로 나타낸다.

$$H_2 + O_2 \longrightarrow H_2O$$

③ 3단계 : 화살표 양쪽에 있는 원자의 종류와 개수가 같아지도록 화학식 앞에 계수를 맞춘다(단, 계수가 1인 경우 생략).

㉠ 먼저, 산소 원자의 개수가 같아지도록 계수를 맞춘다.

$$H_2 + O_2 \longrightarrow 2H_2O$$

㉡ 다음으로 수소 원자의 개수가 같아지도록 계수를 맞춰 화학 반응식을 완성한다.

$$2H_2 + O_2 \longrightarrow 2H_2O$$

(3) 여러 가지 화학 반응식

① 황화 철의 생성 : $Fe + S \longrightarrow FeS$

② 암모니아의 생성 : $3H_2 + N_2 \longrightarrow 2NH_3$

③ 메테인의 연소 : $CH_4 + 2O_2 \longrightarrow 2H_2O + CO_2$

④ 마그네슘의 연소 : $2Mg + O_2 \longrightarrow 2MgO$

⑤ 과산화 수소의 분해 : $2H_2O_2 \longrightarrow 2H_2O + O_2$

⑥ 탄산수소 나트륨의 분해 : $2NaHCO_3 \longrightarrow Na_2CO_3 + H_2O + CO_2$

(4) 화학 반응식으로 알 수 있는 것

① 반응물질과 생성물질의 종류

② 반응물질과 생성물질을 구성하는 분자의 종류와 개수, 원자의 종류와 개수

③ 반응물질과 생성물질의 계수비 = 분자 수의 비

3 화학 반응의 규칙

(1) 질량 보존 법칙

① 질량 보존 법칙(라부아지에) : 화학 반응이 일어날 때 반응물질의 총질량과 생성물질의 총질량은 같다.

   ㉠ 화학 반응이 일어날 때 원자의 배열 상태만 변할 뿐 원자의 종류와 개수는 변하지 않으므로 질량이 보존된다.

   ㉡ 화학 변화와 물리 변화에서 모두 성립한다.

② 여러 가지 화학 반응에서 질량 변화

   ㉠ 앙금 생성 반응에서 질량 변화 : 앙금이 생성되는 반응이 일어나도 반응물질의 총질량과 생성물질의 총질량은 같다.

> 염화 나트륨 + 질산 은 ⟶ 염화 은(흰색 앙금) + 질산 나트륨
> (염화 나트륨 + 질산 은)의 질량 = (염화 은 + 질산 나트륨)의 질량

   ㉡ 기체 발생 반응에서 질량 변화 : 기체가 발생하는 반응이 일어나면 발생한 기체가 공기 중으로 날아가므로 질량이 감소하는 것처럼 보이지만, 반응물질의 총질량과 생성물질의 총질량은 같다.

    • 아연과 묽은 염산의 반응

> 아연 + 염산 ⟶ 염화 아연 + 수소
> 열린 공간 : (아연 + 염산)의 질량 > 염화 아연의 질량
> 닫힌 공간 : (아연 + 염산)의 질량 = (염화 아연 + 수소)의 질량

- 탄산 칼슘과 묽은 염산의 반응

> 탄산 칼슘 + 염산 ⟶ 염화 칼슘 + 물 + 이산화 탄소
> 열린 공간 : (탄산 칼슘 + 염산)의 질량 > (염화 칼슘 + 물)의 질량
> 닫힌 공간 : (탄산 칼슘 + 염산)의 질량 = (염화 칼슘 + 물 + 이산화 탄소)의 질량

ⓒ 연소 반응에서 질량 변화 : 연소 반응이 일어나면 기체의 출입으로 인해 질량이 감소하거나 증가하는 것처럼 보이지만, 반응물질의 총질량과 생성물질의 총질량은 같다.

- 나무의 연소

> 나무 + 산소 ⟶ 재 + 수증기 + 이산화 탄소
> 열린 공간 : 나무의 질량 > 재의 질량
> 닫힌 공간 : (나무 + 산소)의 질량 = (재 + 수증기 + 이산화 탄소)의 질량

- 철(강철솜)의 연소

> 철 + 산소 ⟶ 산화 철(Ⅱ)
> 열린 용기에서 반응 : 철의 질량 < 산화 철(Ⅱ)의 질량
> 닫힌 용기에서 반응 : (철 + 산소)의 질량 = 산화 철(Ⅱ)의 질량

(2) 일정 성분비 법칙

① 일정 성분비 법칙(프루스트) : 화합물을 구성하는 성분 원소 사이에는 일정한 질량비가 성립한다.

ㄱ 화합물이 만들어질 때 원자는 항상 일정한 개수비로 결합하므로 원소 사이에 일정한 질량비가 성립한다.

ㄴ 같은 화합물은 성분 원소의 질량비가 항상 일정하다.

ㄷ 같은 종류의 원소로 이루어진 물질도 성분 원소의 질량비가 다르면 서로 다른 물질이다.

ㄹ 혼합물에서는 성립하지 않고, 화합물에서만 성립한다.

② 화합물을 구성하는 성분 원소의 질량비

　　㉠ 금속의 연소 반응에서 성분 원소의 질량비

　　　• 구리의 연소 반응

	구리 + 산소 ⟶ 산화 구리(Ⅱ)
질량비	4 : 1 : 5

　　　• 마그네슘의 연소 반응

	마그네슘 + 산소 ⟶ 산화 마그네슘
질량비	3 : 2 : 5

　　㉡ 아이오딘화 납 생성 반응에서 성분 원소의 질량비

　　　아이오딘화 칼륨 수용액과 질산 납 수용액이 반응하면 노란색 앙금인 아이오딘화 납이 생성되는데, 이때 아이오딘화 납을 이루는 아이오딘과 납 사이에는 일정한 질량비가 성립한다.

　　　• 같은 농도의 아이오딘화 칼륨 수용액과 질산 납 수용액은 1 : 1의 부피비로 반응한다.

　　　• 아이오딘화 납을 생성할 때 아이오딘화 이온과 납 이온은 일정한 개수비로 반응한다. → 아이오딘화 납을 이루는 아이오딘과 납의 질량비는 일정하다.

　　　• 시험관 D부터 앙금의 높이가 증가하지 않는 이유 : 더 이상 반응할 아이오딘화 이온이 없기 때문

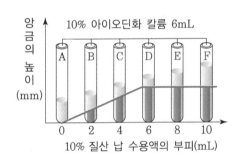

(3) 기체 반응 법칙

① 기체 반응 법칙(게이뤼삭) : 일정한 온도와 압력에서 기체가 반응하여 새로운 기체를 생성할 때 기체의 부피 사이에는 항상 간단한 정수비(부피비)가 성립한다.

⊙ 수증기 생성 반응에서 부피비

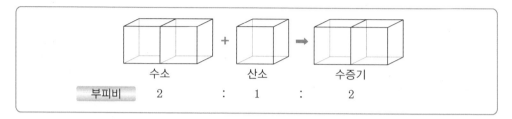

ⓛ 암모니아 생성 반응에서 부피비

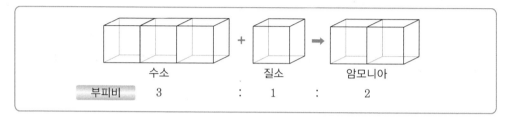

② **화학 반응식에서 계수비와 부피비의 관계** : 반응물질과 생성물질이 모두 기체인 경우, 화학 반응식의 계수비는 각 기체의 분자 수의 비와 부피비와 같다.

⊙ 수증기 생성 반응

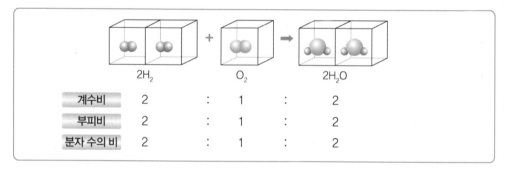

ⓛ 암모니아 생성 반응

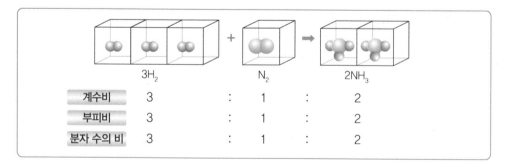

4 화학 반응에서의 에너지 출입

(1) 발열 반응

① 발열 반응 : 화학 반응이 일어날 때 주변으로 에너지를 방출하는 반응

→ 반응이 일어날 때 주변의 온도가 높아진다.

② 발열 반응의 예 : 연소 반응, 산과 염기의 반응, 산화 칼슘과 물의 반응, 금속이 녹스는 반응, 금속과 산의 반응, 호흡

(2) 흡열 반응

① 흡열 반응 : 화학 반응이 일어날 때 주변으로부터 에너지를 흡수하는 반응

→ 반응이 일어날 때 주변의 온도가 낮아진다.

② 흡열 반응의 예 : 소금과 물의 반응, 물의 전기 분해, 질산 암모늄과 물의 반응, 탄산수소 나트륨의 열분해, 식물의 광합성

01 물질과 그 상태를 바르게 짝지은 것은?

① 우박 – 기체
② 안개 – 고체
③ 서리 – 액체
④ 수증기 – 기체

02 다음은 물질의 상태에 대한 설명이다. 이 상태에 해당하는 물질은?

> • 모양과 부피가 일정하지 않다.
> • 입자들이 매우 멀리 떨어져 있다.
> • 입자들이 매우 불규칙적으로 배열되어 있다.

① 공기
② 얼음
③ 바닷물
④ 식용유

03 다음과 같은 모형으로 나타낼 수 있는 상태 변화는?

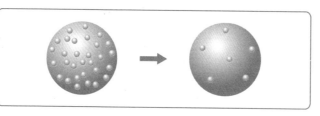

① 염전에 바닷물을 가두어 두었더니 물이 증발하였다.
② 추운 겨울날 방에 들어오면 안경에 김이 서린다.
③ 더운 여름날 아이스크림이 녹아 내렸다.
④ 이른 아침에 화단의 꽃에 이슬이 맺혔다.

04 그림은 물질 사이의 상태 변화를 나타낸 것이다. 추운 겨울날 창문에 서리가 끼는 현상에 해당하는 상태 변화는?

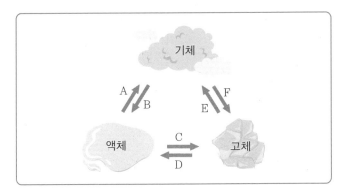

① A

② C

③ E

④ F

05 촛농이 흘러내리다 굳는 현상에 해당하는 물질의 상태 변화는?

① 응고

② 액화

③ 승화

④ 기화

06 그림과 같이 끓고 있는 물 위에 얼음이 들어 있는 시계 접시를 올려놓았다. (가)와 (나) 부분에서 일어나는 상태 변화를 바르게 짝지은 것은?

	(가)	(나)
①	응고	액화
②	액화	기화
③	기화	액화
④	응고	액화

07 물질의 상태가 변화할 때 달라지지 <u>않는</u> 것은?

① 입자 사이의 인력 ② 입자 사이의 거리

③ 입자의 성질 ④ 입자의 움직임

07

물질의 상태가 변화할 때 물질의 성질 자체는 변하지 않는다.

08 물질이 액체에서 기체로 변할 때 나타나는 현상이 <u>아닌</u> 것은?

① 입자의 배열이 변한다.

② 입자의 질량이 증가한다.

③ 입자의 운동이 활발해진다.

④ 입자 사이의 거리가 멀어진다.

08

물질이 상태 변화할 때 분자의 질량과 물질의 성질은 달라지지 않는다.

09 융해와 응고에 대한 설명으로 옳지 <u>않은</u> 것은?

① 고체가 액체로 되는 현상을 융해라고 한다.

② 액체가 고체로 되는 현상을 응고라고 한다.

③ 융해가 일어나도 물질의 질량은 변하지 않는다.

④ 응고가 일어나면 물질의 질량이 증가한다.

09

상태 변화가 일어날 때 물질을 이루고 있는 분자의 개수는 그대로이다. 따라서 그 양인 질량도 그대로이다.

10 그림은 물질의 입자 모형과 상태 변화를 나타낸 것이다. A, B에 대한 설명으로 옳지 <u>않은</u> 것은?

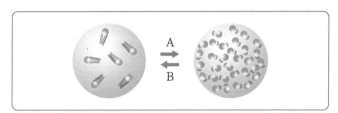

구 분	A	B
① 열에너지	방출	흡수
② 입자 사이의 인력	작아짐	커짐
③ 부피	작아짐	커짐
④ 질량	변화 없음	변화 없음

10
A의 상태 변화가 일어날 때는 입자 사이의 인력이 커지고, B의 상태 변화가 일어날 때는 입자 사이의 인력이 작아진다.

11 그림은 어떤 고체 물질의 가열 곡선이다. A~D 중 이 물질의 녹는점에 해당하는 온도는?

① A
② B
③ C
④ D

11
고체를 가열할 때 가열한 열에너지를 고체에서 액체로 상태 변화하는 데에 모두 사용하면 온도가 변하지 않고 일정하게 유지된다. 이때의 온도를 녹는점이라고 한다.
• 융해 : 고체가 열을 흡수하여 액체로 변하는 현상
• 기화 : 액체가 열을 흡수하여 기체로 변하는 현상

12 그림은 얼음을 가열할 때 시간에 따른 온도 변화를 나타낸 것이다. 물이 끓으면서 수증기로 변화되는 구간은?

① A
② B
③ C
④ D

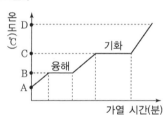

12
얼음은 0℃에서 녹아 물이 되고, 물의 끓는점은 100℃이며, 끓는점에서 끓는 동안 상태가 변화한다.

ANSWER
10. ② 11. ② 12. ④

13 상태 변화와 열에너지에 대한 설명으로 옳지 <u>않은</u> 것은?

① 물질의 상태 변화에는 항상 열에너지의 출입이 있다.

② 열에너지는 물질을 이루는 입자 사이의 인력을 변화시킨다.

③ 상태 변화가 일어나면 물질을 이루는 입자의 움직임이 달라진다.

④ 열에너지를 흡수하는 상태 변화는 액화, 응고, 승화(기체 → 고체)이다.

13

물질의 세 가지 상태 중 열에너지가 가장 많은 것은 기체, 그 다음 액체, 고체의 순이다. 따라서 열에너지를 흡수하는 상태 변화는 기화, 융해, 승화(고체 → 기체)이다.

14 다음 상태 변화 중에서 열에너지를 방출하는 것은?

① 아이스크림이 녹았다.

② 물이 수증기로 되었다.

③ 풀잎에 맺힌 이슬이 증발했다.

④ 목욕탕에서 안경에 김이 서렸다.

14

④ 기체 → 액체(방출)

① 고체 → 액체(흡수)

② 액체 → 기체(흡수)

③ 액체 → 기체(흡수)

15 다음 중 물리 변화인 것은?

① 철 대문에 녹이 슬었다.

② 얼음이 녹아 물이 되었다.

③ 나무를 태우면 재가 남는다.

④ 껍질을 깎아놓은 사과의 색이 변하였다.

15

물리 변화는 물질의 성질은 변하지 않으면서 모양이나 상태만 변하는 현상이다.

16 물질이 화학 변화를 일으킬 때 변하지 않는 것은?

① 원자의 배열   ② 물질의 성질

③ 분자의 종류   ④ 원자의 종류

16

화학 변화 : 어떤 물질이 본래의 성질과는 다른 새로운 물질로 변하는 현상

• 변하는 것 : 원자의 배열, 분자의 종류, 물질의 성질

• 변하지 않는 것 : 원자의 종류와 개수, 물질의 총질량

ANSWER

13. ④ **14.** ④ **15.** ② **16.** ④

17 다음은 물질 변화의 예이다. ㉠, ㉡에 대한 설명으로 옳지 **않은** 것은?

> ㉠ 사과를 4조각으로 나누어 접시에 오래 놓아두었더니,
> ㉡ 사과의 표면이 갈색으로 변했다.

① ㉠은 물리 변화이다.
② ㉠에서 원자의 종류가 달라졌다.
③ ㉡은 화학 변화이다.
④ ㉡에서 새로운 물질이 만들어졌다.

17

사과를 4조각으로 나눈 것은 물리 변화이며, 사과의 표면이 갈색으로 변한 것은 화학 변화이다. 물리 변화의 경우 물질의 성질이 변하지 않지만 화학 변화의 경우 물질의 성질이 변하게 된다.

18 다음 화학 반응식 중 옳지 **않은** 것은?

① $Cu + O_2 \longrightarrow CuO$
② $2H_2O_2 \longrightarrow 2H_2O + O_2$
③ $CH_4 + 2O_2 \longrightarrow 2H_2O + CO_2$
④ $2NaHCO_3 \longrightarrow Na_2CO_3 + H_2O + CO_2$

18

① $2Cu + O_2 \longrightarrow 2CuO$

19 화학 반응식으로 알 수 있는 것이 **아닌** 것은?

① 반응물질과 생성물질의 종류
② 반응물질을 구성하는 분자의 질량
③ 반응물질과 생성물질의 계수비
④ 생성물질을 구성하는 원자의 종류

19

화학 반응식을 통해 분자의 질량은 알 수 없다.

ANSWER
17. ② **18.** ① **19.** ②

20 질량 보존 법칙에 대한 설명으로 옳지 **않은** 것은?

① 설탕물과 같은 혼합물이 만들어질 때도 성립한다.

② 물과 같은 화합물이 만들어질 때도 성립한다.

③ 열려 있는 용기에서 기체가 발생하는 반응이 일어나면 질량 보존 법칙이 성립하지 않는다.

④ 화학 반응이 일어날 때 반응 전후에 원자의 종류와 개수는 변하지 않으므로 질량이 보존된다.

21 마그네슘 3g을 공기 중에서 연소시켰더니 산소와 결합하여 산화 마그네슘 5g이 생성되었다. 이때 결합한 산소의 질량 A는?

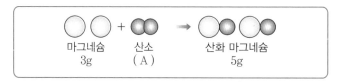

마그네슘   산소   산화 마그네슘
3g   (A)   5g

① 2g
② 6g
③ 10g
④ 20g

22 그래프는 구리와 산소가 반응하여 산화 구리(II)가 생성될 때, 구리와 산화 구리(II)의 질량 관계를 나타낸 것이다. 4g의 구리가 모두 반응하였을 때, 반응한 산소의 질량은?

① 1g

② 3g

③ 6g

④ 8g

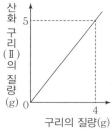

구리의 질량(g)

20

열려 있는 용기에서 기체가 발생하는 반응이 일어나도 출입하는 기체의 질량까지 고려하면 반응물질의 총질량과 생성물질의 총질량은 같다. 따라서 질량 보존 법칙이 성립한다.

21

질량 보존 법칙에 따르면 화학 변화나 물리 변화가 일어날 때 반응 전의 총 질량과 반응 후의 총 질량은 같다. 마그네슘 3g과 산소 xg을 연소하여 산화 마그네슘 5g을 얻었으니 연소에 사용된 산소의 질량은 2g이라는 것을 알 수 있다.

22

그래프에 따르면 구리가 산소와 결합하여 산화 구리(II)를 만들 때 구리 4g에 산소가 화합하여 5g의 산화 구리(II)를 만들었으므로 질량 보존의 법칙에 의해 구리와 결합한 산소의 질량은 1g이라는 것을 알 수 있다.

A N S W E R

20. ③ **21.** ① **22.** ①

23 다음 중 일정 성분비 법칙이 성립하는 경우는?

① 설탕 + 물 ⟶ 설탕물

② 수소 + 산소 ⟶ 물

③ 질소 + 산소 ⟶ 공기

④ 아세트산 + 물 ⟶ 식초

24 구리를 연소시켜 산화 구리(Ⅱ)를 생성하는 실험에서 구리의 질량을 달리하여 실험하여도 항상 일정한 값을 갖는 것은?

① 생성되는 산화 구리(Ⅱ)의 질량

② 구리와 결합하는 산소의 질량

③ 산화 구리(Ⅱ)에 포함된 산소와 구리의 질량비

④ 구리가 모두 산화 구리(Ⅱ)로 되는 데 걸리는 시간

25 그림 (가)와 같이 크기가 같은 6개의 시험관 A~F에 10% 아이오딘화 칼륨 수용액을 6mL씩 넣고, 시험관 B~F에 10% 질산 납 수용액을 각각 2, 4, 6, 8, 10mL씩 넣었다. 그 결과 각 시험관에서 생성되는 앙금의 높이는 그림 (나)와 같았다.

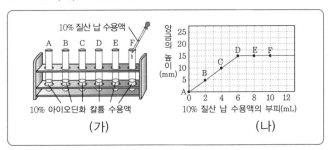

(가)　　　　　(나)

시험관 D 이후로 앙금의 높이가 증가하지 않는 이유는 무엇인가?

① 시간이 지나면 앙금이 분해되기 때문

② 더 이상 반응할 납 이온이 없기 때문

③ 더 이상 반응할 아이오딘화 이온이 없기 때문

④ 생성되는 앙금의 양은 항상 정해져 있기 때문

26 다음은 온도와 압력이 같을 때 수소와 산소가 반응하여 수증기로 되는 반응을 모형으로 나타낸 것이다.

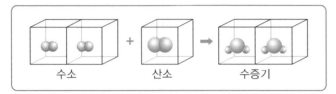

위의 모형에 대한 설명으로 옳지 <u>않은</u> 것은?

① 화학 반응은 원자들의 재배열 반응이다.

② 수소와 산소는 2 : 1의 부피비로 반응한다.

③ 반응이 일어나도 전체 질량은 변하지 않는다.

④ 같은 부피 속에 같은 개수의 원자가 들어 있다.

27 다음 중 기체 반응 법칙이 성립하는 경우가 <u>아닌</u> 것은?

① 수소 + 질소 ⟶ 암모니아

② 수소 + 산소 ⟶ 수증기

③ 염소 + 수소 ⟶ 염화 수소

④ 구리 + 산소 ⟶ 산화 구리(Ⅱ)

28 화학 반응이 일어날 때 에너지 변화에 대한 설명으로 옳지 <u>않은</u> 것은?

① 화학 반응이 일어날 때는 에너지가 출입한다.

② 화학 반응이 일어나면 주변의 온도는 변한다.

③ 금속이 녹슬 때는 열에너지를 방출한다.

④ 산화 칼슘과 물의 반응은 에너지를 흡수하는 반응이다.

26

온도와 압력이 같을 때 모든 기체는 같은 부피 속에 같은 개수의 분자가 들어 있다.

27

기체 반응 법칙은 기체 사이의 반응에서만 성립한다. ④에서 산화 구리(Ⅱ)는 고체이므로 기체 반응 법칙이 성립하지 않는다.

28

산화 칼슘과 물의 반응은 에너지를 방출하는 발열 반응이다.

ⒶⓃⓈⓌⒺⓇ

26. ④ **27.** ④ **28.** ④

01 원소와 불꽃색을 연결한 것으로 <u>잘못된</u> 것은?

① 나트륨 – 노란색　　② 스트론튬 – 빨간색
③ 칼륨 – 보라색　　　④ 구리 – 주황색

02 그림이 나타내는 것은 돌턴의 원자설 중 어떤 내용인가?

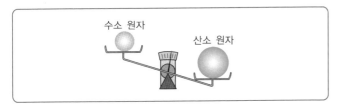

수소 원자　　산소 원자

① 다른 종류의 원자는 크기와 질량이 서로 다르다.
② 같은 종류의 원자는 크기와 질량이 같다.
③ 화학 반응이 일어나도 원자는 배열만 바뀔 뿐 다른 종류의 원자로 바뀌거나 없어지지 않는다.
④ 모든 물질은 원자라고 하는 더 이상 쪼갤 수 없는 작은 입자로 구성되어 있다.

03 원소의 이름과 원소 기호를 바르게 짝지은 것은?

① C – 수소　　　② N – 탄소
③ Cu – 구리　　　④ H – 질소

04 다음에 해당하는 분자식은?

- 암모니아 분자이다.
- 질소 원자 1개와 수소 원자 3개로 이루어져 있다.

① H_2　　　　　　② CO_2
③ NH_3　　　　　　④ H_2O_2

05 다음 설명에 해당하는 이온은?

- 칼슘 원자(Ca)가 전자 2개를 잃었을 때 형성되는 이온이다.
- 탄산 이온(CO_3^{2-})과 반응하여 탄산 칼슘($CaCO_3$) 앙금을 생성한다.

① Na^+　　　　　　② Ag^+
③ Ca^{2+}　　　　　④ Mg^{2+}

06 다음은 염화 은(AgCl)의 앙금 생성 반응이다. (가)에 알맞은 것은?

$$Ag^+ + (\ 가\ ) \longrightarrow AgCl\downarrow (흰색\ 앙금)$$

① 염화 이온(Cl^-)
② 질산 이온(NO_3^-)
③ 칼륨 이온(K^+)
④ 마그네슘 이온(Mg^{2+})

07 다음 중 음이온과 그 음이온을 검출하는 데 사용할 수 있는 물질을 <u>잘못</u> 짝지은 것은?

07
Na^+, K^+, NH_4^+, NO_3^- 등은 앙금을 만들지 않는다.

	음이온	사용할 물질		음이온	사용할 물질
①	Cl^-	KNO_3	②	I^-	$AgNO_3$
③	SO_4^{2-}	$BaCl_2$	④	CO_3^{2-}	$CaCl_2$

08 다음 중 혼합물인 것은?

08
흙탕물은 물과 흙이 섞인 혼합물이다.

① 소금　　　　　　　② 설탕

③ 증류수　　　　　　④ 흙탕물

09 물질을 구별할 수 있는 특성만으로 짝지은 것은?

09
질량, 부피, 무게 등으로는 물질을 구별할 수 없다.

① 온도, 맛, 질량

② 밀도, 끓는점, 부피

③ 용해도, 녹는점, 색깔

④ 부피, 질량, 무게

10 액체 A가 담긴 눈금실린더에 고체 B와 C를 넣었더니 B는 떠오르고 C는 바닥에 가라앉았다. 세 물질의 밀도 크기를 바르게 비교한 것은?

10
밀도가 큰 것일수록 아래로 가라앉는다.

① B > A > C　　　　② B > C > A

③ C > A > B　　　　④ C > B > A

A N S W E R
07. ①　08. ④　09. ③　10. ③

11 암모니아를 물에 녹여 암모니아수를 만들었다. 각 물질을 가리키는 용어로 알맞은 것은?

	암모니아	물	암모니아수
①	용매	용해	용질
②	용매	용질	용해
③	용질	용액	용매
④	용질	용매	용액

11
기체가 액체에 녹을 때, 기체는 용질이고 액체는 용매이다.

12 끓는점에 대한 설명으로 옳지 <u>않은</u> 것은?

① 물질의 특성이다.
② 물질의 종류에 따라 다르다.
③ 산 위로 올라갈수록 낮아진다.
④ 고체에서 액체로 상태 변화가 일어나는 온도이다.

12
끓는점은 액체에서 기체로 상태 변화가 일어나는 온도이다.

13 다음 그래프 중 물 50g(A)과 100g(B)을 가열할 때의 가열 곡선으로 옳은 것은?

①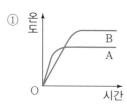

②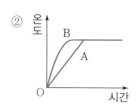

③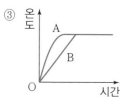

④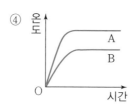

13
같은 물질이므로 끓는점은 같고, 양이 많을수록 끓는점에 도달하는 시간이 오래 걸린다.

14 다음의 혼합물을 분리할 때 이용되는 원리가 <u>다른</u> 하나는?

① 물과 에탄올의 혼합물
② 산소와 질소의 혼합 공기
③ 물과 아세톤의 혼합물
④ 수성 사인펜 잉크의 색소

14
①·②·③은 끓는점 차를 이용하여 분리하고, 수성 사인펜 잉크의 색소는 크로마토그래피법으로 분리한다.

15 물에 녹인 후 오른쪽 그림과 같은 실험 장치로 분리할 수 있는 혼합물은?

거름종이

① 모래와 소금
② 소금과 설탕
③ 모래와 철가루
④ 모래와 나프탈렌

15
제시된 그림은 거름이다. 용매에 대한 용해도 차이가 나는 물질들을 녹여 걸러 낼 수 있다.

16 다음 설명에 해당하는 분자 운동은?

• 액체 표면에서 분자들이 기체로 되는 현상이다.
• 물에 젖은 빨래가 마른다.

① 융해 　　　　② 응결
③ 응고 　　　　④ 증발

16
입자 운동에 의해 일어나는 현상으로는 증발과 확산이 있다. 그중 증발은 액체 입자들이 스스로 운동하다가 액체의 표면에서 떨어져 기체가 되어 공기 중으로 날아가는 현상이다.

17 0℃, 2기압에서 부피가 10L인 기체가 있다. 같은 온도에서 압력을 1기압으로 낮추면 기체의 부피는?

① 2L 　　　　② 10L
③ 20L 　　　　④ 40L

17
보일 법칙에서 온도가 일정할 때 압력과 부피의 곱은 늘 같은 값이어야 한다.
$2 \times 10 = 1 \times x$ 　　　∴ $x = 20L$

A N S W E R
14.④　15.①　16.④　17.③

18 그래프는 온도가 일정할 때 일정량의 기체의 압력과 부피의 관계를 나타낸 것이다. 부피가 6L일 때, 이 기체의 압력 (가)는?

① 3기압
② 4기압
③ 5기압
④ 7기압

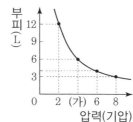

18

보일 법칙에 따르면 기체의 온도가 일정할 때 기체의 압력과 부피는 반비례하기 때문에 '압력 × 부피 = 일정'이라는 것을 알 수 있다. '12L × 2기압 = 24'이므로 '6L × (가) = 24'이다. 따라서 (가)는 4기압이다.

19 그림은 밀폐된 용기 안에 있는 일정량의 기체에 압력을 가했을 때의 변화를 나타낸 것이다. 다음 중 용기 내부에서 변하지 <u>않는</u> 것은? (단, 온도는 일정하다.)

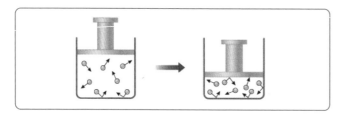

① 부피
② 입자의 수
③ 입자 사이의 거리
④ 입자의 충돌 횟수

19

밀폐된 용기 안에 일정량의 기체를 넣고 압력을 가하면 입자 사이의 거리는 가까워지고 부피는 줄어들며 충돌 횟수는 많아진다. 이때 입자의 수나 종류, 성질은 변하지 않는다.

20 보일 법칙과 샤를 법칙을 적용할 수 있는 것은?

① 얼음
② 소금물
③ 식용유
④ 산소 기체

20

보일 법칙과 샤를 법칙은 모두 기체에 관한 것이다.

21 다음과 같은 성질을 나타내는 물질의 상태는?

> • 부피가 일정하다.
> • 흐르는 성질이 있다.
> • 담는 용기에 따라 모양이 변한다.
> • 주사기에 넣고 피스톤을 누르면 잘 압축되지 않는다.

① 고체   ② 액체

③ 기체   ④ 액체와 기체

21
부피와 모양이 모두 일정하면 고체, 부피는 일정하나 모양이 일정하지 않으면 액체이다.

22 드라이아이스나 나프탈렌과 같이 고체 물질이 액체 상태를 거치지 않고 기체로 되는 상태 변화는?

① 융해   ② 액화

③ 기화   ④ 승화

22
승화성 물질 : 아이오딘, 드라이아이스, 나프탈렌

23 다음 상태 변화 중 부피가 가장 많이 증가하는 경우는?

① 양초가 녹았다.

② 얼음이 녹았다.

③ 밤사이 서리가 내렸다.

④ 옷장 속의 나프탈렌이 작아졌다.

23
대부분의 물질은 고체 → 액체 → 기체, 고체 → 기체로 될 때 부피가 증가한다. 그 중 승화는 가장 부피가 작은 고체에서 가장 부피가 큰 기체로 변화하므로 부피 증가가 가장 큰 변화이다.

24 기화와 액화에 대한 설명으로 옳지 <u>않은</u> 것은?

① 액체가 기체로 되는 현상을 기화라고 한다.

② 기체가 액체로 되는 현상을 액화라고 한다.

③ 액체의 표면에서 일어나는 기화를 증발이라고 한다.

④ 기화가 일어나면 물질의 성질이 변한다.

24
기화나 액화 등 물질의 상태가 변할 때 물질의 성질은 변하지 않는다.

ANSWER
21. ② **22.** ④ **23.** ④ **24.** ④

25 그림은 물질을 이루고 있는 입자를 공으로 표시하여 물질의 세 가지 상태를 나타낸 것이다. 옳지 <u>않은</u> 것은?

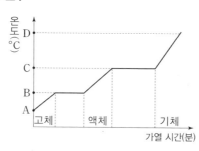

(가)　　　　(나)　　　　(다)

① (가)에서 열에너지를 가장 많이 가지고 있다.
② (나)에서 입자 운동이 가장 활발하다.
③ (다)에서 (나)로 갈 때 열을 흡수한다.
④ (나)에서 (가)로 갈 때 열을 방출한다.

26 고체가 상태 변화할 때 이에 대한 설명으로 옳지 <u>않은</u> 것은?

① 고체가 액체로 되면 부피가 변한다.
② 고체가 액체로 되면 물질 자체의 성질이 변한다.
③ 고체가 바로 기체로 되는 현상은 승화이다.
④ 고체가 액체로 되면 흐르는 성질이 생긴다.

27 그래프는 어떤 고체 물질의 가열 곡선이다. A~D 중 끓는점에 해당하는 온도는?

① A
② B
③ C
④ D

온도(℃)
D ┄┄┄┄┄┄┄┄┄┄
C ┄┄┄┄┄
B ┄┄
A
고체　　액체　　기체
가열 시간(분)

25
(가) 고체, (나) 기체, (다) 액체
고체 → 액체 → 기체로 갈수록 열에너지를 많이 가지며 입자 운동이 활발하다.

26
상태가 변하면 부피는 변하지만 물질이 가지고 있는 성질과 질량은 변하지 않는다.

27
순수한 고체 물질을 가열하면 가열 곡선에서 온도가 변하지 않는 편평한 구간이 두 군데 나온다. 첫 번째 구간은 고체에서 액체로 상태 변화하는 녹는점(B)이고, 두 번째 구간은 액체에서 기체로 상태 변화하는 끓는점(C)이다.

A N S W E R
25. ①　**26.** ②　**27.** ③

28 그래프는 어떤 고체 물질을 가열할 때, 가열 시간에 따른 온도를 나타낸 것이다. 고체와 액체가 함께 있는 구간은?

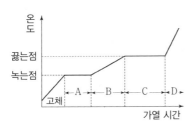

① A

② B

③ C

④ D

28
물질의 녹는점에서는 물질이 고체에서 액체로 상태 변화하는 중이기 때문에 고체와 액체가 함께 존재한다.

29 그림은 물의 상태 변화를 나타낸 것이다. A~D 중 열에너지를 방출하는 과정을 고른 것은?

① A, B

② A, C

③ B, D

④ C, D

29
물질의 상태 변화 중 열에너지를 방출하는 상태 변화는 응고(D), 액화(C), 기체에서 고체로의 승화이다.

30 다음 중 물리 변화에 해당하는 예로 적절한 것은?

① 철사를 구부렸다.

② 나무가 불에 탔다.

③ 깡통에 녹이 슬었다.

④ 사과의 자른 면이 갈색으로 변했다.

30
물리 변화는 물질의 고유한 성질이 변하지 않고 모양이나 상태가 변하는 것이고, 화학 변화는 물질의 성질이 변하는 것이다. ②, ③, ④는 화학 변화에 해당한다.

ANSWER
28. ① **29.** ④ **30.** ①

31 다음은 물질의 변화를 설명한 것이다. A에 해당하는 것은?

> Ⅰ. 물질의 변화
> 1. 물리 변화
>   • 물질의 고유한 성질은 변하지 않고 모양이나 상태가 변하는 것
>   예) 나무가 쪼개진다.
> 2. 화학 변화
>   • 물질의 화학적 성질이 변하여 새로운 물질로 변하는 것
>   예) [A]

① 얼음이 녹는다.
② 유리컵이 깨진다.
③ 종이가 불에 탄다.
④ 고무줄이 늘어난다.

32 다음은 암모니아의 생성 반응을 화학 반응식으로 나타낸 것이다. $a \sim c$에 알맞은 계수를 순서대로 바르게 짝지은 것은?

> $a\mathrm{H}_2 + b\mathrm{N}_2 \longrightarrow c\mathrm{NH}_3$

① 1, 2, 1   ② 2, 1, 2
③ 2, 2, 1   ④ 3, 1, 2

31
물리 변화의 경우 물질을 구성하는 분자는 그대로 유지되어 물질의 성질은 변하지 않는다. 화학 변화의 경우 새로운 분자가 만들어지며 기존과는 다른 성질을 가지게 된다.

32
$3\mathrm{H}_2 + \mathrm{N}_2 \longrightarrow 2\mathrm{NH}_3$

A N S W E R
31. ③ 32. ④

33 구리와 산소는 4 : 1의 질량비로 반응하여 산화 구리(II)를 생성한다. 다음 반응에서 생성된 산화 구리(II)의 질량 ㉠은?

$$2Cu \quad + \quad O_2 \quad \longrightarrow \quad 2CuO$$

구리	산소	산화 구리(II)
8g	2g	(㉠)g

① 1 ② 3

③ 7 ④ 10

34 표는 수소 기체와 산소 기체가 모두 반응하여 수증기가 생성될 때의 부피를 나타낸 것이다. 부피 (가)는? (단, 온도와 압력은 일정하다.)

구 분	반응한 수소 기체 부피(mL)	반응한 산소 기체 부피(mL)	생성된 수증기 부피(mL)
실험1	10	5	10
실험2	20	10	20
실험3	30	(가)	30

① 5 ② 7

③ 10 ④ 15

35 화학 반응에서 에너지 출입에 대한 설명으로 옳은 것은?

① 산과 염기의 반응은 흡열 반응이다.

② 식물의 광합성이 일어날 때 주변으로부터 에너지를 흡수한다.

③ 발열 반응이 일어날 때 주변의 온도는 낮아진다.

④ 흡열 반응이 일어날 때 주변으로 에너지를 방출한다.

NOTE

PART

III

생명과학

01 생물의 구조와 에너지

동물과 식물이 각각 에너지를 다루는 기관이 어떻게 작용하는지에 대해 배웁니다. 동물의 소화 기관, 순환 기관, 호흡 기관, 배설 기관의 구조와 원리를 에너지의 이용과 연관 지어 이해하고, 식물이 에너지를 생성하고 소모하는 광합성, 호흡 과정에 대해서 학습합니다.

01 동물과 에너지

1 생물의 구성 단계와 영양소

(1) 생물의 구성 단계

① 생물의 구성 단계 : 다양한 세포가 체계적으로 모여 유기적으로 구성되어 있다.

식물의 구성 단계	▼ 검색
세포 → 조직 → 조직계 → 기관 → 개체	

② 동물의 구성 단계 : 세포 → 조직 → 기관 → 기관계 → 개체

세포	생물의 몸을 구성하는 기본 단위 예 근육 세포, 상피 세포, 신경 세포 등
조직	기능과 모양이 비슷한 세포들의 모임 예 근육 조직, 상피 조직, 신경 조직, 결합 조직 등
기관	여러 조직이 모여 일정한 모양과 기능을 갖춘 단계 예 위, 소장, 심장, 폐, 콩팥 등
기관계	비슷한 기능을 하는 기관들의 모임 예 소화계, 순환계, 호흡계, 배설계 등
개체	개별적이며 독립적인 생물체 예 사람, 개 등

③ 동물의 기관계 : 동물은 기관계가 있어 소화, 호흡, 배설, 순환과 같은 생명 활동을 수행한다.

소화계	음식물의 소화와 영양소의 흡수를 담당
순환계	산소, 이산화 탄소, 영양소, 노폐물 등을 운반
호흡계	산소와 이산화 탄소의 교환 담당
배설계	체내에서 발생한 노폐물을 배설

(2) **영양소** : 몸을 구성하고 생명 활동에 필요한 에너지를 내거나 몸의 기능을 조절하는 물질

① 3대 영양소

영양소	기능 및 특징	함유 식품
탄수화물	• 주로 에너지원(약 4kcal/g)으로 이용되어 몸의 구성 비율이 매우 낮다. • 남은 것은 지방으로 바뀌어 저장된다.	쌀, 밀 등 곡류, 고구마, 감자 등
단백질	• 주로 몸을 구성하여 성장기에 특히 많이 필요하다. • 에너지원(약 4kcal/g)으로 이용된다. • 효소, 호르몬의 주성분으로 몸의 기능을 조절한다.	고기, 달걀, 두부, 치즈 등
지방	• 몸을 구성하거나 에너지원(약 9kcal/g)으로 이용된다. • 체온을 유지하는 기능을 한다.	버터, 호두, 땅콩, 식용유 등

심화학습 탄수화물과 당

탄수화물의 종류에는 단당류, 이당류, 다당류 등이 있다. 단당류는 하나의 당으로 구성된 탄수화물, 이당류는 2개의 당이 결합한 탄수화물, 다당류는 여러 개의 당이 결합한 탄수화물이다. 단맛이 나지 않는 쌀, 밀, 곡류 등은 흔히 당류가 아니라고 생각하기 쉽지만 다당류에 속하며, 소화되어 당의 연결이 끊어져서 단당류가 된다.

예 단당류 : 포도당, 이당류 : 설탕·엿당·젖당, 다당류 : 녹말·글리코젠

② **부영양소** : 에너지원은 아니지만 몸을 구성하거나 몸의 기능을 조절

㉠ 무기염류 : 나트륨, 철, 칼슘, 인 등이 포함되며, 뼈, 이, 혈액 등을 구성하고 몸의 기능을 조절한다. 우유, 멸치, 해조류 등에 많이 들어 있다.

㉡ 바이타민 : 바이타민 A, B, C, D 등이 있으며, 적은 양으로 몸의 기능을 조절한다. 과일, 채소류에 많이 들어 있다.

㉢ 물 : 우리 몸의 60~70%를 차지하며, 영양소와 노폐물 등 여러 가지 물질을 운반하고 체온 조절에 관여한다.

③ **영양소 검출**

㉠ 탄수화물

• 녹말 검출(아이오딘 반응)

> 녹말 용액 + 아이오딘−아이오딘화 칼륨 용액(옅은 갈색) ⟶ 청람색

- 포도당 검출(베네딕트 반응)

> 포도당 용액 + 베네딕트 용액(청색) —가열→ 황적색

ⓛ 단백질(뷰렛 반응)

> 단백질 용액 + 5% 수산화 나트륨 수용액 + 1% 황산 구리(Ⅱ) 수용액(옅은 청색)
> ——→ 보라색

ⓒ 지방(수단 Ⅲ 반응)

> 지방 용액 + 수단 Ⅲ 용액(붉은색) ——→ 선홍색

2 소화

(1) 소화계

① **소화** : 섭취한 음식물이 소화 기관을 지나는 동안 체내로 흡수될 수 있도록 작게 분해하는 과정

ㄱ 소화의 필요성 : 우리 몸에서 영양소를 이용하려면 영양소가 세포 안으로 흡수될 수 있을 만큼 작아야 한다.

ㄴ 소화 효소 : 탄수화물, 단백질, 지방 등 영양소를 화학적으로 분해하는 물질로, 각각의 소화 효소는 특정 영양소만 분해하며, 체온 범위에서 가장 활발하게 작용한다.

② **소화계** : 음식물이 직접 지나가는 소화관과 식도, 위, 간, 이자, 쓸개 등으로 이루어져 있다.

ㄱ 소화관 : 음식물이 이동하는 통로로, 입 – 식도 – 위 – 소장 – 대장 – 항문으로 연결되어 있다.

ㄴ 소화샘 : 소화액을 분비하는 기관으로, 침샘, 위샘, 이자, 간 등이 있다.

(2) 소화 과정

소화 기관	소화샘	소화액	소화 효소	소화 과정	특징
입	침샘	침	아밀레이스	녹말 ⟶ 엿당	음식물을 작게 부수는 저작 운동(씹는 운동)이 일어난다. → 음식물의 크기가 작아지면 소화액과 닿는 음식물의 표면적이 넓어져 소화가 잘 일어날 수 있다.
위	위샘	위액	펩신	단백질 ⟶ 중간 단계 단백질(펩톤)	위액에 펩신과 함께 들어 있는 염산은 음식물의 부패를 방지하며(살균 작용) 펩신의 작용을 돕는다.
소장	간	쓸개즙	없음	지방을 유화시켜 지방의 소화를 돕는다.	쓸개즙은 간에서 만들어져 쓸개에 저장되었다가 소장으로 분비된다.
	이자	이자액	아밀레이스	녹말 ⟶ 엿당	• 이자액은 이자에서 만들어져 십이지장으로 분비되어 소장으로 간다. • 이자액은 3대 영양소를 모두 분해하는 유일한 소화액이다.
			트립신	중간 단계 단백질 ⟶ 중간 단계 단백질(더 작게 분해된 것)	
			라이페이스	지방 ⟶ 지방산 + 모노글리세리드	
	장샘	소장의 소화 효소	탄수화물 소화 효소	엿당 ⟶ 포도당	엿당을 최종 산물인 포도당으로 분해한다.
			단백질 분해 효소	중간 단계 단백질 ⟶ 아미노산	펩신과 트립신에 의해 분해된 단백질의 중간 산물을 최종 산물인 아미노산으로 분해한다.

(3) 영양소의 흡수

① 소화에서의 흡수 : 소장의 내벽에 있는 융털에서 영양소가 흡수된다. → 소장 내벽의 주름과 융털은 영양소와 닿는 소장 내벽의 표면적을 넓혀 영양소를 효율적으로 흡수할 수 있게 한다.

ㄱ 수용성 영양소 : 포도당, 아미노산, 무기염류, 수용성 바이타민

→ 소장 융털의 모세 혈관으로 흡수(간을 거쳐 심장으로 이동하여 온몸으로 운반됨)

ㄴ 지용성 영양소 : 지방산, 모노글리세리드, 지용성 바이타민

→ 소장 융털의 암죽관으로 흡수(간을 거치지 않고 심장으로 이동하여 온몸으로 운반됨)

② 대장에서의 흡수 : 소화액이 분비되지 않아 소화 작용은 거의 일어나지 않고, 주로 물이 흡수된다. 수분이 흡수되고 남은 찌꺼기는 대변이 되어 몸 밖으로 배출된다.

3 순환

(1) **순환계** : 영양소, 산소, 이산화 탄소, 노폐물 등 물질을 운반하는 기능을 담당하며, 심장, 혈관, 혈액 등으로 이루어져 있다.

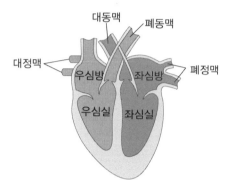

① **심장** : 근육으로 이루어져 있는 주먹만 한 크기의 기관이다.

ㄱ 기능 : 규칙적인 수축과 이완 운동(심장 박동)을 하면서 혈액을 순환시킨다.

→ 혈액 순환의 원동력

ㄴ 구조 : 2개의 심방과 2개의 심실로 이루어져 있으며, 판막이 있다.

심방	혈액을 심장으로 받아들이는 곳으로, 정맥과 연결되어 있다. • 우심방 : 대정맥과 연결, 온몸을 돌고 온 혈액이 들어오는 곳 • 좌심방 : 폐정맥과 연결, 폐에서 산소를 얻은 혈액이 들어오는 곳
심실	혈액을 심장에서 내보내는 곳으로, 동맥과 연결되어 있다. • 우심실 : 폐동맥과 연결, 폐로 혈액을 내보내는 곳 • 좌심실 : 대동맥과 연결, 온몸으로 혈액을 내보내는 곳, 내벽이 가장 두꺼움
판막	심방과 심실 사이, 심실과 동맥 사이에 있어 혈액이 거꾸로 흐르는 것을 막는다.

심화학습 심장 박동과 맥박

• **심장 박동** : 심방과 심실이 교대로 수축과 이완을 되풀이하며 혈액을 심장 밖으로 내보내거나 심장으로 받아들이는 운동으로 혈액 순환의 원동력이 된다.

• **맥박** : 심장 박동에 의해 혈액이 동맥으로 흐를 때, 혈압에 의해 동맥이 확장되었다가 수축하며 이것이 일정하게 동맥의 벽을 따라 전해지는 것으로 맥박 수는 심장 박동 수와 일치한다.

② **혈관** : 혈액이 이동하는 통로로, 심장에서 나온 혈액은 동맥 → 모세 혈관 → 정맥 방향으로 흐른다.

종류	혈관 벽 두께	혈압	혈류 속도	혈관의 총 단면적	특징
동맥	가장 두껍다	가장 높다	가장 빠르다	가장 좁다	• 심장에서 나가는 혈액이 흐르는 혈관 • 혈관 벽이 가장 두껍고 탄력성이 강하다. → 심실에서 나온 혈액의 높은 압력(혈압)을 견뎌야 하기 때문

| 정맥 | 중간 | 가장 낮다 | 중간 | 중간 | • 심장으로 들어가는 혈액이 흐르는 혈관
• 동맥보다 혈관 벽이 얇고 탄력성이 약하다.
• 역류 방지를 위해 판막이 존재
  → 혈압이 매우 낮아 혈액이 거꾸로 흐를 수 있기 때문 |
| 모세
혈관 | 가장
얇다 | 중간 | 가장
느리다 | 가장
넓다 | • 혈관 벽이 세포 한 층으로 이루어져 있어 매우 얇고 총단면적이 넓어서 조직 세포와 물질 교환이 원활하게 일어난다.
  → 혈액 속의 산소와 영양소는 모세 혈관에서 조직 세포로, 조직 세포에서 발생한 이산화 탄소와 노폐물은 조직 세포에서 모세 혈관으로 이동
• 동맥과 정맥을 연결한다. |

③ 혈액

　㉠ 혈장 : 물이 주성분이 엷은 노란색의 액체로, 영양소를 운반하여 세포에 공급하고 세포에서 생긴 이산화 탄소와 노폐물을 받아서 운반한다.

　㉡ 혈구 : 적혈구, 백혈구, 혈소판으로 구분된다.

바로 바로 CHECK√

혈액의 구성 성분 중 적혈구의 기능은?

❶ 산소 운반　　② 식균 작용
③ 혈액 응고　　④ 영양소 운반

구분	모양	핵의 유무	특징
적혈구	일정(가운데가 오목한 원반형)	×	• 혈구 중 수가 가장 많다. • 붉은색 색소인 헤모글로빈(주성분 : 철)이 산소 운반 작용을 한다.
백혈구	불규칙	○	• 혈구 중 크기가 가장 크다. • 몸의 침입한 세균을 잡아먹는 식균 작용을 한다.
혈소판	불규칙	×	• 혈구 중 크기가 가장 작다. • 상처가 생겼을 때 혈액을 응고시켜 출혈을 막는다.

　㉢ 동맥혈과 정맥혈

동맥혈	산소가 많이 포함되어 선명한 선홍색이다.
정맥혈	산소가 적고 이산화 탄소가 많아 암적색이다.

(2) 혈액 순환

① **폐순환** : 혈액이 우심실에서 나와 폐를 지나면서 이산화 탄소를 내보내고 산소를 받아 좌심방으로 돌아오는 과정으로, 정맥혈이 동맥혈로 바뀐다.

> 우심실 → 폐동맥(정맥혈) → 폐의 모세 혈관 → 폐정맥(동맥혈) → 좌심방

② **온몸 순환(체순환)** : 혈액이 좌심실에서 온몸으로 나와 온몸의 조직 세포에 산소와 영양소를 공급하고 이산화 탄소와 노폐물을 받아 우심방으로 돌아오는 과정으로, 동맥혈이 정맥혈로 바뀐다.

> 좌심실 → 동맥(동맥혈) → 온몸의 모세 혈관 → 대정맥(정맥혈) → 우심방

4 호흡

(1) 호흡계 : 숨을 쉬면서 산소를 흡수하고 이산화 탄소를 배출하는 기능을 담당하며, 코, 기관, 기관지, 폐 등의 호흡 기관으로 이루어져 있다.

① **코** : 공기를 들이마시고 내보내는 기관으로, 콧속은 가는 털과 끈끈한 액체로 덮여 있어 먼지나 세균 등을 걸러 낸다.

② **기관** : 공기가 드나드는 통로로, 안쪽 벽에 섬모가 있어 먼지나 세균 등을 거른다.

③ **기관지** : 기관 아래에서 두 가닥으로 나뉘어 좌우의 폐로 이어지는 통로로, 폐 속에서 더 많은 기관지로 나뉘어 폐포와 연결된다.

④ **폐** : 좌우 1개씩 모두 한 쌍으로, 수많은 폐포로 이루어져 있으며, 가로막과 갈비뼈로 둘러싸인 흉강에 들어 있다.

폐포	• 폐를 구성하는 작은 공기주머니이다. • 표면이 모세 혈관으로 둘러싸여 있다. → 폐포와 모세 혈관 사이에서 산소와 이산화 탄소가 교환된다.
가로막	횡격막이라고도 하며, 가슴과 배를 구분하는 얇은 근육으로 된 막으로 흉강 밑부분에 있다.

들숨과 날숨	▼	검색
• 들숨 : 공기를 들이마시는 것 • 날숨 : 공기를 내쉬는 것		

(2) **호흡 운동** : 폐는 근육이 없어 스스로 운동할 수 없다. 따라서 폐를 둘러싸고 있는 갈비
뼈와 가로막(횡격막)의 작용으로 흉강의 부피가 변하여 공기를 받아들이거나 내보낸다.

구분	갈비뼈	가로막	흉강 부피	흉강 압력	폐 부피	폐 내부 압력	공기 이동
들숨	위로	아래로	커짐	낮아짐	커짐	낮아짐	밖 → 폐
날숨	아래로	위로	작아짐	높아짐	작아짐	높아짐	폐 → 밖

(3) **기체 교환과 세포 호흡**

① **기체 교환** : 기체는 농도가 높은 곳에서 낮은 곳으로 확산한다.

ⓐ 폐포와 모세 혈관 사이의 기체 교환 : 산소는 폐포에서 모세 혈관으로, 이산화 탄소는
모세 혈관에서 폐포로 이동한다.

$$폐포 \underset{이산화 탄소}{\overset{산소}{\rightleftarrows}} 모세 혈관$$

ⓑ 모세 혈관과 조직 세포 사이의 기체 교환 : 산소는 모세 혈관에서 조직 세포로, 이산
화 탄소는 조직 세포에서 모세 혈관으로 이동한다.

$$모세 혈관 \underset{이산화 탄소}{\overset{산소}{\rightleftarrows}} 조직 세포$$

② **세포 호흡** : 조직 세포에서 산소를 이용해 영양소를 분해하여 체온 유지, 운동 등 생명
활동에 필요한 에너지를 얻는 과정

$$영양소 + 산소 \xrightarrow{세포 호흡} 물 + 이산화 탄소 + 에너지$$

5 배설

(1) **노폐물의 생성과 배설**

① **노폐물의 생성** : 영양소가 세포 호흡에 의해 분해될 때 노폐물이 생성된다.

ⓐ 이산화 탄소, 물 : 탄수화물, 지방, 단백질이 분해될 때 공통적으로 만들어진다.

ⓑ 암모니아 : 질소를 포함하는 노폐물로, 단백질이 분해될 때만 만들어진다.

② 노폐물의 배설

ㄱ 배설 : 콩팥에서 오줌을 만들어 노폐물을 몸 밖으로 내보내는 과정으로, 배설계가 배
설 기능을 담당한다.

ㄴ 노폐물이 몸 밖으로 나가는 방법 : 이산화 탄소는 날숨으로, 물은 날숨과 오줌으로,
암모니아는 독성이 강하므로 간에서 독성이 약한 요소로 바뀐 다음 오줌으로 나간다.

(2) 배설계

① 배설계 : 콩팥, 오줌관, 방광, 요도 등으로 구성되며, 노폐물을 배설한다.

ㄱ 콩팥 : 혈액 속의 노폐물을 걸러 오줌을
만드는 기관

ㄴ 오줌관 : 콩팥과 방광을 연결하는 긴 관

ㄷ 방광 : 콩팥에서 만들어진 오줌을 모아
두는 곳

ㄹ 요도 : 방광에 모인 오줌이 몸 밖으로 나가는 통로

② **콩팥의 구조** : 콩팥 겉질, 콩팥 속질, 콩팥 깔때기의 세 부분으로 구분된다.

> **바로바로 CHECK√**
>
> **혈액의 노폐물을 걸러주는 배설 기관은?**
>
> ① 위　　　　　② 심장
> ③ 소장　　　　**❹ 콩팥**

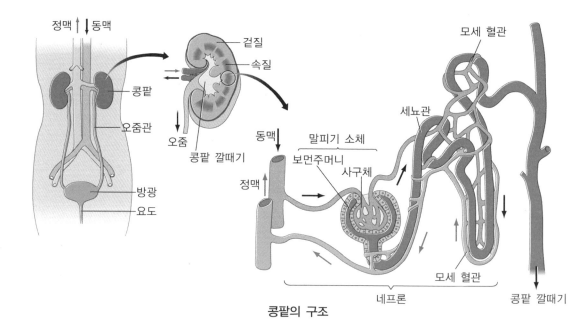

콩팥의 구조

⊙ 콩팥 겉질, 콩팥 속질 : 오줌을 만드는 단위인 네프론이 있다. 네프론은 사구체, 보먼주머니, 세뇨관으로 이루어져 있다.

사구체	모세 혈관이 둥글게 뭉쳐 있는 부분
보먼주머니	사구체를 감싸고 있는 주머니
세뇨관	보먼주머니와 연결된 가늘고 긴 관

ⓒ 콩팥 깔때기 : 콩팥의 가장 안쪽에 있는 빈 공간으로, 이곳에서 오줌이 모였다가 오줌관을 통해 방광으로 간다.

(3) 오줌의 생성 과정 : 네프론에서 여과, 재흡수, 분비 과정을 거쳐 오줌이 생성된다.

① **여과**

⊙ 혈압이 높은 사구체에서 혈액 속의 크기가 작은 물질이 모세 혈관 밖으로 빠져나와 보먼주머니로 이동하는 현상

ⓒ 여과되는 물질 : 물, 요소, 아미노산, 무기염류, 포도당 등

→ 혈구, 지방, 단백질 등 크기가 큰 물질은 여과되지 않는다.

② **재흡수**

⊙ 여과된 물질 중 몸에 필요한 물질이 세뇨관에서 모세 혈관으로 이동하는 현상

ⓒ 재흡수되는 물질 : 포도당과 아미노산은 100%, 물은 약 99%, 무기염류는 체내 무기염류의 양에 따라 재흡수된다.

③ **분비** : 여과되지 않은 노폐물의 일부가 모세 혈관에서 세뇨관으로 이동하는 현상

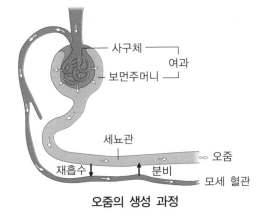

오줌의 생성 과정

(4) 소화 · 순환 · 호흡 · 배설의 관계

소화계가 흡수한 영양소와 호흡계가 흡수한 산소는 순환계에 의해 조직 세포로 운반되어 세포 호흡에 쓰인다. 세포 호흡 결과 발생한 노폐물은 호흡계와 배설계로 운반되어 몸 밖으로 나간다.

02 식물과 에너지

1 광합성

(1) **광합성** : 식물이 빛에너지를 이용해 이산화 탄소와 물을 원료로 양분을 만드는 과정

$$이산화\ 탄소 + 물\ \xrightarrow{빛에너지}\ 포도당 + 산소$$

(2) **광합성이 일어나는 장소** : 엽록체

① 식물 세포에 들어 있는 초록색의 작은 알갱이 모양이다.

② 주로 식물의 잎을 구성하는 세포에 들어 있으며, 초록색 색소인 엽록소가 들어 있어 빛을 흡수한다.

(3) **광합성에 필요한 요소**

① 빛에너지 : 엽록체 속 엽록소에서 흡수한다.

② 이산화 탄소 : 공기 중에서 잎을 통해 흡수한다.

③ 물 : 뿌리에서 흡수하여 물관을 통해 잎으로 운반한다.

(4) **광합성으로 만들어지는 물질(광합성 산물)**

① 포도당 : 광합성 결과 처음 만들어지는 양분으로, 곧 녹말로 바뀌어 잎의 세포에 저장된다.

② 산소 : 식물에서 사용하거나 공기 중으로 방출되어 다른 생물에 의해 이용된다.

심화학습 광합성 산물의 확인

• 녹말 : 빛을 충분히 받은 잎을 표백하여(엽록소를 파괴하여 관찰을 쉽게 함) 아이오딘−아이오딘화 칼륨 용액을 떨어뜨리면 청람색 알갱이를 관찰할 수 있다.

• 산소 : 광합성 결과 생성된 기체를 모은 시험관 입구에 꺼져가는 불씨를 갖다 대면 불씨가 다시 살아난다.

(5) 광합성에 영향을 미치는 환경 요인

① **빛의 세기** : 광합성량은 빛의 세기가 셀수록 증가하며, 빛의 세기가 어느 정도 이상이 되면 더 이상 증가하지 않고 일정해진다.

② **이산화 탄소의 농도** : 광합성량은 이산화 탄소의 농도가 높을수록 증가하며, 어느 정도 이상이 되면 더 이상 증가하지 않고 일정해진다.

③ **온도** : 빛의 세기와 이산화 탄소의 농도가 충분할 때 온도가 증가할수록 광합성량은 증가하지만, 어느 정도 이상의 온도가 되면 광합성량은 급격하게 감소한다.

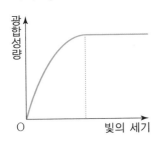 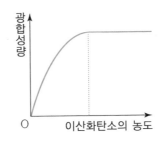 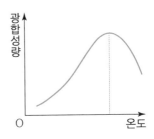

2 증산 작용

(1) 잎의 구조와 기공

① **표피** : 잎의 가장 바깥 부분을 싸고 있는 한 겹의 세포층으로, 표피 세포로 이루어져 있으며, 곳곳에 공변세포가 있다.

　㉠ **표피 세포** : 엽록체가 없어 색깔을 띠지 않고 투명한 세포로, 광합성이 일어나지 않는다.

　㉡ **공변세포** : 주로 잎의 뒷면에 분포하며, 엽록체가 있어 초록색을 띠어 광합성이 일어난다.

② **기공** : 공변세포 2개가 둘러싸고 있는 잎의 표피에 있는 작은 구멍으로, 기체가 출입하는 통로 역할을 한다.

(2) 증산 작용

① **증산 작용** : 식물체 속의 물이 수증기가 되어 기공을 통해 공기 중으로 방출되는 현상

　㉠ 뿌리에서 흡수한 물이 잎까지 이동하는 원동력이 된다.

　㉡ 식물 내부의 물을 밖으로 내보내어 수분량을 조절한다.

　㉢ 물이 증발하면서 주변의 열을 흡수하므로, 식물과 주변의 온도를 낮춘다.

② 증산 작용의 조절

    ㉠ 기공이 열리면 증산 작용이 활발하게 일어나고, 기공이 닫히면 증산 작용이 일어나지 않는다.

    ㉡ 기공은 주로 광합성이 활발하게 일어나는 낮에 열리고, 광합성이 일어나지 않는 밤에 닫힌다.

③ 증산 작용이 잘 일어나는 환경 조건

햇빛	온도	습도	바람
강할 때	높을 때	낮을 때	잘 불 때

④ 증산 작용과 광합성 : 기공이 많이 열려 증산 작용이 활발할 때 이산화 탄소가 많이 흡수되고, 뿌리에서 흡수한 물이 잎까지 상승하므로 광합성도 활발해진다.

심화학습 ── 식물체 내에서 물을 상승시키는 원동력

  증산 작용은 식물체 내에서 물을 끌어올리는 가장 중요한 원동력이며, 그 외에도 물 상승의 원동력은 몇 가지 더 있다.

- 물의 응집력과 부착력 : 물 분자끼리 서로 끌어당기는 응집력과 물 분자가 물관 벽에 달라붙는 부착력
- 뿌리압 : 뿌리에서 삼투 현상에 의해 흡수된 물이 위로 밀리는 압력
- 모세관 현상 : 물이 가느다란 관을 따라 올라가는 현상

3 식물의 호흡

(1) 호흡

① 호흡 : 세포에서 포도당과 같은 양분을 분해하여 생명 활동에 필요한 에너지를 얻는 과정

$$포도당 + 산소 \longrightarrow 이산화 탄소 + 물 + 에너지$$

② 호흡이 일어나는 장소와 시기 : 식물체를 구성하는 모든 살아 있는 세포에서 낮과 밤에 상관없이 항상 일어난다.

③ 호흡에 필요한 물질

    ㉠ 포도당 : 광합성으로 생성된 양분이다.

바로 바로 CHECK✓

식물의 호흡에 대한 설명으로 옳은 것은?

① 식물은 호흡을 하지 않는다.

② 식물은 호흡을 통해 포도당을 만든다.

❸ 식물의 호흡은 낮과 밤에 상관없이 항상 일어난다.

④ 식물은 호흡할 때 이산화 탄소를 흡수한다.

ⓛ 산소 : 광합성으로 생성되거나 잎의 기공을 통해 공기 중에서 흡수한다.

④ 호흡으로 생성되는 물질 확인 : 식물에 비닐봉지를 씌우고 암실에 놓아두면 호흡만 일어나, 호흡으로 생성된 기체를 모을 수 있다. 이 기체를 석회수에 통과시키면 뿌옇게 흐려진다. → 이산화 탄소가 생성된 것을 확인할 수 있다.

(2) 식물의 기체 교환

① 아침·저녁 : 광합성량=호흡량 → 기체 출입이 없는 것처럼 보임

② 낮 : 광합성량>호흡량 → 산소 방출, 이산화 탄소 흡수

③ 밤 : 호흡만 일어남 → 산소 흡수, 이산화 탄소 방출

(3) 광합성과 호흡

구분	광합성	호흡
일어나는 장소	엽록체가 있는 세포	모든 살아 있는 세포
일어나는 시기	빛이 있을 때(낮)	항상
기체 출입	이산화 탄소 흡수, 산소 방출	산소 흡수, 이산화 탄소 방출
양분 관계	양분 합성	양분 분해
에너지 관계	에너지 흡수	에너지 생성

(4) 광합성 산물의 사용

① 광합성 산물의 이동 : 낮에 잎에 저장되었던 물에 잘 녹지 않는 녹말은 물에 잘 녹는 설탕으로 바뀌어 밤에 체관을 통해 각 기관으로 이동한다.

② 광합성 산물의 사용 : 식물의 각 기관에서 생명 활동에 필요한 에너지를 얻는 데 사용되거나 식물의 몸을 구성하는 물질로 사용된다.

③ 광합성 산물의 저장 : 사용하고 남은 광합성 산물은 뿌리, 줄기, 열매 등 저장 기관에 녹말, 단백질, 지방 등의 형태로 저장된다.

01 그림의 동물 구성 단계 중 (가)에 해당하는 것은?

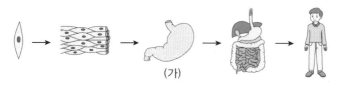

(가)

① 세포　　　　　② 조직

③ 기관　　　　　④ 개체

01
동물의 구성 단계는 '세포 → 조직 → 기관 → 기관계 → 개체'이다. 그림 (가)는 소화 기관인 위를 나타내고 있다.

02 사람이 섭취하는 영양소 중 대표적인 에너지원은?

① 탄수화물　　　② 무기염류

③ 바이타민　　　④ 물

02
보기에서 탄수화물만이 에너지원이며, 나머지는 에너지를 내지 않는다.

03 각각의 영양소를 검출할 때 사용하는 용액이 바르게 연결된 것은?

① 지방 – 뷰렛 용액

② 녹말 – 베네딕트 용액(가열)

③ 포도당 – 아이오딘–아이오딘화 칼륨 용액

④ 단백질 – 뷰렛 용액

03
지방은 수단 Ⅲ 용액을, 녹말은 아이오딘–아이오딘화 칼륨 용액을, 포도당은 베네딕트 용액을 이용하여 검출한다.

04 사람이 섭취한 음식물을 세포가 흡수할 수 있는 크기로 분해하는 과정은?

① 소화　　　　　② 순환

③ 호흡　　　　　④ 배설

04
사람이 섭취한 음식물을 세포가 흡수할 수 있는 크기로 분해하는 과정을 소화라고 한다.

ANSWER
01. ③　02. ①　03. ④　04. ①

05 그림은 사람의 소화 기관을 나타낸 것이다. 입으로 들어간 음식물이 지나가는 경로로 옳은 것은?

① A → B → C → D
② A → B → D → C
③ B → A → C → D
④ B → A → D → C

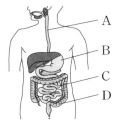

05
입으로 들어간 음식물은 녹말의 소화가 이루어지고 식도(A)를 거쳐 위(B)에서 단백질의 소화가 이루어진다. 소장(C)에서 음식물들이 마지막으로 소화된 후 흡수되고, 대장(D)을 거쳐 배출된다.

06 우리가 먹는 단백질을 최초로 소화시키는 소화 효소는?

① 아밀레이스
② 펩신
③ 트립신
④ 라이페이스

06
위에서 펩신이 분비되어 단백질을 중간 단계 단백질(펩톤)로 분해한다.

07 사람의 소화 기관 중, 소화 작용은 거의 일어나지 않고 주로 물이 흡수되는 곳은?

① 입
② 위
③ 소장
④ 대장

07
대장에서는 소화액이 분비되지 않아 영양소의 분해는 일어나지 않고 물이 흡수된다.

08 사람 몸에서 심장의 기능은?

① 오줌을 생성한다.
② 생식 세포를 만든다.
③ 소화 효소를 분비한다.
④ 온몸으로 혈액을 순환시킨다.

08
심장은 동물의 순환 기관계에 속하며 혈관을 이용하여 혈액을 온몸으로 순환시켜 영양소와 노폐물, 산소, 이산화 탄소 등을 운반한다.

ⒶⓃⓈⓌⒺⓇ
05. ① 06. ② 07. ④ 08. ④

09 동맥의 혈관벽이 정맥보다 두꺼운 이유는?

① 탄력을 주기 위하여

② 맥박이 있기 때문에

③ 높은 혈압에 견디기 위하여

④ 몸 깊숙한 곳에 있기 때문에

09
동맥에는 심실에서 강하게 밀려나오는 혈액이 지나가므로 충격에 견딜 수 있도록 혈관벽이 튼튼해야 한다.

10 다음 설명에 해당하는 혈액의 구성 성분은?

> • 외부에서 들어온 세균을 잡아먹는다.
> • 모양이 불규칙하며 핵을 가지고 있다.

① 혈장

② 백혈구

③ 적혈구

④ 혈소판

10
식균 작용을 하는 것은 백혈구이다.

11 헤모글로빈에 의해 산소를 운반하는 혈액 성분은?

① 혈장

② 혈소판

③ 백혈구

④ 적혈구

11
적혈구는 산소를 운반한다.

12 그림에서 온몸의 조직 세포에 산소와 영양소를 공급하고, 이산화 탄소와 노폐물을 받아 오기 위한 혈액 순환 경로는?

① 우심실 → A → 폐 → B → 좌심방

② 좌심방 → B → 폐 → A → 우심실

③ 우심방 → C → 온몸 → D → 좌심실

④ 좌심실 → D → 온몸 → C → 우심방

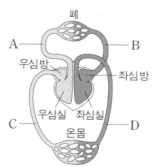

12
A는 폐동맥, B는 폐정맥, C는 대정맥, D는 대동맥이다. 온몸의 조직세포에 산소와 영양소를 공급하고, 이산화 탄소와 노폐물을 받아 오기 위한 혈액의 순환을 온몸 순환(체순환)이라고 한다. 온몸 순환의 경로는 '좌심실 → 대동맥 → 온몸(모세 혈관) → 대정맥 → 우심방'이다.

ANSWER
09. ③ 10. ② 11. ④ 12. ④

13 그림에서 좌우 한 쌍으로 존재하며, 수많은 폐포로 이루어진 호흡 기관은?

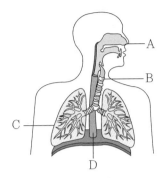

① A
② B
③ C
④ D

14 그림 (가)는 사람의 호흡 기관이고, (나)는 호흡 운동 원리를 알아보는 실험 장치이다. 그림 (나)에서 사람의 폐에 해당 하는 것은?

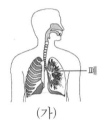

(가)   (나)

① 유리관
② 고무풍선
③ 유리병
④ 고무 막

15 공기를 들이마실 때 나타나는 변화를 바르게 설명한 것은?

① 폐가 수축한다.
② 갈비뼈가 위로 올라간다.
③ 가로막이 위로 올라간다.
④ 흉강이 좁아진다.

13
A는 코, B는 기관, C는 폐, D는 식도이다. 호흡 기관 중 좌우 한 쌍으로 존재하며, 수많은 폐포로 이루어진 호흡 기관은 폐이다.

14
스스로 움직일 수 없는 폐는 갈비뼈와 횡격막의 움직임에 의해 움직여진다. 실험 장치에서 유리관은 기관지, 고무풍선은 폐, 유리병은 흉강, 고무 막은 횡격막(또는 가로막)에 해당한다.

15
①, ③, ④는 공기를 내쉴 때 나타나는 변화이다.

ⒶⓃⓈⓌⒺⓇ
13. ③ **14.** ② **15.** ②

16 다음은 세포 호흡을 나타낸 것이다. A에 해당하는 기체는?

$$영양소 + 산소 \longrightarrow (A) + 물 + 에너지$$

① 염소
② 질소
③ 헬륨
④ 이산화 탄소

16
조직 세포에서 산소를 이용해 영양소를 분해하여 생물체가 살아가는 데 필요한 에너지를 만들어내는 세포 호흡이 일어난다. 그 과정에서 물과 이산화 탄소, 에너지가 생성된다.

17 오른쪽 그림은 우리 몸의 배설 기관이다. 다음 설명 중 옳은 것은?

① 노폐물의 이동 방향은 A → B → C → F이다.
② C에서 혈액 속의 노폐물이 걸러진다.
③ F에서 재흡수 및 분비 작용이 일어난다.
④ 최종적으로 E는 요소의 성분이 거의 없는 깨끗한 혈액이 흐르게 된다.

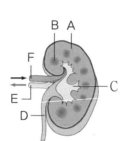

14
A-겉질, B-속질, C-콩팥 깔때기, D-오줌관, E-콩팥 정맥, F-콩팥 동맥
노폐물은 말피기 소체에서 걸러진 후 세뇨관에서 재흡수·분비 과정을 거쳐 오줌이 된다.

18 다음은 식물 세포에서 일어나는 광합성 과정을 나타낸 것이다. (가)와 (나)에 해당하는 것은?

$$물 + (가) \xrightarrow[\text{엽록체}]{\text{빛에너지}} 포도당 + (나)$$

　　　(가)　　　　　(나)
① 산소　　　　　질소
② 산소　　　　　탄소
③ 이산화 탄소　　산소
④ 이산화 탄소　　질소

18
식물의 엽록체에서는 물관에서 공급된 물과 기공을 통해 흡수된 이산화 탄소를 빛에너지를 이용하여 포도당과 산소로 합성한다.

ANSWER
16. ④ 17. ④ 18. ③

19 다음 중 광합성에 영향을 미치는 환경 요인이 <u>아닌</u> 것은?

① 빛의 세기 ② 바람의 세기
③ 온도 ④ 이산화 탄소의 농도

20 광합성의 결과로 만들어진 생성물에 아이오딘－아이오딘화 칼륨 용액을 떨어뜨렸더니 청람색으로 변하였다. 이 물질은 무엇인가?

① 지방 ② 녹말
③ 포도당 ④ 단백질

21 증산 작용에 대한 설명으로 옳지 <u>않은</u> 것은?

① 주로 밤에 활발히 일어난다.
② 기공을 통해 이루어진다.
③ 공변세포에 의해 증산량이 조절된다.
④ 빨래가 잘 마르는 조건에서 활발하다.

22 그림은 낮과 밤에 식물에서 일어나는 작용과 기체의 출입을 나타낸 것이다. 다음 중 A에 해당하는 것은?

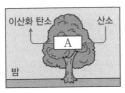

① 면역 ② 여과
③ 응결 ④ 호흡

19
광합성에 영향을 미치는 환경 요인으로는 빛의 세기, 이산화 탄소의 농도, 온도가 있다.

20
아이오딘－아이오딘화 칼륨 용액에 반응하는 영양분은 녹말이며, 포도당을 기본으로 하여 합성된다.

21
증산 작용은 주로 낮에 활발히 일어난다.

22
식물은 햇빛이 있는 낮에는 호흡량보다 광합성의 양이 더 많고, 햇빛이 없는 밤에는 호흡만 한다.

- - A N S W E R - -
19. ② 20. ② 21. ① 22. ④

02 항상성과 몸의 조절

우리 몸에서 자극을 감지하는 눈, 귀, 코, 혀, 피부 감각기의 구조와 기능에 대해 배우고 자극이 뇌로 전달되는 과정을 통해 외부 자극에 대해 신경계가 작동하는 원리를 이해합니다. 또한 자극에 대한 반응으로 우리 몸의 기능 조절에 호르몬이 관여한다는 것을 알아야 합니다.

01 감각 기관

1 눈(시각)

(1) 눈의 구조와 기능

① **공막** : 눈의 가장 바깥을 싸고 있는 막으로, 흰자위에 해당한다.

② **각막** : 홍채의 바깥을 감싸는 투명한 막이다.

③ **맥락막** : 검은색 색소가 있어 눈 속을 어둡게 한다.

④ **수정체** : 볼록 렌즈와 같이 빛을 굴절시켜 망막에 상이 맺히게 한다.

⑤ **섬모체** : 수정체의 두께를 조절한다.

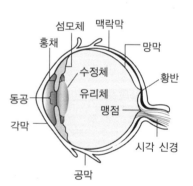

⑥ **유리체** : 눈 속을 채우고 있는 투명한 물질로, 눈의 형태를 유지한다.

⑦ **홍채** : 눈으로 들어오는 빛의 양을 조절한다.

⑧ **동공** : 눈 안쪽으로 빛이 들어가는 구멍이다.

⑨ **망막** : 상이 맺히는 곳으로, 빛을 자극으로 받아들이는 시각 세포가 있다.

⑩ **황반** : 망막에서 시각 세포가 밀집된 부분으로, 황반에 상이 맺힐 때 가장 뚜렷하게 보인다.

⑪ **맹점** : 시각 신경이 모여 나가는 부분으로, 시각 세포가 없어 상이 맺혀도 보이지 않는다.

(2) 시각의 성립 경로

> 빛 → 각막 → 수정체 → 유리체 → 망막의 시각 세포 → 시각 신경 → 뇌

(3) 눈의 조절 작용

① 거리에 따른 조절 작용

가까운 곳을 볼 때	섬모체 수축 → 수정체 두꺼워짐
먼 곳을 볼 때	섬모체 이완 → 수정체 얇아짐

② 밝기에 따른 조절 작용

밝을 때	홍채 확장(이완) → 동공 축소 → 눈으로 들어오는 빛의 양 감소
어두울 때	홍채 축소(수축) → 동공 확대 → 눈으로 들어오는 빛의 양 증가

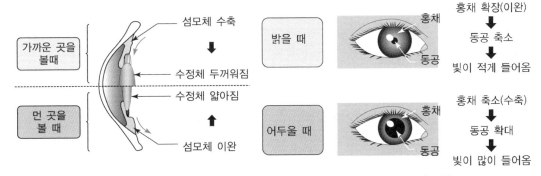

거리에 따른 조절 작용   밝기에 따른 조절 작용

심화학습 ▷ 눈의 이상

- 근시 : 수정체가 얇아지지 않거나 안구의 길이가 길어 상이 망막의 앞에 맺히므로 먼 곳이 잘 보이지 않는다. → 오목렌즈로 교정
- 원시 : 수정체가 두꺼워지지 않거나 안구의 길이가 짧아 상이 망막의 뒤에 맺히므로 가까운 곳이 잘 보이지 않는다. → 볼록렌즈로 교정

2 귀(청각, 평형 감각)

(1) 귀의 구조와 기능

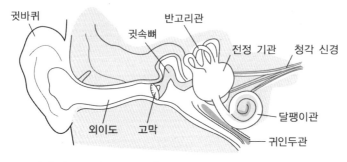

① 귓바퀴 : 소리를 모은다.

② 외이도 : 귓바퀴와 고막 사이의 통로이다.

③ 고막 : 소리에 의해 진동하는 얇은 막이다.

④ 귓속뼈 : 고막의 진동을 증폭하여 달팽이관으로 전달한다.

⑤ 귀인두관 : 고막 안쪽과 바깥쪽의 압력을 같게 조절한다.

⑥ 반고리관 : 몸의 회전을 감지한다.

⑦ 전정 기관 : 몸의 기울어짐을 감지한다.

⑧ 달팽이관 : 청각 세포가 있어 진동(소리)을 자극으로 받아들인다.

⑨ 청각 신경 : 청각 세포에서 받아들인 자극을 뇌로 전달한다.

> **바로 바로 CHECK✓**
>
> 귀의 구조에서 청각에 관여하는 기관은?
>
> ❶ 달팽이관   ② 반고리관
> ③ 전정 기관   ④ 귀인두관

(2) 청각의 성립 경로

> 소리 → 귓바퀴 → 외이도 → 고막 → 귓속뼈 → 달팽이관의 청각세포 → 청각 신경 → 뇌

(3) 평형 감각

① 반고리관의 작용(회전 감각) : 반고리관 내부의 림프가 관성에 의해 움직여 감각 세포를 흥분시킴으로써 몸의 회전을 느낀다.

② 전정 기관의 작용(위치 감각) : 전정 기관에 들어 있는 작은 돌(이석)이 중력 방향으로 움직여 감각 세포를 흥분시킴으로써 몸의 기울어짐을 느낀다.

3 코(후각)

(1) 코의 구조와 기능

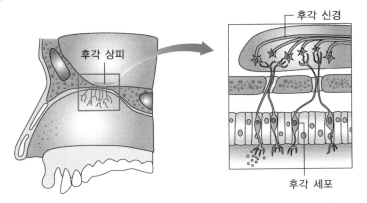

① **후각 상피** : 점액으로 덮인 후각 세포가 모여 있는 세포층이다.

② **후각 세포** : 기체 상태의 화학 물질을 자극으로 받아들인다.

③ **후각 신경** : 후각 세포에서 받아들인 자극을 뇌로 전달한다.

(2) 후각의 성립 경로

> 기체 상태의 화학 물질 → 후각 상피의 후각 세포 → 후각 신경 → 뇌

(3) 후각의 특징 : 매우 예민한 감각이지만 쉽게 피로해진다. → 매우 적은 자극도 예민하게 감각해낼 수 있지만, 같은 냄새를 계속 맡으면 나중에는 냄새를 잘 느끼지 못한다.

4 혀(미각)

(1) 혀의 구조와 기능

① **유두** : 혀 표면의 작은 돌기이다.

② **맛봉오리** : 유두 옆면에 분포하며, 맛세포가 모여 있다.

③ **맛세포** : 액체 상태의 화학 물질을 자극으로 받아들인다.

④ **미각 신경** : 맛세포에서 받아들인 자극을 뇌로 전달한다.

(2) **미각의 성립 경로**

> 액체 상태의 화학 물질 → 맛봉오리의 맛세포 → 미각 신경 → 뇌

(3) **미각의 특징** : 맛봉오리의 맛세포를 통해 느끼는 기본 맛에는 단맛, 신맛, 쓴맛, 짠맛, 감칠맛이 있다. → 미각과 후각을 종합하여 음식 맛을 느끼기 때문에 다양한 음식 맛을 느낄 수 있다.

> **매운맛과 떫은맛** ▼ 검색
> 매운맛은 통각, 떫은맛은 압각으로, 미각의 기본 맛이 아닌 피부 감각에 해당한다.

5 피부(피부 감각)

(1) **피부 감각** : 피부에 분포하는 피부 감각점을 통해 부드러움, 딱딱함, 차가움, 따뜻함, 아픔 등을 느낀다.

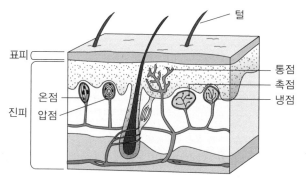

피부 감각점의 분포

(2) **피부 감각점의 종류와 특징**

① 감각점의 종류와 받아들이는 자극

감각점	통점	압점	촉점	냉점	온점
받아들이는 자극	통증	압력	접촉	차가움	따뜻함

② **감각점의 수** : 통점 > 압점 > 촉점 > 냉점 > 온점

③ 몸의 부위에 따라 감각점의 분포 수가 다르며, 감각점의 수가 많은 부위일수록 예민하다.

(3) 피부 감각의 성립 경로

자극 → 피부의 감각점 → 감각 신경 → 뇌

02 신경계

1 뉴런

(1) 뉴런 : 신경계를 이루고 있는 신경 세포

(2) 뉴런의 구조

① **신경 세포체** : 핵과 세포질이 있어 다양한 생명 활동이 일어난다.

② **가지 돌기** : 다른 뉴런이나 감각 기관으로부터 오는 자극을 받아들인다.

③ **축삭 돌기** : 신경 세포체에서 뻗어 나온 1개의 긴 돌기로, 다른 뉴런이나 기관으로 자극을 전달한다.

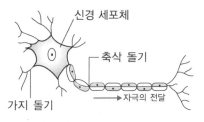

(3) 뉴런의 종류

① **감각 뉴런** : 감각 신경을 구성하며, 감각 기관(감각기)에서 받아들인 자극을 연합 뉴런으로 전달한다.

② **연합 뉴런** : 중추 신경계를 구성하며, 감각 뉴런으로부터 자극을 받아들이고 적합한 반응을 보이거나 명령을 내린다.

③ **운동 뉴런** : 운동 신경을 구성하며, 연합 뉴런에서 전달된 명령을 반응 기관(반응기)으로 전달한다.

(4) 자극의 전달 경로 : 반대 방향으로는 일어나지 않는다.

자극 → 감각 기관 → 감각 뉴런 → 연합 뉴런 → 운동 뉴런 → 반응 기관 → 반응

2 중추 신경계와 말초 신경계

(1) **중추 신경계** : 뇌와 척수로 이루어져 있으며, 자극을 받아들이고 판단하여 반응하고 명령을 내린다.

① **뇌** : 머리뼈에 싸여 보호되며, 기능에 따라 대뇌, 소뇌, 간뇌, 중간뇌, 연수로 구분한다.

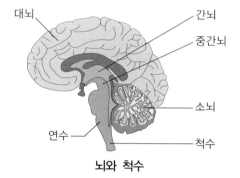

뇌와 척수

ㄱ **대뇌** : 표면에 주름이 많은 2개의 반구(좌우)로 나뉘어 있다. 여러 자극을 해석하고 운동 기관에 명령을 내리며, 기억, 추리, 학습, 감정 등 정신 활동을 담당한다.

ㄴ **소뇌** : 근육 운동을 조절하고, 몸의 자세와 균형을 유지한다.

ㄷ **간뇌** : 체온, 혈당량, 체액의 농도 등을 일정하게 유지한다.

ㄹ **중간뇌** : 눈의 움직임, 홍채의 수축과 이완을 조절한다.

ㅁ **연수** : 심장 박동, 소화 운동, 호흡 운동 등을 조절하고, 기침, 재채기, 눈물 분비 등의 중추이다.

② **척수** : 뇌와 말초 신경 사이에서 신호를 전달하는 통로로, 무릎 반사, 배변, 배뇨 등의 반사 중추이다.

> **바로 바로 CHECK√**
>
> 사람의 심장 박동, 소화 운동, 호흡 운동 등을 조절하는 중추는?
> ① 소뇌　　　② 중간뇌
> ③ 척수　　　❹ 연수

(2) **말초 신경계**

① **말초 신경계** : 중추 신경계로부터 뻗어 나와 온몸에 분포하는 신경계로, 자극을 중추 신경계로 전달하는 감각 신경과 중추 신경계에서 내린 명령을 반응 기관으로 전달하는 운동 신경으로 구성된다.

② **자율 신경** : 내장 기관에 연결되어 대뇌의 직접적인 명령 없이 자율적으로 내장 기관의 운동을 조절하며, 운동 신경으로 구성된다. 교감 신경과 부교감 신경으로 구분된다.

⊙ 교감 신경과 부교감 신경

교감 신경	긴장하거나 위기 상황에 처했을 때 우리 몸을 대처하기 알맞은 상태로 만들어 준다.
부교감 신경	긴장 상황이 끝나면 우리 몸을 원래의 안정된 상태로 되돌린다.

ⓛ 자율 신경의 조절 작용

구분	동공 크기	심장 박동	호흡 운동	소화 운동	소화액 분비
교감 신경	확대	촉진	촉진	억제	억제
부교감 신경	축소	억제	억제	촉진	촉진

심화학습 — 교감 신경과 부교감 신경의 길항 작용

교감 신경과 부교감 신경은 하나의 기관에 서로 반대되는 작용을 하며(길항 작용), 기관의 기능을 조절하여 체내의 항상성을 유지하는 데 관여한다.

예 놀라거나 긴장했을 때 교감 신경이 흥분하면 동공이 확대되고 호흡이 가빠짐 → 부교감 신경이 동공을 축소하고 호흡을 가라앉혀 신체의 항상성을 유지하게 도와줌

3 자극에서 반응하기까지의 경로

(1) 의식적 반응

① 대뇌의 판단 과정을 거쳐 자신의 의지에 따라 일어나는 반응으로, 대뇌가 반응의 중추이다. 예 축구공을 보고 판단을 내리고(힘이나 각도 등) 힘껏 찬다, 부르는 소리를 듣고 대답한다.

② 의식적 반응 경로

자극 → 감각 기관 → 감각 신경 → 대뇌 → 척수 → 운동 신경 → 반응 기관 → 반응

(2) 무조건 반사

① 대뇌의 판단 과정을 거치지 않아 자신의 의지와 관계없이 일어나는 반응으로, 척수, 연수, 중간뇌가 반응의 중추이다.

예 • 척수 반사 : 무릎 반사, 뜨거운 것에 손이 닿으면 뜨거움을 느끼기도 전에 손을 움츠림
• 연수 반사 : 재채기, 하품, 딸꾹질, 기침, 구토 등
• 중간뇌 반사 : 동공 반사(동공의 크기 조절)

② 매우 빠르게 일어나므로 갑작스러운 위험한 상황으로부터 몸을 보호한다.

③ 무조건 반사 경로

> 자극 → 감각 기관 → 감각 신경 → 척수, 연수, 중간뇌 → 운동 신경 → 반응 기관 → 반응

03 호르몬과 항상성

1 호르몬

(1) **호르몬** : 특정 세포나 기관으로 신호를 전달하여 몸의 기능을 조절하는 물질

(2) **호르몬의 특징**

① 내분비샘에서 혈액으로 분비되어 혈관을 통해 온몸으로 이동한다.

② 특정 세포나 기관에 작용한다. **➔ 호르몬의 작용을 받는 세포나 기관을 표적 세포 또는 표적 기관이라고 한다.**

③ 매우 적은 양으로 신체의 생리 작용을 조절한다.

④ 분비량이 너무 많거나 적으면 몸에 이상 증상이 나타날 수 있다.

⑤ 척추동물에서 같은 효과를 나타낸다.
> ➔ 서로 다른 종 사이에서도 같은 호르몬은 같은 기능을 한다.

| 내분비샘과 외분비샘 ▾ | 검색 |

- 내분비샘 : 호르몬을 만들어 혈관으로 직접 분비하는 기관으로 별도의 분비관이 없다.
- 외분비샘 : 별도의 분비관으로 해당 물질을 분비하는 기관이다(눈물샘, 침샘, 땀샘 등).

(3) **호르몬과 신경의 작용 비교**

구분	전달 속도	효과의 지속성	작용 범위
호르몬	느리다.	지속적이다.	넓다.
신경	빠르다.	일시적이다.	좁다.

(4) 내분비샘과 호르몬

① 뇌하수체

　⊙ 생장 호르몬 : 뼈, 근육 등 몸의 생장 촉진

　⊙ 갑상샘 자극 호르몬 : 티록신 분비 촉진

　⊙ 항이뇨 호르몬 : 콩팥에서 물의 재흡수 촉진

② 갑상샘 : 티록신(세포 호흡 촉진)

③ 부신 : 아드레날린(혈당량 증가, 혈압 상승, 심장 박동 촉진)

④ 이자

　⊙ 인슐린(혈당량 감소 : 포도당 → 글리코젠)

　⊙ 글루카곤(혈당량 증가 : 글리코젠 → 포도당)

⑤ 난소 : 에스트로젠(여성의 2차 성징 발현)

⑥ 정소 : 테스토스테론(남성의 2차 성징 발현)

바로 바로 CHECK√

다음 설명에 해당하는 것은?

- •내분비샘에서 분비된다.
- •인슐린, 티록신, 아드레날린 등이 있다.

① 뉴런　　　　　② 대뇌

③ 척수　　　　　❹ 호르몬

---

(5) 호르몬 분비 이상

호르몬			증상
생장 호르몬	결핍	소인증	키가 정상인보다 매우 작다.
	과다	거인증	키가 정상인보다 매우 크다.
		말단 비대증	신체의 말단이 커지고 두꺼워진다.
티록신	결핍	갑상샘 기능 저하증	체중이 증가하고, 추위를 많이 탄다.
	과다	갑상샘 기능 항진증	체중이 감소하고, 눈이 돌출된다.
인슐린	결핍	당뇨병	오줌에 포도당이 섞여 나온다.

2 항상성

(1) 항상성 : 몸속 상태를 일정하게 유지하려는 성질

→ 신경과 호르몬의 작용으로 항상성이 유지된다.

(2) 항상성 조절 과정

① 혈당량 조절 과정

혈당량 낮을 때 (저혈당)	이자에서 글루카곤 분비 → 간에서 글리코젠을 포도당으로 분해하여 혈액으로 방출 → 혈당량 증가
혈당량 높을 때 (고혈당)	이자에서 인슐린 분비 → 간에서 포도당을 글리코젠으로 합성하여 저장 → 혈당량 감소

② 체온 조절 과정 : 신경과 호르몬의 작용을 통해 외부 환경에 대응

더울 때 (체온이 높을 때)	•피부 근처 혈관 확장 → 열 방출량 증가 •땀 분비 증가 → 열 방출량 증가
추울 때 (체온이 낮을 때)	•피부 근처 혈관 수축 → 열 방출량 감소 •근육을 떨리게 함 → 열 발생량 증가 •티록신 분비 증가에 따른 세포 호흡 촉진 → 열 발생량 증가

01 그림은 눈의 구조를 나타낸 것이다. 눈과 물체와의 거리가 변할 때, A~D 중 두께가 변화되어 초점을 조절하는 것은?

① A
② B
③ C
④ D

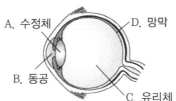

A. 수정체
B. 동공
C. 유리체
D. 망막

02 그림은 밝은 곳과 어두운 곳에서의 눈의 모습이다. 밝은 곳에서 어두운 곳으로 갔을 때 동공의 변화는?

장소	눈의 모습
밝은 곳	동공
어두운 곳	동공

① 커진다.
② 작아진다.
③ 사라진다.
④ 변화 없다.

03 그림은 사람의 귀 구조를 나타낸 것이다. A~D 중 몸의 회전을 감지하는 곳은?

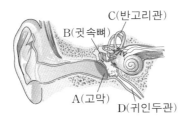

C(반고리관)
B(귓속뼈)
A(고막)
D(귀인두관)

① A
② B
③ C
④ D

04 〈보기〉는 소리가 들리기까지의 경로를 나타낸 것이다. ( )에 알맞은 것은?

> |보기|
> 소리 → 귓바퀴 → ( ) → 귓속뼈 → 달팽이관 →
> 청각세포 → 청각 신경 → 대뇌

① 고막   ② 반고리관
③ 전정 기관   ④ 귀인두관

04
귓바퀴로 모아진 소리는 고막을 통과해 귓속뼈로 전달된다.

05 귀의 구조 중 귀인두관의 기능은?

① 소리를 증폭시킨다.
② 회전 감각을 느낀다.
③ 청각세포가 있어 소리를 느낀다.
④ 고막 안쪽과 바깥쪽의 압력을 같게 조절한다.

05
귀인두관은 고막 안쪽과 바깥쪽의 압력을 같게 조절하는 기능을 한다.

06 가장 예민하여 피로가 쉽게 느껴지는 감각 세포는?

① 시각 세포   ② 후각 세포
③ 미각 세포   ④ 청각 세포

06
후각은 가장 예민한 감각이어서 쉽게 피로해진다.

07 다음 중 미각의 기본 맛이 아닌 것은?

① 쓴맛   ② 매운맛
③ 신맛   ④ 짠맛

07
매운맛은 통각으로 피부 감각이다.

ANSWER
04. ①   05. ④   06. ②   07. ②

08 우리 몸의 신경계를 구성하는 기본 단위로 옳은 것은?

① 간뇌   ② 척수

③ 연수   ④ 뉴런

08
뉴런은 자극을 전달할 수 있도록 특수하게 분화된 세포로, 신경계의 기본 단위이다.

09 눈의 움직임과 홍채의 수축과 이완을 조절하는 곳은?

① 대뇌   ② 소뇌

③ 중간뇌   ④ 간뇌

09
대뇌는 정신 활동, 소뇌는 근육 운동의 제어, 몸의 균형 유지, 간뇌는 체온 조절 등을 담당한다.

10 생명은 붙어 있지만 의식과 운동성이 없는 환자를 식물인간이라 한다. 식물인간은 뇌의 어느 부분이 손상된 것인가?

① 소뇌   ② 중간뇌

③ 대뇌   ④ 연수

10
식물인간은 여러 자극을 해석하고 운동 기관에 명령을 내리는 대뇌 부분이 손상된 것이다.

11 다음 중 연수의 작용은?

① 심장 박동 조절   ② 정신 활동

③ 몸의 균형 유지   ④ 체온 조절

11
②는 대뇌, ③은 소뇌, ④는 간뇌의 작용이다.

ANSWER
08. ④   09. ③   10. ③   11. ①

12 그림은 사람의 중추 신경계 일부를 나타낸 것이다. A~D 중 척추 속으로 뻗어 있으며, 무릎 반사 운동의 중추는?

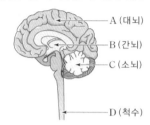

- A (대뇌)
- B (간뇌)
- C (소뇌)
- D (척수)

① A
② B
③ C
④ D

13 교감 신경의 작용으로 옳지 <u>않은</u> 것은?

① 동공 확대
② 심장 박동 촉진
③ 호흡 운동 촉진
④ 소화 운동 촉진

14 축구 선수가 공을 보고 차는 행동이 일어나기까지의 자극에 대한 반응 경로에서 ㉠에 알맞은 것은?

자극 → 감각 신경 → (㉠) → 운동 신경 → 반응

① 간
② 대뇌
③ 쓸개
④ 이자

15 다음 설명에 해당하는 호르몬은?

- 분비량이 부족하면 당뇨병에 걸린다.
- 이자에서 분비되며 혈당량을 감소시킨다.

① 인슐린
② 티록신
③ 아드레날린
④ 테스토스테론

12
척수는 뇌와 말초 신경 사이에서 신호를 전달하는 통로로, 무릎 반사, 배변, 배뇨 등의 반사 중추이다.

13
교감 신경은 동공 확대, 심장 박동 촉진, 호흡 운동 촉진, 소화 운동 억제, 소화액 분비 억제의 작용을 한다.

14
축구 선수가 공을 보고 차는 것은 대뇌가 중추인 의식적인 행동이다.

15
인슐린은 이자에서 생성되어 간에서 작용하여 혈당량을 낮추는 호르몬이고, 아드레날린은 부신에서 생성되어 간에서 작용하여 혈당량을 높이는 호르몬이다.

ⒶⓃⓈⓌⒺⓇ
12. ④ 13. ④ 14. ② 15. ①

03 생명의 연속성

생물이 세포 분열을 거쳐 생장하고 자손을 번식하며 그 과정에서 염색체와 유전자가 어떻게 움직이는지를 배웁니다. 이를 통해 부모로부터 자손으로 형질이 전달되는 유전 현상을 이해하고 사람의 경우에는 어떻게 적용되는지에 대해 알아봅니다. 또한 생물이 환경과 변이에 따라 다양하게 나타난다는 것과 그 분류 체계를 이해합니다.

01 세포 분열

1 세포 분열

(1) **세포 분열** : 1개의 세포가 2개로 나누어지는 현상

(2) **세포 분열과 생장** : 생명체의 생장은 세포의 크기가 계속 커져서가 아니라 세포의 수가 늘어나서 일어난다.

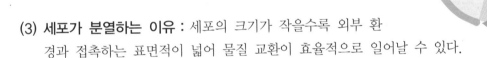

(3) **세포가 분열하는 이유** : 세포의 크기가 작을수록 외부 환경과 접촉하는 표면적이 넓어 물질 교환이 효율적으로 일어날 수 있다.

(4) **세포 주기** : 분열을 끝낸 세포가 자라서 다시 분열을 마칠 때까지의 과정으로, 세포가 생장하고 세포 분열을 준비하는 시기인 간기와 분열기로 나뉜다.

2 염색체

(1) **염색체** : 유전 정보를 담아 전달하는 역할을 하는 막대 모양의 구조물로, 세포가 분열하지 않을 때는 핵 속에 가는 실처럼 풀어져 있다가 세포가 분열하기 시작하면 굵고 짧게 뭉쳐져 막대 모양으로 나타난다.

(2) 염색체의 구조

① DNA : 유전 물질로, 여러 유전 정보가 담겨 있다.

② 유전자 : 유전 정보를 저장하고 있는 DNA의 특정 부분으로, 하나의 DNA에는 많은 수의 유전자가 있다.

③ 염색 분체 : 하나의 염색체를 이루는 각각의 가닥으로, 염색 분체끼리는 유전 정보가 서로 같다.

염색체의 구조

(3) 사람의 염색체

① 상동 염색체 : 체세포에 있는 모양과 크기가 같은 한 쌍의 염색체로, 사람의 체세포 1개에는 23쌍의 상동 염색체가 있다.

→ 하나는 어머니에게서, 다른 하나는 아버지에게서 물려받은 것이므로 각 상동 염색체의 모양과 크기가 같더라도 유전 정보가 서로 같지는 않다.

② 사람의 염색체 : 사람의 체세포 1개에는 23쌍의 상동 염색체, 즉 46개의 염색체가 있다.

㉠ 상염색체(22쌍) : 남녀 공통으로 있는 염색체

㉡ 성염색체(1쌍) : 성별을 결정하는 염색체 → 여자 XX, 남자 XY

3 체세포 분열

(1) 체세포 분열 : 1개의 체세포가 2개로 나누어지는 세포 분열

(2) 체세포 분열 과정

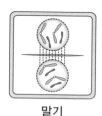

간기   전기   중기   후기   말기

① 간기

㉠ 유전 물질(DNA)이 2배로 복제되고, 세포질의 양이 증가하여 크기가 커진다.

㉡ 핵막이 뚜렷하며, 염색체가 실처럼 풀어져 있다.

② **핵분열** : 염색체의 행동에 따라 전기, 중기, 후기, 말기로 구분한다.

  ⊙ **전기** : 실처럼 풀려있던 염색체가 응축된다. 핵막이 사라지면서 두 가닥의 염색 분체로 이루어진 염색체와 방추사가 나타난다.

  ⊙ **중기** : 염색체가 세포 중앙에 배열되고, 방추사가 달라붙는다.

    → **염색체를 가장 잘 관찰할 수 있는 시기이다.**

  ⊙ **후기** : 염색 분체가 분리되어 방추사에 의해 세포의 양쪽 끝으로 이동한다.

  ⊙ **말기** : 핵막이 나타나면서 2개의 핵이 만들어지고, 염색체가 풀어지며, 세포질 분열이 일어난다.

③ **세포질 분열**

  ⊙ **동물 세포의 세포질 분열(세포막 함입)** : 세포막이 바깥쪽에서 안쪽으로 잘록하게 들어가면서 세포질이 나누어진다.

  ⊙ **식물 세포의 세포질 분열(세포판 형성)** : 새로운 2개의 핵 사이에 세포 안쪽에서 바깥쪽으로 세포판이 만들어지면서 세포질이 나누어진다.

식물 세포와 동물세포의 세포질 분열

(3) **체세포 분열 결과** : 모세포와 유전 정보, 염색체 수와 모양이 같은 2개의 딸세포가 만들어진다. 분열된 세포로 인해 개체에는 생장과 재생이 일어난다.

① **생장** : 세포 수가 늘어나 몸집이 커진다.
② **재생** : 상처를 아물게 하고, 수명이 다하여 죽은 세포를 보충한다.

4 감수 분열(생식세포 분열)

(1) **감수 분열(생식세포 분열)** : 생식 기관에서 생식세포가 만들어질 때 일어나는 세포 분열

(2) **감수 분열 과정** : 간기를 거친 후 연속 2회의 분열이 일어난다.

① **감수 1분열** : 상동 염색체가 접합한 2가 염색체가 나타나고, 후기에 상동 염색체가 분리되어 딸세포의 염색체 수는 모세포의 절반으로 감소한다($2n \rightarrow n$).

전기　　　　중기　　　　후기　　　　말기

㉠ 전기 : 핵막이 사라지고, 상동 염색체가 접합한 2가 염색체가 나타난다.

㉡ 중기 : 2가 염색체가 세포 중앙에 배열된다.

㉢ 후기 : 상동 염색체가 분리되어 양쪽 끝으로 이동한다.

| 2가 염색체 ▼ | 검색 |

상동 염색체끼리 접합하여 감수 1분열 전기에 나타나는 염색체를 말한다. 4개의 염색 분체로 구성되기 때문에 4분 염색체라고도 하며, 생식세포 분열에서만 나타난다.

㉣ 말기 : 핵막이 나타나고, 세포질이 나누어진다.

② **감수 2분열** : 염색 분체가 분리되므로 염색체 수는 변하지 않는다($n \rightarrow n$).

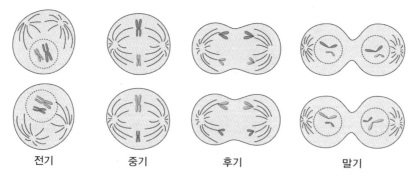

전기　　　　중기　　　　후기　　　　말기

㉠ 전기 : 유전 물질의 복제 없이 핵막이 사라지고, 감수 2분열이 시작된다.

㉡ 중기 : 염색체가 세포 중앙에 배열된다.

㉢ 후기 : 염색 분체가 분리되어 양쪽 끝으로 이동한다.

㉣ 말기 : 핵막이 나타나고, 염색체가 풀어지며, 세포질이 나누어진다.

(3) **감수 분열 결과** : 염색체 수가 모세포에 비해 절반으로 감소한 4개의 딸세포가 만들어진다.

(4) **감수 분열의 의의** : 감수 분열로 만들어진 생식세포의 염색체 수가 체세포의 절반이기 때문에 부모의 생식세포가 각각 1개씩 결합하여 생긴 자손의 염색체 수는 부모와 같다.

→ 세대를 거듭하여도 염색체 수가 일정하게 유지된다.

5 체세포 분열과 감수 분열의 비교

구분	분열 횟수	딸세포 수	2가 염색체	염색체 수	분열 결과
체세포 분열	1회	2개	형성 안 됨	변화 없음	생장, 재생
감수 분열	연속 2회	4개	형성됨	절반으로 감소	생식세포 형성

02 수정과 발생

1 사람의 생식 기관과 생식세포

(1) 사람의 생식 기관

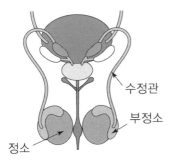

남자의 생식 기관

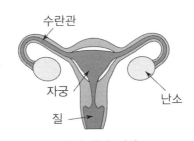

여자의 생식 기관

① 남자의 생식 기관

㉠ 정소 : 정자가 만들어지는 장소

㉡ 부정소 : 정자가 잠시 머물면서 성숙하는 장소

㉢ 수정관 : 정자가 이동하는 통로

② 여성의 생식 기관

  ㉠ 난소 : 난자가 만들어지는 장소

  ㉡ 수란관 : 난자와 수정란이 자궁으로 이동하는 통로

  ㉢ 자궁 : 태아가 자라는 장소

  ㉣ 질 : 정자와 태아의 이동 통로

(2) **사람의 생식세포** : 생식세포 형성 과정을 통해 감수 분열 결과 정소에서는 정자가, 난소에서는 난자가 만들어진다.

  ① **정자** : 머리에 유전 물질이 들어 있는 핵이 있으며, 꼬리를 이용하여 스스로 움직일 수 있다.

  ② **난자** : 유전 물질이 들어 있는 핵이 있으며, 스스로 움직이지 못한다. 세포질에는 많은 양분을 저장하고 있어 정자보다 크기가 훨씬 크다.

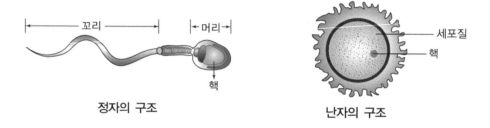

정자의 구조　　　　　　　　난자의 구조

2 수정과 발생

(1) **수정** : 정자와 난자가 수란관에서 만나 정자의 핵과 난자의 핵이 결합하는 과정

  ① 일반적으로 하나의 정자와 하나의 난자만 수정에 성공한다.

  ② 정자와 난자가 수정하면 수정란이 되며, 수정란은 체세포와 염색체 수가 같다.

(2) **발생** : 수정란이 세포 분열을 하면서 하나의 개체로 되기까지의 과정

  ① 난할

  ㉠ 수정란에서 발생 초기에 일어나는 세포 분열로, 세포의 크기는 커지지 않고 분열만 계속하므로 난할을 거듭할수록 세포의 수는 증가하고 세포 하나의 크기는 점점 작아진다.

  ㉡ 수정란은 난할을 반복하면서 자궁으로 이동한다.

    → 수정란 → 2세포기 → 4세포기 → 8세포기 → …… → 포배

② 착상

    ⊙ 수정 후 약 7일 후 포배 상태의 배아가 자궁 안쪽 벽을 파고 들어가는 현상으로, 착상이 일어난 때부터 임신이 되었다고 한다.

배란	▼	검색

약 28일을 주기로 난소에서 난자가 성숙하여 수란관으로 배출되는 현상

    ⓛ 배란에서 착상까지의 과정

> 배란 → 수정 → 난할 → 착상(임신)

③ 태반 형성

    ⊙ 착상 이후 태반이 만들어지며, 태반에서 물질 교환이 일어난다.

배아와 태아	▼	검색

- 배아 : 정자와 난자가 수정된 후 사람의 형태를 갖추기 전 7주 정도까지의 상태
- 태아 : 정자와 난자가 수정되고 8주가 지난 뒤 사람의 모습을 갖추기 시작한 상태

    ⓛ 태아는 태반을 통해 모체로부터 산소와 영양소를 공급받고, 이산화 탄소와 노폐물을 모체로 전달하여 내보낸다.

④ 기관 형성 : 착상 후 모체로부터 영양분을 공급받으며 기관을 형성하면 사람의 모습을 갖춘 태아가 된다.

(3) 출산 : 태아는 수정된 지 약 266일이 지나면 출산 과정을 거쳐 모체 밖으로 나온다.

03 유전의 원리

1 멘델의 유전 실험

(1) 유전 : 부모의 형질이 자녀에게 전달되는 현상

(2) 유전 용어

형질	생물이 가지고 있는 여러 가지 특성 예 완두 씨의 색깔·모양
대립 형질	서로 대비되는 형질 예 둥근 완두 ↔ 주름진 완두
순종	한 가지 형질을 나타내는 유전자의 구성이 같은 개체 예 RR, YY, rr, yy, RRYY, rryy
잡종	한 가지 형질을 나타내는 유전자의 구성이 다른 개체 예 Rr, Yy, RrYy
표현형	겉으로 드러나는 형질 예 주름진 완두, 둥근 완두, 황색 완두, 초록색 완두
유전자형	형질을 나타내는 유전자 구성을 기호로 나타낸 것 예 RR, Rr, rr

(3) 멘델의 실험 : 멘델은 완두를 교배하여 유전의 원리를 밝혀냈다.

① 완두가 유전 실험의 재료로 적합한 이유

> | 자가 수분과 타가 수분 | ▼ | 검색 |
> | --- | --- | --- |
> - 자가 수분 : 수술의 꽃가루가 같은 그루의 꽃에 있는 암술에 붙는 것
> - 타가 수분 : 수술의 꽃가루가 다른 그루의 꽃에 있는 암술에 붙는 것

  ㉠ 구하기 쉽고, 재배하기 쉽다.

  ㉡ 한 세대가 짧고, 자손의 수가 많다.

  ㉢ 대립 형질이 뚜렷하다.

  ㉣ 자유롭게 교배할 수 있다.

  ㉤ 자가 수분과 타가 수분이 모두 가능하여 의도한 대로 형질을 교배할 수 있다.

② 완두의 7가지 대립 형질

구분	씨 모양	씨 색깔	꽃 색깔	콩깍지 모양	콩깍지 색깔	꽃 위치	줄기의 키
대립 형질	둥글다.	노란색	보라색	매끈하다.	초록색	줄기 옆	크다.
	주름지다.	초록색	흰색	주름지다.	노란색	줄기 끝	작다.

2 멘델이 밝힌 유전 원리

(1) 한 쌍의 대립 형질의 유전에서 밝힌 유전 원리

① **우열의 원리** : 대립 형질이 다른 순종끼리 교배하면 잡종 1대에서 우성 형질만 나타난다.

  ㉠ 순종의 둥근 완두(RR)와 주름진 완두(rr)를 교배하면 잡종 1대에서는 모두 둥근 완두(Rr)만 나온다.

  ㉡ 잡종 1대에서 나타나는 대립 형질을 우성, 나타나지 않는 형질을 열성이라고 한다.

  ㉢ 우성 유전자는 알파벳 대문자로, 열성 유전자는 알파벳 소문자로 표시한다.

② **분리의 법칙** : 생식세포가 만들어질 때 한 쌍의 대립유전자가 분리되어 서로 다른 생식세포로 들어가는 유전 원리이다.

  ㉠ 잡종 1대에서 대립유전자 R와 r가 나뉘어 유전자형이 R, r인 생식세포가 1:1의 비율로 생성된다.

  ㉡ 잡종 1대를 자가 수분하면 잡종 2대에서는 잡종 1대에서 나타나지 않았던 열성 형질이 일정한 비율(우성 : 열성=3:1)로 나타난다.

③ 실험 결과를 설명하기 위해 멘델이 세운 가설

　　㉠ 생물에는 한 가지 형질을 결정하는 한 쌍의 유전 인자가 있다.

　　㉡ 한 쌍의 유전 인자가 서로 다를 경우 하나의 유전 인자만 형질로 표현되며, 다른 유전 인자는 표현되지 않는다. → 우열의 원리

　　㉢ 한 쌍의 유전 인자는 생식세포가 만들어질 때 분리되어 서로 다른 생식세포로 들어가고, 생식세포가 수정될 때 다시 쌍을 이룬다.

　　　　→ 분리의 법칙

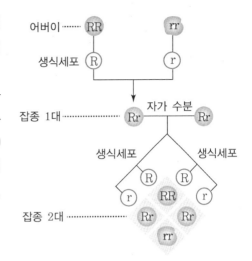

(2) 두 쌍의 대립 형질의 유전에서 밝힌 유전 원리 : 독립의 법칙

　　→ 두 쌍 이상의 대립유전자가 서로 영향을 미치지 않고 각각 분리의 법칙에 따라 유전되는 원리이다.

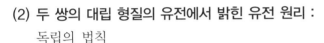

① 순종의 둥글고 노란색인 완두(RRYY)와 순종의 주름지고 초록색인 완두(rryy)를 교배하면 잡종 1대에서는 모두 둥글고 노란색인 완두(RrYy)만 나타나며, 생식세포가 RY, Ry, rY, ry를 1 : 1 : 1 : 1의 비율로 생성된다.

② 잡종 1대를 자가 수분하면 잡종 2대에서는 표현형이 둥글고 노란색, 둥글고 초록색, 주름지고 노란색, 주름지고 초록색인 완두가 9 : 3 : 3 : 1의 비율로 나타난다.

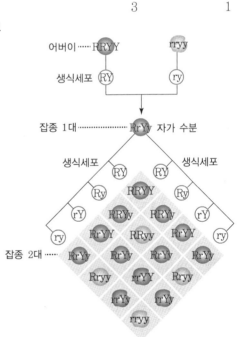

③ 둥근 완두와 주름진 완두로만 구분하면 그 비율은 둥글고 주름진 형질로 실험했을 때와 마찬가지로 3 : 1이다. 노란색과 초록색 역시 3 : 1 비율로 나타난다.

　　→ **독립의 법칙**

3 중간 유전

(1) **중간 유전** : 대립유전자 사이의 우열 관계가 뚜렷하지 않아 잡종 1대에서 부모의 중간 형질이 나타나는 유전 현상 예 분꽃의 꽃잎 색깔 유전 등

① 빨간색 꽃잎 분꽃(RR)과 흰색 꽃잎 분꽃(WW)을 교배하면 잡종 1대에서는 분홍색 꽃잎(RW)만 나타난다.

  → 빨간색 꽃잎 유전자(R)와 흰색 꽃잎 유전자(W) 사이의 우열 관계가 뚜렷하지 않으므로 부모의 중간 형질이 나타난다.

② 잡종 1대의 분홍색 꽃잎 분꽃(RW)을 자가 수분하면 잡종 2대에서 빨간색 꽃잎(RR) : 분홍색 꽃잎(RW) : 흰색 꽃잎(WW)=1 : 2 : 1의 비율로 나타난다.

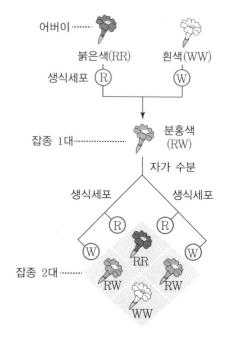

(2) **분꽃의 색깔 유전과 멘델의 유전 원리** : 분꽃의 꽃잎 색깔 유전에서 우열의 원리는 성립하지 않지만, 분리의 법칙은 성립한다.

04 사람의 유전

1 사람의 유전 연구

(1) 사람의 유전 연구에 있어서 어려운 점

  ① 한 세대가 길고, 자손의 수가 적다.

  ② 대립 형질이 복잡하고, 환경의 영향을 많이 받는다.

  ③ 교배 실험이 불가능하다.

(2) 사람의 유전 연구 방법

① **가계도 조사** : 특정 유전 형질을 가진 집안의 가계도를 조사하여 여러 세대에 걸쳐 유전 형질이 어떻게 유전되는지 알아낸다.

② **통계 조사** : 특정 형질에 대해 가능한 한 많은 사람들을 조사해서 얻은 자료를 통계적으로 처리하여 유전 원리를 알아낸다.

③ **쌍둥이 연구** : 쌍둥이의 성장 환경과 특정 형질의 발현이 어느 정도 일치하는지 알아낸다.

④ **염색체 및 유전자 조사** : 염색체나 유전자를 조사하여 염색체 이상 여부 및 유전 현상을 연구한다.

심화학습 1란성 쌍둥이와 2란성 쌍둥이

• **1란성 쌍둥이** : 1개의 난자와 1개의 정자가 수정된 수정란이 발생 과정에서 둘로 나뉘어 2명의 태아로 자랐으므로 유전 정보가 같다.

• **2란성 쌍둥이** : 2개의 난자가 각각 1개의 정자와 수정된 후 각각의 수정란이 2명의 태아로 자랐으므로 유전 정보가 다르다.

---

2 사람의 형질 유전

(1) 상염색체에 있는 한 쌍의 대립유전자에 의해 결정되는 형질 : 멘델의 유전 원리를 따르며, 남녀에 따라 형질이 나타나는 빈도에 차이가 없다.

형질	혀 말기	이마 선 모양	귓불 모양	엄지 모양	눈꺼풀	보조개
우성	가능	V자형	분리형	굽음	쌍꺼풀	있음
열성	불가능	일자형	부착형	굽지 않음	외꺼풀	없음

(2) 혀 말기 유전 가계도 분석

① 혀 말기 형질은 상염색체에 있는 한 쌍의 대립유전자에 의해 결정된다.

② 혀 말기 유전은 멘델의 유전 원리를 따르며, 혀 말기 가능한 형질이 우성이다.

③ 혀 말기 가계도 분석 : 다음 가계도에서 구성원 1, 2, 7, 8은 부모나 자식 중에 열성 형질이 있으므로 유전자형이 잡종이고, 구성원 3, 6은 열성 순종이다.

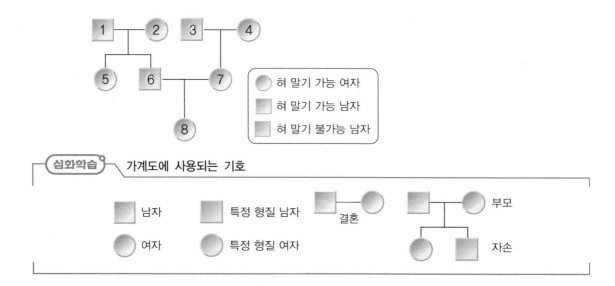

심화학습 가계도에 사용되는 기호

남자	
여자	
	특정 형질 남자
	특정 형질 여자

결혼

부모

자손

3 ABO식 혈액형 유전

(1) ABO식 혈액형 유전

① ABO식 혈액형 유전자는 상염색체에 있으며, 한 쌍의 대립유전자에 의해 형질이 결정된다.

② A, B, O 3가지의 대립유전자가 관여하고, 유전자 A와 B 사이에는 우열 관계가 없으며, A와 B는 유전자 O에 대해 각각 우성이다.

> **복대립 유전** ▼ 검색
>
> 하나의 형질을 결정하는 데 3개 이상의 대립유전자가 관여하고 개체의 형질은 이 중 2개의 대립유전자에 의해 결정되는 유전

(2) ABO식 혈액형의 표현형과 유전자형

표현형	A형	B형	AB형	O형
유전자형	AA, AO	BB, BO	AB	OO

4 성염색체 유전

(1) 사람의 성 결정 방식

① 사람의 성을 결정하는 성염색체에는 X 염색체와 Y 염색체가 있다.

② 아들은 어머니로부터 X 염색체, 아버지로부터 Y 염색체를 물려받아 성염색체 구성이 XY가 되고, 딸은 어머니와 아버지로부터 X 염색체를 하나씩 물려받아 성염색체 구성이 XX가 된다.

(2) 반성 유전 : 유전자가 성염색체에 있어 유전 형질이 나타나는 빈도가 남녀에 따라 차이가 나는 유전 현상이다. 예 적록 색맹, 혈우병

> 보인자 ▼ 검색
> 유전병 유전 인자는 가지고 있으나, 겉으로 드러나지는 않는 유전 형질을 지니고 있는 사람이나 생물

(3) 적록 색맹 유전 : 형질을 결정하는 유전자가 성염색체인 X 염색체에 있다.

① 적록 색맹 대립유전자(X′)는 정상 대립유전자(X)에 대해 열성이다.

② 여자보다 남자에게 더 많이 나타난다.

표현형	정상		색맹	
유전자형	남자	여자	남자	여자
	XY	XX, XX′(보인자)	X′Y	X′X′

05 생물 다양성과 분류

1 생물 다양성

(1) 생물 다양성 : 어떤 지역에 살고 있는 생물의 다양한 정도

(2) 생물 다양성을 결정하는 기준

① 생물의 종류 : 일정한 지역에 서식하는 생물의 종류가 많을수록 생물 다양성이 높다.

② 같은 종류에 속하는 생물의 특성 : 같은 종류에 속하는 생물의 특성이 다양하게 나타날수록 생물 다양성이 높다. → 같은 종류에 속하는 생물 다양성이 높아지면 급격한 환경 변화나 전염병에도 살아남는 생물이 있어 멸종할 위험이 낮다.

③ 생태계 : 숲, 개벌, 바다, 사막 등 생태계의 종류에 따라 살고 있는 생물이 다르므로 생태계가 다양할수록 생물 다양성이 높다.

(3) 환경과 생물 다양성의 관계

① 변이 : 같은 종류의 생물 사이에서 나타나는 특성의 차이로, 변이가 다양할수록 생물 다양성이 높고 생물의 생존에 유리하다.

② 환경과 생물 다양성 : 같은 종류의 생물이 오랜 시간 동안 다른 환경에서 살아가면 서로 다른 특징을 지닌 무리로 나누어질 수 있다.

③ 생물의 종류가 다양해지는 과정

    ㉠ 한 종류의 생물 무리에는 다양한 변이가 있다.

    ㉡ 그 무리에서 환경에 알맞은 변이를 가진 생물이 더 많이 살아남아 자손을 남긴다.

    ㉢ 이 과정이 오랜 세월 동안 반복되면 원래의 생물과 특징이 다른 생물이 나타날 수 있다.

    ㉣ 생물 다양성이 증가한다.

2 생물의 분류

(1) 생물의 분류 : 다양한 생물을 일정한 기준에 따라 비슷한 종류의 무리로 나누는 것

① 생물의 분류 목적 : 생물 사이의 멀고 가까운 관계를 밝히기 위해서

② 생물의 분류 방법 : 생물을 사람의 편의에 따라 분류할 수 있지만, 사람에 따라 결과가 달라질 수 있고, 생물이 가진 고유의 특징을 제대로 나타내지 못해 생물 고유의 특징을 기준으로 분류한다.

    ㉠ 사람의 편의에 따른 분류(인위 분류) : 생물을 쓰임새나 서식지 등에 따라 분류하는 방법

      예 • 식용 식물과 약용 식물

          • 육상 동물과 수중 동물

    ㉡ 생물 고유의 특징에 따른 분류(자연 분류) : 생물의 형태나 구조, 번식 방법 등에 따라 분류하는 방법

      예 • 척추가 있는 동물과 없는 동물

          • 떡잎이 1장이 식물과 2장인 식물

(2) 생물의 분류 체계

① 생물 분류의 기본 단위 : 종(생물학적 종)

→ 자연 상태에서 짝짓기하여 번식이 가능한 자손을 낳을 수 있는 무리

② 생물의 분류 단계 : 생물을 공통적인 특징으로 묶어 단계적으로 나타낸 것

> 종 < 속 < 과 < 목 < 강 < 문 < 계

3 생물의 5계 분류

(1) 원핵생물계

① 특징

㉠ 원핵세포로 이루어져 있다.

㉡ 단세포 생물이며, 세포벽이 있다.

㉢ 대부분 광합성을 하지 않지만, 남세균처럼 광합성을 하여 스스로 양분을 만드는 생물도 있다.

② 생물 예 : 포도상구균, 대장균, 폐렴균, 헬리코박터 파일로리균, 남세균 등의 세균

원핵세포와 진핵세포 ▼ 검색
• 원핵세포 : 핵막이 없어 핵이 뚜렷하게 구분되지 않는 세포, 원핵세포로 이루어진 생물을 원핵생물이라고 한다.   • 진핵세포 : 핵막으로 구분된 뚜렷한 핵이 있는 세포로, 진핵세포로 이루어진 생물을 진핵생물이라고 한다.

(2) 원생생물계

① 특징

㉠ 진핵세포로 이루어져 있는 생물 중 식물계, 균계, 동물계에 속하지 않는 생물 무리이다.

㉡ 대부분 단세포 생물이지만, 다세포 생물도 있다.

㉢ 기관이 발달하지 않았다.

㉣ 대부분 물속에서 생활한다.

② 생물 예 : 단세포 생물(아메바, 짚신벌레), 다세포 생물(김, 미역, 다시마)

(3) 균계

① 특징

    ㉠ 진핵세포로 이루어진 생물 중 광합성을 하지 못하고 대부분 죽은 생물을 분해하여 양
      분을 얻는 생물 무리이다.

    ㉡ 대부분 다세포 생물이며, 세포벽이 있다.

    ㉢ 대부분 몸이 균사로 이루어져 있다.

② 생물 예 : 버섯류, 곰팡이류(검은빵곰팡이, 누룩곰팡이, 푸른곰팡이), 효모

(4) 식물계

① 특징

    ㉠ 진핵세포로 이루어진 생물 중 광합성을 하여 스스로 양분을 만드는 생물 무리이다.

    ㉡ 다세포 생물이며, 세포벽이 있다.

    ㉢ 뿌리, 줄기, 잎과 같은 기관이 발달하였다.

② 생물 예 : 이끼, 고사리, 소나무, 장미

(5) 동물계

① 특징

    ㉠ 진핵세포로 이루어진 생물 중 먹이를 섭취하여 양분을 얻는 생물 무리이다.

    ㉡ 다세포 생물이며, 세포벽이 없다.

    ㉢ 운동성이 있으며, 대부분 몸에 기관이 발달하였다.

② 생물 예 : 지렁이, 메뚜기, 개구리, 호랑이

4 생물 다양성의 보전

(1) 생물 다양성의 중요성

① 생태계 평형 유지

⊙ 생태계 평형 : 생태계를 구성하는 생물의 종류, 개체 수 등이 일정한 수준을 유지하여 안정한 상태를 이루고 있는 것을 말한다.

ⓒ 생태계를 구성하는 생물의 종류가 많을수록 먹이 그물이 복잡하게 형성되어 생태계 평형이 잘 유지된다.

② 생물 자원으로서의 활용

⊙ 의식주에 필요한 자원 제공

ⓒ 의약품의 원료 제공

ⓒ 휴식 공간과 관광 자원 제공

ⓔ 유전자원 제공

ⓜ 산업용 재료나 아이디어 제공

(2) 생물 다양성의 보전

① 생물 다양성을 감소시키는 원인

⊙ 서식지 파괴 : 생물 다양성 감소의 가장 큰 원인으로, 무분별한 개발로 서식지가 파괴되면 서식지를 잃은 생물이 사라진다.

ⓒ 불법 포획과 남획 : 야생 동물이나 식물을 불법으로 많이 잡아들이거나 채집하면 생물 다양성이 감소한다.

ⓒ 외래종의 유입 : 무분별하게 유입된 외래종은 원래 살고 있던 생물의 생존을 위협한다.

ⓔ 환경 오염 : 환경 오염에 의해 생태계가 파괴되면 생물이 생존에 위협을 받는다.

② 생물 다양성 보전을 위한 대책

⊙ 국제적 활동 : 생물 다양성 협약이나 람사르 협약과 같은 국제 협약을 맺고 실행한다.

ⓒ 국가적 활동 : 멸종 위기종 복원 사업 시행, 관련 법률 제정, 종자 은행 설립, 국립 공원 지정 등

ⓒ 사회적 활동 : 외래종 제거하기, 우리 밀 살리기 등

ⓔ 개인적 활동 : 분리수거, 친환경 농산물 이용, 모피로 만든 제품 사지 않기, 희귀 동물을 애완용으로 기르지 않기 등

01 염색체에 대한 설명으로 옳지 <u>않은</u> 것은?

① 평소에는 세포 핵 속에 염색사로 존재한다.

② 세포가 분열할 때 잘 관찰된다.

③ 생물의 형질을 전해주는 유전자가 들어 있다.

④ 생물의 종류에 관계없이 그 수나 모양이 같다.

02 사람의 염색체에 대한 설명으로 옳은 것은?

① 여자의 성염색체는 XY이다.

② 남녀의 염색체 수는 다르다.

③ 부모로부터 각각 22개씩 물려받는다.

④ 핵 속에 있으며 유전 정보를 가지고 있다.

03 체세포 분열에 대한 설명으로 옳지 <u>않은</u> 것은?

① 생장을 위한 분열이다.

② 염색체 수는 변화가 없다.

③ 분열 결과 4개의 딸세포가 생긴다.

④ 뿌리나 줄기 끝의 생장점에서 활발하다.

04 그림은 체세포 분열 과정을 순서 없이 나타낸 것이다. 순서대로 배열한 것은?

04
(나) 전기 → (라) 중기 → (가) 후기 → (다) 말기

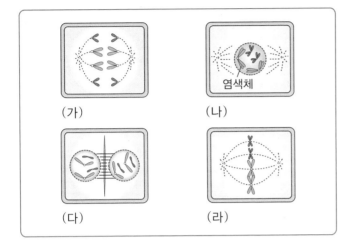

(가) (나) 염색체

(다) (라)

① (나) → (가) → (라) → (다)
② (나) → (라) → (가) → (다)
③ (라) → (가) → (나) → (다)
④ (라) → (나) → (가) → (다)

05 감수 분열에 대한 설명으로 옳지 <u>않은</u> 것은?

① 생식세포 형성 시에 하는 세포 분열이다.
② 분열 후 딸세포를 4개 만든다.
③ 수정란도 생식세포 분열을 한다.
④ 분열 후 세포 속의 염색체 수가 절반으로 감소된다.

05
수정란은 체세포 분열을 한다.

06 정자와 난자에 대한 설명으로 옳은 것은?

① 정자는 핵이 있고, 난자는 핵이 없다.
② 정자는 난자에 비해 크기가 크다.
③ 정자는 양분이 있고, 난자는 양분이 없다.
④ 정자는 운동성이 있고, 난자는 운동성이 없다.

06
난자는 정자에 비해 크기가 크고 양분이 있으며 운동성이 없다.

ANSWER
04. ② 05. ③ 06. ④

07 사람의 생식 기관에 대한 설명으로 옳지 <u>않은</u> 것은?

① 정자는 정소에서 만들어진다.
② 난자는 난소에서 만들어진다.
③ 자궁은 태아가 자라는 장소이다.
④ 수정관은 정자와 태아의 이동 통로이다.

08 여성의 생식 기관 중 수정이 일어나는 곳은?

① 난소
② 수란관
③ 자궁
④ 요도

09 임신 과정 중 착상에 대한 설명으로 옳은 것은?

① 정자와 난자가 결합하는 것이다.
② 난소에서 난자가 방출되는 과정이다.
③ 수정란이 자궁 내벽에 자리를 잡는 현상이다.
④ 자궁 속 태아가 어머니의 몸 밖으로 나오는 것이다.

10 〈보기〉는 사람이 태어나기까지의 과정을 순서 없이 나타낸 것이다. 순서대로 배열한 것은?

┌─보기─────────────────────┐
(가) 착상   (나) 배란
(다) 출산   (라) 수정
└──────────────────────────┘

① (나) → (가) → (다) → (라)
② (나) → (가) → (라) → (다)
③ (나) → (다) → (가) → (라)
④ (나) → (라) → (가) → (다)

11 다음 〈보기〉의 물질은 태반에 존재하는 것들이다. 모체에서 태아로 이동하는 물질을 모두 고른 것은?

> **보기**
> ㉠ 산소　　　㉡ 이산화 탄소　　㉢ 포도당
> ㉣ 아미노산　㉤ 요소　　　　　㉥ 노폐물

① ㉠, ㉢, ㉣　　　　　② ㉡, ㉢, ㉥

③ ㉢, ㉣, ㉤　　　　　④ ㉡, ㉤, ㉥

11
태아는 태반을 통해 모체의 혈액으로부터 영양소와 산소를 공급받고, 이산화 탄소와 노폐물을 모체의 혈액으로 내보낸다.

12 유전 용어에 대한 설명으로 옳지 <u>않은</u> 것은?

① 형질 – 생물이 가지고 있는 여러 가지 특성

② 잡종 – 한 가지 형질을 나타내는 유전자의 구성이 다른 개체

③ 순종 – 한 가지 형질을 나타내는 유전자의 구성이 같은 개체

④ 표현형 – 형질을 나타내는 유전자 구성을 기호로 나타낸 것

12
④는 유전자형에 대한 설명이다. 표현형은 겉으로 드러나는 형질이다.

13 완두가 유전 실험의 재료로 적합한 이유로 옳지 <u>않은</u> 것은?

① 한 세대가 짧다.

② 자손의 수가 적다.

③ 자유롭게 교배할 수 있다.

④ 대립 형질이 뚜렷하다.

13
유전 연구 시 자손의 수가 많아야 통계 처리가 신뢰성이 있다.

14 순종의 둥근 완두(RR)와 주름진 완두(rr)를 교배하여 잡종 1대를 100개 얻었다. 이 중 둥근 완두는 몇 개인가?

① 25개　　　　　② 50개
③ 75개　　　　　④ 100개

순종의 둥근 완두(RR)와 주름진 완두(rr)를 교배하면 잡종 1대에서는 모두 둥근 완두(Rr)만 나온다.

[15~16] 그림은 순종의 둥글고 황색인 완두(RRYY)와 주름지고 초록색인 완두(rryy)의 교배 실험을 나타낸 것이다.

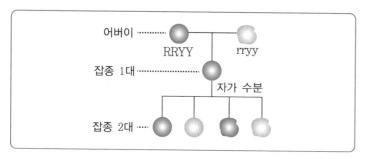

15 잡종 1대에서 생성되는 생식세포로 옳지 <u>않은</u> 것은?

① RY　　　　　② RR
③ rY　　　　　④ ry

15

순종의 둥글고 황색인 완두(RRYY)와 주름지고 초록색인 완두(rryy)를 교배하여 얻은 잡종 1대의 유전자형은 모두 RrYy이며, 이것의 생식세포는 RY : Ry : rY : ry =1 : 1 : 1 : 1의 비로 생성된다.

16 잡종 2대에서 잡종 1대의 유전자형과 같은 완두가 나올 확률은 몇 %인가?

① 0%　　　　　② 25%
③ 50%　　　　　④ 75%

16

잡종 1대에서 생성되는 생식세포 RY, Ry, rY, ry를 자가 수분하면 16개의 유전자형을 얻을 수 있다. 이 중 잡종 2대에서 잡종 1대의 유전자형인 RrYy와 같은 완두는 4개이므로 구하고자 하는 확률은 $\frac{4}{16} \times 100 = 25\%$이다.

ANSWER
14. ④　**15.** ②　**16.** ②

[17~18] 그림은 분꽃의 꽃잎 색깔 유전을 나타낸 것이다.

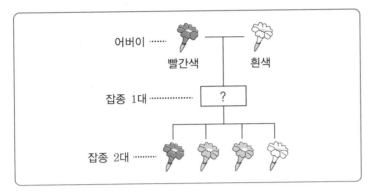

17 잡종 1대의 표현형?

① 빨간색
② 분홍색
③ 흰색
④ 노란색

18 잡종 2대의 표현형의 분리비를 옳게 나타낸 것은?

① 모두 흰색이다.
② 모두 분홍색이다.
③ 모두 빨간색이다.
④ 빨간색 : 분홍색 : 흰색 = 1 : 2 : 1이다.

19 사람의 유전 연구에서 사람의 형질이 유전자의 영향인지, 환경의 영향인지를 알아보는 가장 좋은 방법은?

① 통계 조사
② 가계도 조사
③ 쌍둥이 연구
④ 염색체 및 유전자 조사

17
빨간색 유전자(R)와 흰색 유전자(W) 사이의 우열 관계가 명확하지 않으므로 잡종 1대에서는 어버이의 중간 형질인 분홍색이 나타난다.

18
잡종 2대에서는 어버이의 형질과 어버이의 중간 형질이 모두 나타나 표현형의 분리비는 빨간색 분꽃 : 분홍색 분꽃 : 흰색 분꽃 = 1 : 2 : 1이다.

19
쌍둥이 연구는 쌍둥이 간의 형질을 비교하여 어떤 형질이 유전과 환경 중 어느 요인의 영향을 더 많이 받았는지 알아내는 방법이다.

ANSWER
17. ② **18.** ④ **19.** ③

20 그림은 어느 집안의 ABO식 혈액형 가계도 일부를 나타낸 것이다. (가)의 혈액형이 될 수 <u>없는</u> 것은? (단, 돌연변이는 없다.)

① A형
② B형
③ O형
④ AB형

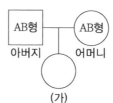

20

AB형인 부모 사이에서는 AA형, AB형, BB형의 유전자형을 가진 자손이 태어날 수 있다.

21 자녀들에게서 A형, B형, AB형, O형의 혈액형이 모두 나타날 수 있는 경우는?

① A형 × A형
② B형 × B형
③ AB형 × O형
④ A형 × B형

21

④ A형 × B형 → A형, B형, AB형, O형

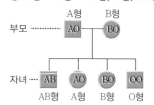

① A형 × A형 → A형, O형
② B형 × B형 → B형, O형
③ AB형 × O형 → A형, B형

22 그림은 어느 집안의 적록 색맹 유전에 대한 가계도를 나타낸 것이다. 3세대에서 적록 색맹인 아들이 태어날 확률은?

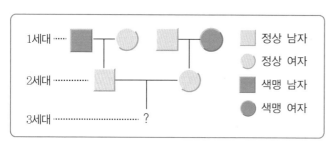

① 0%
② 25%
③ 50%
④ 75%

22

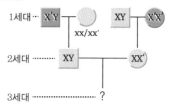

2세대에서 어머니의 유전자형은 XX′이다. 그러므로 3세대에서 나타날 수 있는 유전자형은,
XY × XX′ → XX, XX′, XY, X′Y
4가지 유전자형 중 적록 색맹인 아들은 X′Y이다. 따라서 3세대에서 적록 색맹인 아들이 태어날 확률은 $\frac{1}{4} \times 100 = 25\%$ 이다.

──ＡＮＳＷＥＲ──
20. ③ **21.** ④ **22.** ②

23 생물 다양성에 대한 설명으로 옳지 <u>않은</u> 것은?

① 어떤 지역에 살고 있는 생물의 다양한 정도이다.

② 생태계가 다양할수록 생물 다양성은 낮아진다.

③ 같은 종류에 속하는 생물의 특성이 다양하게 나타날
수록 생물 다양성이 높다.

④ 생물 다양성이 높을수록 급격한 환경 변화에도 살아
남는 생물이 있어 멸종할 위험이 낮다.

23
생태계의 종류에 따라 살고 있는 생물이
다르므로 생태계가 다양할수록 생물 다
양성이 높다.

24 변이에 대한 설명으로 옳지 <u>않은</u> 것은?

① 변이는 자손에게 전달되지 않는다.

② 같은 종류의 생물 사이에서 나타난다.

③ 변이가 다양할수록 생물 다양성이 높다.

④ 변이는 생물의 생존에 영향을 줄 수 있다.

24
유전자에 나타나는 변이는 자손에게 전
달된다.

25 생물의 분류에 대한 설명으로 옳지 <u>않은</u> 것은?

① 다양한 생물을 일정한 기준에 따라 비슷한 종류의
무리로 나누는 것이다.

② 생물 분류의 기본 단위는 '종'이다.

③ 생물 분류의 단계는 '종＜속＜과＜목＜문＜강＜계'
이다.

④ 사람이 정한 인위적인 기준에 따라 생물을 분류하는
것은 인위 분류이다.

25
생물 분류의 단계는 '종＜속＜과＜목
＜강＜문＜계'이다.

ANSWER

23. ② **24.** ① **25.** ③

26 생물 5계에 대한 설명으로 옳지 <u>않은</u> 것은?

① 원핵생물계의 생물은 세포에 세포벽이 없다.

② 균계의 생물은 대부분 죽은 생물을 분해하여 양분을 얻는다.

③ 식물계의 생물은 광합성을 하여 스스로 양분을 만든다.

④ 동물계의 생물은 대부분 몸에 기관이 발달하였다.

27 다음 생물들의 공통적인 특징으로 옳지 <u>않은</u> 것은?

> 아메바, 김, 미역, 다시마

① 다세포 생물이다.

② 기관이 발달하지 않았다.

③ 대부분 물속에서 생활한다.

④ 진핵세포로 이루어져 있다.

26
원핵생물계의 생물은 세포에 세포벽이 있다.

27
제시된 생물들은 모두 원생생물계의 생물이지만 아메바는 단세포 생물, 김·미역·다시마는 다세포 생물이다.

----- ANSWER -----
26. ① 27. ①

01 탄수화물에 대한 설명으로 옳은 것은?

① 체온을 유지하는 기능을 한다.

② 주로 몸을 구성하는 성분이다.

③ 녹말, 포도당, 지방 등이 있다.

④ 대부분 에너지원으로 사용된다.

02 다음은 인체에 필요한 몇 가지 영양소를 나타낸 것이다. 이들 영양소의 공통점은 무엇인가?

> 물, 바이타민 A, 칼슘, 철, 마그네슘

① 우리 몸을 구성하는 성분이다.

② 에너지원으로 이용된다.

③ 몸에서 일어나는 생리 작용을 조절한다.

④ 적은 양이 필요하다.

03 그림에 해당하는 사람의 기관계는?

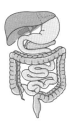

① 소화계

② 순환계

③ 신경계

④ 호흡계

04 다음에서 설명하는 소화 기관은?

> • 근육이 발달된 주머니 모양이다.
> • 염산이 분비되어 음식물 속의 세균을 죽인다.

① 위   ② 식도

③ 소장   ④ 대장

05 그림은 사람 혈관의 종류와 구조를 나타낸 것이다. 온몸에 그물처럼 퍼져 있으며 조직 세포와 물질 교환을 하는 A는?

① 동맥

② 정맥

③ 판막

④ 모세 혈관

06 정맥에 판막이 발달되어 있는 이유는?

① 산소가 부족한 혈액이 흐르므로

② 혈액이 거꾸로 흐를 수 있으므로

③ 혈압이 높아 혈관벽이 두꺼워져야 하므로

④ 동맥혈과 정맥혈이 섞이지 않도록 해야 하므로

07 그림은 사람의 건강한 심장에서 혈액의 흐름을 나타낸 것이다. 심장으로 들어오는 혈액을 받아들이는 곳만을 옳게 짝지은 것은?

① 좌심방, 좌심실

② 우심실, 좌심실

③ 우심방, 우심실

④ 우심방, 좌심방

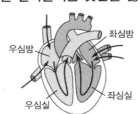

07
심방은 혈액을 심장으로 받아들이는 곳으로, 정맥과 연결되어 있고, 심실은 혈액을 심장에서 내보내는 곳으로, 동맥과 연결되어 있다.

08 다음은 혈액의 구성 성분 중 A에 대한 설명이다. A의 명칭은?

- 모양이 불규칙하며 핵이 없다.
- 상처가 났을 때 혈액 응고 작용을 한다.

① 물

② 백혈구

③ 적혈구

④ 혈소판

08
혈액의 고체 성분은 백혈구, 적혈구, 혈소판 등으로 구성되어 있다. 백혈구는 크기가 크고 형태 없이 식균 작용을 하며, 적혈구는 산소 운반을 한다. 혈소판은 모양이 불규칙하며 혈액 응고 작용을 한다.

09 다음 중 심장에서 나간 혈액이 산소를 공급받고 돌아오는 경로는?

① 좌심실 → 대동맥 → 온몸 → 대정맥 → 우심방

② 좌심실 → 대정맥 → 온몸 → 대동맥 → 우심방

③ 우심실 → 폐정맥 → 폐 → 폐동맥 → 좌심방

④ 우심실 → 폐동맥 → 폐 → 폐정맥 → 좌심방

09
심장에서 밀려난 혈액이 폐로 운반되었다가 다시 심장으로 돌아가야 필요한 산소를 공급받고 이산화 탄소를 내보낼 수 있다. 온몸을 돈 피는 우심방을 통해 심장으로 돌아와 우심실로 이동하고 폐로 보내진다. 폐로 가는 혈관은 폐동맥, 폐에서 나오는 혈관은 폐정맥이며 폐정맥으로 나온 혈액은 좌심방을 통해 심장으로 돌아간다.

A N S W E R

07. ④ **08.** ④ **09.** ④

10 그림은 사람의 호흡 운동을 나타낸 것이다. 다음 중 숨을 들이쉴 때 A와 B의 운동 방향으로 바르게 된 것은?

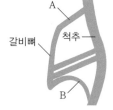

	A	B
①	위로	변화 없다
②	변화 없다	아래로
③	아래로	위로
④	위로	아래로

11 그림은 사람의 배설 기관을 나타낸 것이다. A의 명칭은?

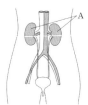

① 대장
② 방광
③ 콩팥
④ 수뇨관

12 광합성에 대한 설명으로 옳은 것은?

① 빛은 필요 없다.
② 단백질을 만든다.
③ 엽록체에서 일어난다.
④ 동물 세포에서 진행된다.

13 다음 중 빛의 세기와 광합성량의 관계를 바르게 나타낸 그래프는? (단, 이산화 탄소 농도는 일정하고, 온도는 25℃로 일정하다.)

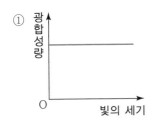

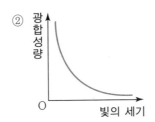

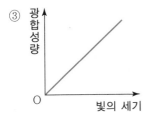

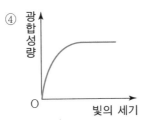

14 다음 설명에 해당하는 작용은?

> • 식물체 내의 물이 잎의 기공을 통해 수증기로 빠져나가는 현상이다.
> • 햇빛과 바람이 강할 때 활발하게 일어난다.

① 면역 작용　　　　　② 식균 작용

③ 응고 작용　　　　　④ 증산 작용

15 다음의 (　　)에 들어갈 말로 알맞은 것은?

> 생물체는 살아가는 데 필요한 (　　　)을(를) 얻기 위해 호흡을 한다.

① 물　　　　　　　　② 양분

③ 에너지　　　　　④ 이산화 탄소

13
이산화 탄소의 농도가 일정할 때 빛의 세기가 강해지면 광포화점까지는 광합성량이 증가하나 그 이상은 증가하지 않는다.

14
증산 작용을 통해 식물체 내의 물이 기공으로 수증기 형태로 빠져나가 식물체의 체온을 조절하고, 물 상승의 원동력이 된다.

15
호흡의 궁극적인 목적은 에너지 생산이다.

ANSWER
13. ④　14. ④　15. ③

16 그림은 사람 눈의 구조를 나타낸 것이다. 눈으로 들어오는 빛의 양을 조절하는 것은?

① 망막
② 홍채
③ 수정체
④ 유리체

17 그림은 사람 귀의 구조를 나타낸 것이다. 외이도로 들어가는 소리를 모으는 A는?

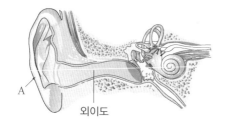

① 귓바퀴
② 달팽이관
③ 반고리관
④ 전정 기관

18 미각의 전달 경로이다. (   )에 들어갈 말로 알맞은 것은?

액체 상태의 화학 물질→(   )→미각 신경→뇌

① 점막층
② 맛봉오리의 맛세포
③ 홍채
④ 외이도

16

밝을 때는 홍채가 늘어나 동공이 작아지고, 어두울 때는 홍채가 줄어들어 동공이 커지면서 망막으로 들어오는 빛의 양을 조절한다.

17

A는 귓바퀴로 외이도를 들어가는 소리를 모으는 곳이고, 고막은 소리에 의해 최초로 진동하는 곳이다. 귓속뼈를 통해 소리는 증폭되고 달팽이관에서 소리를 감지한다. 전정 기관은 기울어짐을 감지하고 반고리관은 회전을 감지하는 곳으로 듣는 것과는 큰 상관이 없다.

18

맛봉오리 속에 맛세포가 들어 있다.

ANSWER
16. ② 17. ① 18. ②

19 피부 감각점에 대한 설명으로 옳지 <u>않은</u> 것은?

① 피부의 표피에 분포한다.
② 받아들인 감각을 대뇌로 전달한다.
③ 통점 > 압점 > 촉점 > 냉점 > 온점 순으로 감각점의 수가 많다.
④ 몸의 부위에 따라 감각점의 분포수가 다르다.

19
감각점은 피부의 진피에 분포한다.

20 다음과 같은 특징을 갖는 뇌는?

• 여러 가지 자극을 감각한다.
• 기억, 판단, 추리, 창조 등의 정신 활동을 담당한다.

① 대뇌 ② 중뇌
③ 소뇌 ④ 간뇌

20
대뇌는 표면에 주름이 많은 2개의 반구(좌우)로 나뉘어 있다. 여러 자극을 해석하고 운동 기관에 명령을 내리며, 기억, 추리, 학습, 감정 등 정신 활동을 담당한다.

21 호르몬에 대한 설명으로 옳은 것은?

① 호르몬에 의한 반응은 신경에 의한 반응보다 빠르게 일어난다.
② 몸 안에서 생성되어 몸 밖으로 배출되는 물질이다.
③ 혈관을 통해 온몸으로 운반된다.
④ 호르몬마다 표적 기관은 다르지만 분비 기관은 동일하다.

21
호르몬에 의한 반응은 신경에 의한 반응보다 느리게 일어나고, 내분비샘에서 혈액으로 분비되어 혈관을 통해 온몸으로 이동하며, 호르몬마다 분비 기관도 다르다.

ANSWER
19. ① 20. ① 21. ③

22 그림은 식물의 체세포 분열 과정 중 한 단계를 나타낸 것이다. 염색사가 뭉쳐서 된 A의 명칭은?

① 액포

② 세포판

③ 염색체

④ 미토콘드리아

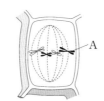

22

세포의 간기 때 복제된 염색사들이 세포 분열을 시작하게 되면 서로 꼬이고 응축되어 염색체를 구성한다.

23 남자의 체세포 염색체 구성을 바르게 나타낸 것은?

① $2n = 44 + XX$

② $2n = 48 + XX$

③ $2n = 44 + XY$

④ $2n = 48 + XY$

23

체세포 염색체의 구성
• 남자 : $2n = 44 + XY$
• 여자 : $2n = 44 + XX$

24 체세포 분열 단계에서 염색체를 관찰하기에 가장 좋은 시기는?

① 전기

② 중기

③ 후기

④ 말기

24

중기는 염색체가 세포 한가운데에 배열되므로 관찰이 쉽다.

ANSWER
22. ③ **23.** ③ **24.** ②

25 다음 중 염색체가 사라지고 핵막이 나타나 2개의 핵이 생기는 동물의 체세포 분열 말기 모습은?

①  ②

③   ④

26 감수 분열에 대한 설명으로 옳은 것은?

① 식물의 형성층에서 일어난다.

② 1개의 모세포가 2개의 딸세포를 만든다.

③ 분열 결과 세포 수가 증가하여 생장한다.

④ 딸세포의 염색체 수가 모세포의 반으로 줄어든다.

27 사람의 임신과 출산 과정에 대한 설명으로 옳지 <u>않은</u> 것은?

① 포배 상태의 수정란이 자궁에 착상했을 때부터 임신이라 한다.

② 태아의 대부분의 기관은 수정 후 8주 이내에 대부분 형성된다.

③ 태아는 태반을 형성하여 모체로부터 영양소와 산소를 제공받는다.

④ 모체로부터 태아에게 세균, 노폐물, 혈구 등이 고스란히 전해지므로 임신 기간 중에는 조심해야 한다.

25
체세포 분열에서 전기에는 핵막이 사라지고 염색체가 나타나며, 중기에는 염색체가 세포 가운데로 이동한다. 후기에는 염색체가 세포 양 끝으로 이동하며 말기에는 두 개의 세포로 나눠진다.

26
생식세포 분열은 염색체를 반으로 줄여 생식세포를 형성하는 분열이다.

27
모체의 세균, 노폐물, 혈구 등은 태아에게 전해지지 않는다.

A N S W E R

25. ④ 26. ④ 27. ④

[28~29] 그림은 순종의 둥근 완두(RR)와 주름진 완두(rr)의 교배 실험을 나타낸 것이다.

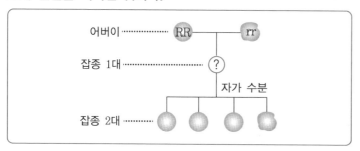

28 위의 교배 실험에 대한 설명으로 옳지 <u>않은</u> 것은?

① 주름진 완두는 모두 순종이다.
② 잡종 1대에는 열성 형질만 나타난다.
③ 잡종 1대에서 생성되는 생식세포는 2가지이다.
④ 잡종 2대의 유전자형 분리비는 RR : Rr : rr = 1 : 2 : 1이다.

29 잡종 2대에서 얻은 완두가 총 200개라면, 이 중에서 잡종 1대의 유전자형과 같은 완두는 몇 개인가?

① 50개　　　　　② 75개
③ 100개　　　　④ 150개

30 순종의 빨간색 분꽃과 흰색 분꽃을 교배하였더니 잡종 1대에서 모두 중간 형질인 분홍색 분꽃이 나왔다. 다음 중 이와 같은 유전 현상은?

① 반성 유전　　　② 중간 유전
③ 다인자 유전　　④ 복대립 유전

28

대립 형질을 가진 순종의 개체끼리 교배하였을 때 잡종 1대에서 나타나는 형질은 우성이다.

29

순종의 둥근 완두(RR)와 주름진 완두(rr)를 교배하면 잡종 1대에서는 둥근 완두(Rr)만 나온다. 잡종 1대를 자가 수분하면 잡종 2대의 유전자형 분리비는 RR : Rr : rr = 1 : 2 : 1이므로 총 200개의 완두를 얻었다면, 잡종 1대의 유전자형 Rr과 같은 완두는 $200 \times \frac{2}{4} = 100$(개)이다.

30

멘델의 유전 법칙 중 우열의 원리가 적용되지 않아 뚜렷한 우열 관계가 나타나지 않는 현상을 중간 유전이라고 한다.

ANSWER
28. ② 29. ③ 30. ②

31 사람의 ABO식 혈액형 유전에서 부모의 혈액형이 다음과 같다면 자녀에게서 O형이 나올 수 <u>없는</u> 경우는?

① A형×A형 　② A형×B형
③ A형×O형 　④ AB형×O형

31
ABO식 혈액형에서 유전자 O는 유전자 A와 유전자 B에 대해서 열성이므로, 부모에게서 모두 유전자 O를 받아야 O형이 된다.

32 적록 색맹의 유전에 있어서 아버지는 정상, 어머니는 적록 색맹인 경우 태어날 아들과 딸의 적록 색맹 관계는 어떻게 되는가?

① 딸과 아들은 모두 정상이다.
② 딸과 아들은 모두 적록 색맹이다.
③ 딸은 모두 적록 색맹이고, 아들은 모두 정상이다.
④ 딸은 모두 보인자이고, 아들은 모두 적록 색맹이다.

32
정상인 아버지(XY) × 적록 색맹인 어머니(X′X′) → XX′, XX′, X′Y, X′Y
따라서 딸은 모두 정상(보인자), 아들은 모두 적록 색맹이다.

33 그림은 지구상의 생물을 5가지 계로 구분하여 나타낸 것이다. 버섯과 곰팡이가 속하는 계는?

① 균계
② 동물계
③ 원생생물계
④ 원핵생물계

33
버섯과 곰팡이는 몸체가 주로 균사로 구성되어 있으며 다른 생물을 분해하여 영양분을 얻는 균계에 속한다.

NOTE

PART IV

지구과학

01 고체 지구

지구의 내부 구조를 배우고 지표를 이루는 암석을 생성 과정에 따라 분류할 수 있어야 합니다. 또한 암석이 광물로 구성되어 있다는 점과 암석에 작용하는 풍화과정에 대해 이해합니다. 그리고 대륙이동설에 대해 배워 지진대, 화산대의 분포와 판의 경계에 대해 관련지어 사고하도록 합니다.

01 지구계와 지구 내부 구조

1 지구계

(1) 계와 지구계

① 계 : 서로 영향을 주고받는 구성 요소들의 집합

② 지구계 : 지구를 구성하는 여러 요소들이 서로 영향을 주고받는 하나의 계

(2) 지구계의 구성 요소

지권	• 지구의 표면과 지구 내부를 이루는 암석과 토양 • 지구계에서 가장 많은 부피를 차지한다. • 대부분 고체 상태로 이루어져 있다.
수권	• 바닷물, 강, 빙하, 지하수 등 지구에 있는 물 • 바닷물이 가장 많은 부피를 차지한다.
기권	• 지구를 둘러싸고 있는 대기 • 여러 가지 기체로 이루어져 있다. • 비, 바람 등의 기상 현상이 일어난다.
생물권	• 지구에 살고 있는 모든 생물 • 지구계의 넓은 영역에 걸쳐서 분포한다.
외권	• 기권의 바깥 영역인 우주 공간 • 태양, 달, 행성 등의 천체를 포함한다.

2 지구 내부 구조

(1) 지구 내부 조사 방법

① 직접적인 방법

㉠ 시추법 : 직접 땅을 파고 들어가 조사하는 방법으로 가장 확실한 방법이지만, 뚫는 깊이에 한계가 있다.

㉡ 화산 분출물 조사 : 화산 폭발 때 분출하여 나오는 화산 가스, 화산재, 용암 등의 물질을 조사하는 방법이다.

→ 지표 부근을 조사할 수 있지만, 지구 내부 전체의 모습은 알 수 없다.

② 간접적인 방법

㉠ 지진파 분석 : 지구 내부를 통과해 온 지진파의 모습을 분석하는 방법이다.

→ 지구 내부 구조를 알아볼 수 있는 가장 효과적인 방법이다.

㉡ 운석 조사 : 지구 내부 물질과 비슷한 물질로 이루어진 운석을 연구한다.

(2) 지구 내부 구조 : 지진파 분석을 통해 지구의 내부 구조는 지표면에서부터 중심으로 향하며 지각, 맨틀, 외핵, 내핵으로 구분한다.

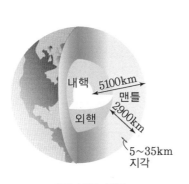

지구 내부 구조

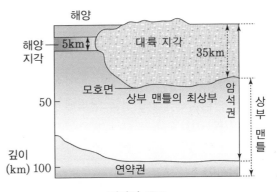

지각의 구조

① 지각(지표~모호면) : 단단한 암석으로 이루어져 있으며, 두께가 가장 얇다(고체).

㉠ 대륙 지각 : 두께는 약 35km이며, 화강암질 암석으로 이루어져 있다.

㉡ 해양 지각 : 두께는 약 5km이며, 현무암질 암석으로 이루어져 있다.

모호면(5~35km)   ▼ 검색

지각과 맨틀의 경계면으로, 모호면의 깊이는 해양보다 대륙에서 더 깊게 나타난다.

② **맨틀**(모호면~약 2900km) : 두께가 가장 두껍고, 가장 큰 부피를 차지하며(지구 전체 부피의 약 80%), 지각보다 무거운 암석으로 이루어져 있다(고체).

③ **외핵**(약 2900~5100km) : 유일하게 액체 상태로 추정되며, 철과 니켈과 같은 무거운 물질로 이루어져 있다(액체).

④ **내핵**(약 5100~6400km) : 철과 니켈과 같은 무거운 물질로 이루어져 있다(고체).

> **바로바로 CHECK√**
>
> 지구의 내부 구조 중에서 가장 큰 부피를 차지하는 부분은?
>
> ① 지각   ❷ 맨틀
> ③ 외핵   ④ 내핵

02 암석

1 암석의 분류

(1) 암석 : 광물로 이루어진 고체 물질

(2) 암석의 분류 : 생성 원인(과정)에 따라 화성암, 퇴적암, 변성암으로 분류한다.

① **화성암** : 마그마나 용암이 식어서 굳어진다.

② **퇴적암** : 퇴적물이 쌓여 굳어진다.

③ **변성암** : 암석이 열과 압력에 의해 변성되었다.

> **마그마와 용암**   검색
>
> • 마그마 : 지하 깊은 곳에서 암석이 녹아 액체 상태로 존재하는 물질
> • 용암 : 마그마가 지표로 흘러나와 기체가 빠져나간 것

2 화성암

(1) 화성암 : 마그마나 용암이 식어서 굳어진 암석

(2) 화성암의 특징 : 생성되는 깊이에 따라 화산암과 심성암으로 구분한다.

구분	생성 위치	마그마의 냉각 속도	알갱이 크기	암석의 예
화산암	지표 부근	빠르다	작다	현무암, 안산암, 유문암
심성암	지하 깊은 곳	느리다	크다	반려암, 섬록암, 화강암

(3) **화성암의 분류** : 화성암은 암석을 이루는 알갱의 크기와 암석의 색에 따라 분류한다.

색 알갱이 크기	어둡다 ←———————————→ 밝다		
작다(화산암)	현무암	안산암	유문암
크다(심성암)	반려암	섬록암	화강암

3 퇴적암

(1) **퇴적암** : 퇴적물이 바다나 호수 바닥 등에 쌓인 후 굳어져서 만들어진 암석

퇴적물의 운반 → 쌓임(퇴적) → 다져짐 → 굳어짐 → 퇴적암의 생성

(2) **퇴적암의 특징**

① **층리** : 크기나 종류가 다른 퇴적물이 여러 겹으로 쌓여 만들어진 줄무늬

② **화석** : 과거에 살았던 생물의 유해나 흔적이 암석에 남아 있는 것

(3) **퇴적암의 분류** : 퇴적암은 퇴적물의 크기와 종류에 따라 분류한다.

퇴적물	자갈, 모래, 진흙	모래, 진흙	진흙	화산재	석회 물질	소금
	크다 ←——— 퇴적물의 크기 ———→ 작다					
퇴적암	역암	사암	셰일	응회암	석회암	암염

4 변성암

(1) **변성암** : 암석이 높은 열과 압력을 받아 성질이 변한 암석

(2) **변성암의 특징**

① **엽리** : 변성 작용을 받아 압력의 수직 방향으로 생기는 알갱이가 배열되어 만들어지는 줄무늬

② **큰 결정** : 암석이 큰 압력과 함께 높은 열을 받아 녹았다가 다시 굳어지면 암석을 이루는 알갱이의 크기가 커진다.

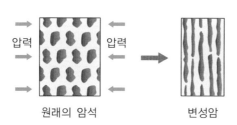

압력에 의한 변성 작용 : 엽리

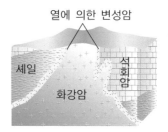

열에 의한 변성 작용 : 큰 결정

(3) 변성암의 분류 : 변성암은 원래 암석의 종류와 변성 정도에 따라 분류한다.

원래 암석		변성암			
		높다 ◀── 온도와 압력 ──▶ 더 높다			
퇴적암	세일	──▶ 편암		──▶ 편마암	
	사암		──▶ 규암		
	석회암		──▶ 대리암		
화성암	화강암		──▶ 편마암		

5 암석의 순환

암석이 주변의 환경이 변함에 따라 끊임없이 다른 암석으로 계속 변하는 과정을 암석의 순환이라고 한다.

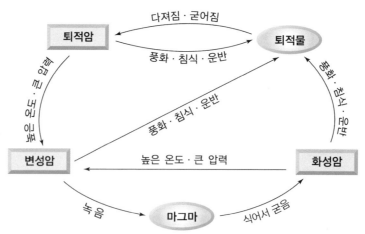

03 광물과 풍화

1 광물의 성질

(1) 광물 : 암석을 이루는 작은 알갱이

(2) 광물의 성질

① 색 : 광물의 겉보기 색

밝은색		어두운색			
장석	석영	흑운모	각섬석	휘석	감람석
흰색, 분홍색	무색	검은색	녹색, 검은색	녹색, 검은색	황록색

② 조흔색 : 광물을 조흔판에 긁었을 때 나타나는 광물 가루의 색

광물	금	황동석	황철석	흑운모	적철석	자철석
색		노란색			검은색	
조흔색	노란색	녹흑색	검은색	흰색	적갈색	검은색

③ 굳기 : 광물의 단단하고 무른 정도로, 서로 다른 광물끼리 긁었을 때 긁히는 광물이 긁히지 않는 광물보다 무른 것이다.

④ 염산과의 반응 : 광물이 염산과 반응하여 거품(이산화 탄소)이 발생하는 성질

　예 방해석에 묽은 염산을 떨어뜨리면 거품이 생긴다.

⑤ 자성 : 광물이 자석과 같이 쇠붙이를 끌어당기는 성질　예 자철석에 클립이 붙는다.

(3) 조암 광물

① 조암 광물 : 암석을 이루는 주요 광물

② 주요 조암 광물 : 석영, 장석, 흑운모, 각섬석, 휘석, 감람석 등 20여 종

③ 조암 광물의 부피비 : 장석 > 석영 > 휘석 > 운모·각섬석

2 풍화와 토양

(1) 풍화

① 풍화 작용 : 오랫동안 지표에 드러나 있던 암석이 물, 공기, 생물 등의 작용으로 부서지거나 분해되어 작은 돌이나 흙으로 변하는 현상이다.

② 풍화 작용의 종류 : 물이 어는 작용에 의한 풍화, 압력 감소에 의한 풍화, 식물에 의한 풍화, 물과 공기에 의한 풍화 등

(2) **토양** : 암석이 풍화 작용을 받아서 잘게 부서져 만들어진 흙으로, 식물이 자라고 동물이 생활하는 터전이 된다.

① 토양이 놓인 순서 : (아래) 기반암 → 모질물 → 심토 → 표토(위)

② 토양의 생성 순서 : 기반암 → 모질물 → 표토 → 심토

04 지권의 운동

1 대륙 이동설

(1) **대륙 이동설** : 독일의 기상학자였던 베게너가 주장한 것으로, 과거에 한 덩어리였던 거대한 대륙(판게아)이 여러 대륙으로 분리되고 이동하여 현재와 같은 대륙으로 분포하게 되었다는 학설이다.

① 대륙 이동의 증거

㉠ 해안선 모양 일치 : 남아메리카 대륙의 동해안과 아프리카 대륙의 서해안 모양이 일치한다.

㉡ 빙하의 흔적 : 여러 대륙에 남아 있는 빙하의 흔적을 연결하면 대륙들이 남극을 중심으로 모인다.

㉢ 화석의 분포 : 같은 생물의 화석이 멀리 떨어진 대륙에서 발견된다.

㉣ 산맥의 연속성 : 북아메리카와 유럽의 산맥을 이으면 하나로 이어진다.

② 대륙 이동설의 한계 : 대륙 이동설은 대륙 이동의 원동력을 설명하지 못했기 때문에 당시에 인정받지 못했다.

(2) **실제 대륙 이동의 원동력** : 지구 내부의 맨틀 대류

2 판

(1) **판** : 지각과 맨틀의 윗부분을 포함하는 두께 약 100km의 단단한 암석층

① **대륙판** : 대륙 지각을 포함하는 판으로, 두께가 두껍다.

② **해양판** : 해양 지각을 포함하는 판으로, 두께가 얇다.

(2) **판의 분포와 경계** : 지구의 표면은 크고 작은 10여 개의 판으로 이루어져 있고, 맨틀 대류에 따라 판과 판이 서로 움직이면 판의 경계에서는 지진과 화산 활동이 발생한다.

3 지진과 화산 활동

(1) **지진** : 지구 내부의 급격한 지각 변동으로 발생한 충격이 전달되어 땅이 흔들리는 현상

진원과 진앙

① **진원과 진앙**

㉠ 진원 : 지진이 발생한 지점

㉡ 진앙 : 진원 바로 위 지표면의 지점

② **지진의 세기**

㉠ 규모 : 지진이 발생할 때 방출되는 에너지의 양을 계산하여 표현

→ 발생 지점으로부터의 거리 등에 관계없이 일정하다.

㉡ 진도 : 지진에 의해 땅이 흔들린 정도나 피해 정도 표현

→ 발생 지점으로부터의 거리, 지층이나 건물의 강도에 따라 달라진다.

(2) **화산 활동**

① **화산 활동** : 마그마가 지각의 약한 틈을 뚫고 지표로 빠져나오는 현상

② **화산 분출물** : 화산 활동이 일어나면 화산 기체, 용암, 화산 쇄설물 등이 분출된다.

③ **화산 활동의 피해와 혜택**

㉠ 피해 : 인명과 재산 피해, 산사태, 생활 환경 파괴 등

㉡ 혜택 : 토양의 비옥화, 유용한 광물 생성, 지열 발전소, 관광 자원 등

4 지진대와 화산대

(1) **지진대와 화산대** : 지진과 화산 활동이 활발하게 일어나는 곳

　① **환태평양 지진대·화산대** : 태평양 주변에 둥근 고리 모양으로 분포한다.

　② **알프스-히말라야 지진대·화산대** : 알프스 산맥, 지중해, 히말라야 산맥을 잇는 분포이다.

　③ **해령 지진대·화산대** : 바다 밑에 솟은 산맥 지형인 해령을 따라 분포한다.

(2) **지진대와 화산대의 분포** : 지진대와 화산대
　는 특정 지역에 좁고 긴 띠 모양으로 나타
　나며, 판의 경계와 대체로 일치한다.

　→ 지진과 화산 활동이 주로 판의 경계에서 판의
　이동에 의해 일어나기 때문

바로바로 CHECK√

지진대와 화산대에 대한 설명으로 옳지 않은 것은?

① 지진대와 화산대는 서로 일치한다.

❷ 아시아 대륙의 중앙에 위치한다.

③ 판의 경계와 대체로 일치한다.

④ 특정 지역에 좁고 긴 띠 모양으로 나타난다.

01 지구계를 이루는 구성 요소에 대한 설명으로 옳지 <u>않은</u> 것은?

① 기권 – 지구를 둘러싸고 있는 대기

② 수권 – 지구에 액체 상태로만 존재하는 물

③ 지권 – 지구의 표면과 지구 내부를 이루는 암석과 토양

④ 생물권 – 지구에 살고 있는 모든 생물

01
수권은 해수, 강, 빙하, 지하수 등 지구에 있는 물을 말한다. 이 중 빙하는 얼음 덩어리로 고체 상태이다.

02 다음 중 지구계에 대한 설명으로 옳지 <u>않은</u> 것은?

① 계는 서로 영향을 주고받지 않는 독립된 구성 요소들의 집합이다.

② 지권은 지구의 표면과 지구 내부를 포함한다.

③ 생물권은 지구에 설고 있는 모든 생물을 포함한다.

④ 외권은 기권 바깥의 우주 공간으로 태양과 달 등을 포함한다.

02
계는 서로 영향을 주고받는 구성 요소들의 집합이다.

03 지구 내부 구조를 알 수 있는 가장 효과적인 조사 방법은?

① 시추법

② 지진파 분석

③ 운석 조사

④ 화산 분출물 조사답

03
지진파 분석은 지구 내부를 통과해 온 지진파의 모습을 분석하는 방법으로, 지구 내부 구조를 알아볼 수 있는 가장 효과적인 방법이다.

ANSWER
01. ② 02. ① 03. ②

04 지구의 내부 구조 중 단단한 암석으로 이루어진 지구의 겉 부분은?

① 지각   ② 맨틀

③ 외핵   ④ 내핵

04
지구의 내부 구조 중 지각은 단단한 암석으로 이루어져 있으며, 두께가 가장 얇다.

05 그림은 지구 내부의 층상 구조를 나타낸 것이다. 액체 상태인 외핵에 해당하는 것은?

① A

② B

③ C

④ D

A
5~35km
B
2900km
C
5100km
D
6400km

05
③ C : 외핵(액체)
① A : 지각(고체)
② B : 맨틀(고체)
④ D : 내핵(고체)

06 다음에서 설명하는 암석은?

- 마그마가 지표에서 굳어져 만들어진 암석이다.
- 제주도에서 흔히 볼 수 있는 어두운 암석이다.

① 사암   ② 역암

③ 석회암   ④ 현무암

06
현무암은 제주 돌하르방의 원료로 쓰이는 검고 구멍이 많은 암석이다. 마그마가 지표 부근에서 빨리 굳어지며 가스가 빠져나가 구멍이 생긴다.

⎯ A N S W E R ⎯⎯⎯⎯⎯⎯
04. ①   **05.** ③   **06.** ④

07 화성암으로만 바르게 짝지은 것은?

① 현무암 – 응회암

② 유문암 – 섬록암

③ 사암 – 셰일

④ 편암 – 화강암

08 퇴적암을 분류한 다음의 표에서 빈 칸에 알맞은 내용은?

퇴적물의 크기	크다 ←		→ 작다
퇴적물의 종류	자갈, 모래, 진흙	모래, 진흙	㉠
퇴적암	역암	㉡	셰일

	㉠	㉡
①	모래	사암
②	모래	석회암
③	진흙	사암
④	진흙	석회암

09 다음 중 퇴적암과 그 퇴적암을 구성하는 퇴적물을 짝지은 것으로 옳지 않은 것은?

① 셰일 – 소금

② 사암 – 모래

③ 응회암 – 화산재

④ 석회암 – 석회 물질

06

응회암, 사암, 셰일은 퇴적암이고, 편암은 변성암이다.

08

퇴적암을 구성하는 가장 작은 입자는 진흙으로 굳어지면 셰일이 된다. 모래와 진흙으로 구성된 암석은 사암이다.

09

셰일은 진흙으로 이루어져 있다. 소금이 쌓여 형성된 퇴적암은 암염이다.

ANSWER

07. ② **08.** ③ **09.** ①

10 다음 암석들이 갖는 공통점으로 옳은 것은?

> 셰일, 사암, 석회암, 응회암

① 열에 의해 결정이 커진다.
② 화석이나 층리를 관찰할 수 있다.
③ 마그마의 냉각 속도에 따라 분류할 수 있다.
④ 화성암이 땅속에 파묻혀 변성되어 만들어진다.

11 다음 설명에 해당하는 광물은?

> • 자석의 성질을 가지고 있다.
> • 겉보기 색과 조흔색 모두 검은색이다.

① 석영   ② 장석
③ 자철석   ④ 황동석

12 풍화에 대한 설명으로 옳지 <u>않은</u> 것은?

① 암석이 오랜 시간에 걸쳐 잘게 부서지는 현상이다.
② 풍화를 일으키는 주요 원인으로는 물, 공기 등이 있다.
③ 생물의 작용은 암석의 풍화에 영향을 미치지 않는다.
④ 물이 어는 작용에 의해 풍화가 일어날 수 있다.

10
모두 퇴적암으로 층리가 발달되어 있고, 화석이 발견된다.

11
자석의 성질을 가지고 있고, 겉보기 색과 조흔색 모두 검은색인 광물은 자철석이다. 석영은 투명하고 단단하며, 장석은 연한 분홍색을 띤다.

12
풍화는 암석이 물, 공기, 생물 등의 작용으로 부서지거나 분해되어 작은 돌이나 흙으로 변하는 현상이다.

ANSWER
10. ② **11.** ③ **12.** ③

13 대륙 이동설이 인정받지 못했던 이유로 옳은 것은?

① 이론적으로 틀린 내용이었다.

② 충분한 연구 없이 발표된 이론이었다.

③ 대륙이 이동했다는 근거를 대지 못했다.

④ 대륙을 이동시키는 힘의 근원을 설명하지 못했다.

13

베게너의 대륙 이동설이 인정받지 못했던 이유는 대륙을 이동시키는 힘의 근원을 설명하지 못했기 때문이었다.

14 판에 대한 설명으로 옳지 <u>않은</u> 것은?

① 대륙판은 해양판보다 두께가 두껍다.

② 단단한 암석으로 이루어져 있다.

③ 지각과 맨틀의 윗부분을 포함한다.

④ 지구의 표면은 하나의 판으로 이루어져 있다.

14

지구의 표면은 크고 작은 10여 개의 판으로 이루어져 있다.

15 지진에 대한 설명으로 옳지 <u>않은</u> 것은?

① 지진이 발생한 지점을 진앙이라고 한다.

② 지진의 규모는 지진이 발생할 때 방출한 에너지의 크기를 의미한다.

③ 지진의 진도는 지진으로 인한 피해의 규모를 나타낸다.

④ 지진의 원인은 지구 내부의 급격한 지각 변동이다.

15

지진이 발생한 지점은 진원이다. 진앙은 진원 바로 위의 지표면을 의미한다.

A N S W E R

13. ④ **14.** ④ **15.** ①

Chapter

02 대기와 해양

수권에서 해수, 담수, 빙하의 분포를 조사하고 해수의 특성에 대해 학습합니다. 우리나라 주변 해류에 대해 공부하여 조석 현상에 대해 설명할 수 있어야 합니다. 또한 기권의 층상 구조를 통해 지구 온난화를 이해하고 상대습도와 단열 팽창의 개념을 이해하여 구름의 생성과 강수의 원리를 설명할 수 있어야 합니다. 그리고 기압의 특성을 배워 바람이 부는 이유에 대해 말할 수 있어야 합니다.

01 수권의 구성과 특징

1 수권

(1) 수권 : 지구에 분포하는 모든 물로, 해수와 담수로 구분한다.

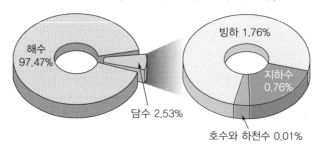

① **해수** : 바다에 있는 물로, 짠맛이 난다.

② **담수** : 짠맛이 나지 않는 물이다.

   ㉠ 빙하 : 담수 중 가장 많고, 눈이 쌓여 굳어 만들어진 얼음덩어리이다.

   ㉡ 지하수 : 땅속을 흐르는 물로, 주로 빗물이 지하로 스며들어 생긴다.

   ㉢ 호수와 하천수 : 지표를 흐르거나 고여 있는 물로, 우리가 주로 사용하는 물이다.

(2) 우리나라의 수자원 활용

① **생활용수** : 일상생활에서 마시거나 씻는 데 쓰이는 물

② **농업용수** : 농작물을 재배하는 데 쓰이는 물

③ **공업용수** : 공장에서 물건을 만들거나 기계를 씻고 냉각하는 데 쓰이는 물

④ **유지용수** : 하천이 정상적인 기능을 유지할 수 있도록 하는 데 쓰이는 물

2 해수의 수온 분포

(1) 해수의 표층 수온 분포 : 태양 복사 에너지의 영향을 받는다.

① 위도에 따른 분포 : 저위도에서 고위도로 갈수록 태양 복사 에너지양이 적어 해수의 표층 수온이 낮다.

② 계절에 따른 분포 : 여름철이 겨울철보다 태양 복사 에너지양이 많아 해수의 표층 수온이 높다.

(2) 해수의 연직 수온 분포 : 태양 복사 에너지와 바람의 영향을 받는다.

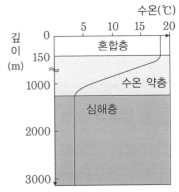

해수의 층상 구조

① 해수의 층상 구조 : 해수는 깊이에 따른 수온 분포를 기준으로 3개 층으로 구분한다.

㉠ 혼합층 : 태양 복사 에너지의 대부분을 흡수하여 수온이 높고, 바람에 의해 해수가 섞여 수온이 일정한 층으로, 바람이 강하게 불수록 두께가 두꺼워진다.

㉡ 수온 약층 : 깊이가 깊어질수록 태양 복사 에너지를 적게 받아 수온이 급격하게 낮아지는 층으로, 매우 안정되어 대류가 일어나지 않아 혼합층과 심해층 사이의 에너지와 물질 교환을 차단한다.

㉢ 심해층 : 태양 에너지가 거의 도달하지 않아 수온이 낮고 깊이에 따른 수온 변화가 거의 없는 층으로, 위도와 계절에 따른 수온 변화가 거의 없다.

② 위도에 따른 해수의 연직 수온 분포

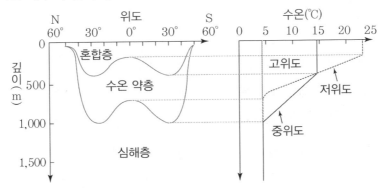

ⓐ 저위도 : 바람이 약해 혼합층이 얇고, 태양 복사 에너지를 많이 받아서 표층과 심층의 수온 차가 커 수온 약층이 가장 잘 발달한다.

ⓑ 중위도 : 바람이 강해 혼합층이 가장 두껍게 나타난다.

ⓒ 고위도 : 태양 복사 에너지를 적게 받아 표층 수온이 매우 낮고, 층상 구조가 나타나지 않는다.

3 염류와 염분

(1) 염류 : 해수에 녹아 있는 여러 가지 물질

→ 짠맛을 내는 염화 나트륨이 가장 많고, 쓴맛을 내는 염화 마그네슘이 두 번째로 많다.

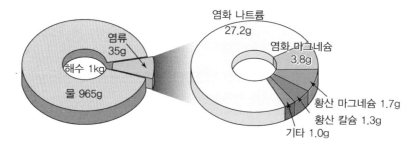

(2) 염분 : 해수 1kg(1000g)에 녹아 있는 염류의 총량을 g 수로 나타낸 것

① **염분의 단위** : psu(실용 염분 단위), ‰(퍼밀)

$$염분(psu) = \frac{염류의\ 양(g)}{해수(물 + 염류)의\ 양(g)} \times 1000$$

② **전 세계 해수의 평균 염분** : 약 35psu

③ 염분에 영향을 주는 요인 : 증발량과 강수량, 담수의 유입량, 결빙과 해빙 등

구분	염분이 높은 곳	염분이 낮은 곳
증발량과 강수량	증발량 > 강수량	증발량 < 강수량
담수의 유입량	담수의 유입량이 적은 곳	담수의 유입량이 많은 곳
결빙과 해빙	해수가 어는 바다	빙하가 녹는 바다

④ 전 세계 해수의 염분 분포

구분	염분	염분 변화의 원인
저위도(적도)	낮다	비가 많이 내려 강수량이 증발량보다 많기 때문
중위도(30° 부근)	높다	기후가 건조하여 증발량이 강수량보다 많기 때문
고위도(극)	낮다	빙하가 녹기 때문

⑤ 우리나라 주변 바다의 표층 염분 분포

구분	염분 분포	염분 분포의 원인
계절별	여름철 < 겨울철	여름철에는 겨울철에 비해 강수량이 많기 때문
지역별	황해 < 동해	황해가 동해보다 강물의 유입량이 많기 때문
육지에서의 거리	가까운 바다 < 먼 바다	육지에서 가까울수록 강물의 유입량이 많기 때문

⑥ 염분비 일정 법칙 : 지역이나 계절에 따라 염분이 달라도 전체 염류에서 각 염류가 차지하는 비율은 항상 일정하다. → 해수가 오랜 시간 동안 순환하여 섞이기 때문

02 해수의 순환

1 해류

(1) 해류 : 일정한 방향으로 지속적으로 흐르는 해수의 흐름
→ 지속적으로 부는 바람의 영향을 받는다.

난류	한류
• 저위도에서 고위도로 흐르는 따뜻한 해류 • 염분이 높고, 영양 염류의 양은 적다.	• 고위도에서 저위도로 흐르는 차가운 해류 • 염분은 낮고 영양 염류의 양은 많다.

(2) 우리나라 주변의 해류

① 우리나라 주변의 해류

	쿠로시오 해류	• 북태평양에서 북상하는 난류 • 우리나라 주변 난류의 근원
난류	황해 난류	쿠로시오 해류의 일부가 황해로 흐르는 난류
	동한 난류	쿠로시오 해류의 일부가 동해로 흐르는 난류
한류	연해주 한류	오호츠크해에서 아시아 대륙의 동쪽 연안을 따라 남하하는 해류
	북한 한류	연해주 한류의 일부가 동해로 흐르는 한류

② **조경 수역** : 동해안에서 북한 한류와 동한 난류가 만나 영양 염류와 플랑크톤이 풍부한 좋은 어장을 형성한다.

2 조석

(1) **조석** : 밀물과 썰물로 해수면의 높이가 주기적으로 높아지고 낮아지는 현상

밀물과 썰물   검색
• 밀물 : 해수가 육지를 향해 밀려 들어오는 것
• 썰물 : 해수가 바다를 향해 빠져나가는 것

　① **만조** : 밀물로 해수면의 높이가 가장 높아질 때
　② **간조** : 썰물로 해수면의 높이가 가장 낮아질 때

(2) **조류** : 조석으로 나타나는 바닷물의 흐름 → 밀물과 썰물이 있다.

(3) **조차** : 만조와 간조 때 해수면의 높이 차이

　① **사리** : 한 달 중 조차가 가장 크게 나타나는 시기
　② **조금** : 한 달 중 조차가 가장 작게 나타나는 시기

03 기권과 복사 평형

1 기권의 층상 구조

(1) 기권(대기권) : 지구 표면을 둘러싸고 있는 대기

① 대기의 분포 : 지표에서부터 높이 약 1000km로, 높이 올라갈수록 공기가 희박해진다.

→ 질소 78%와 산소 21%가 대부분을 차지한다. = 질소와 산소가 전체의 약 99%를 차지

(2) 기권의 층상 구조 : 높이에 따른 기온 변화를 기준으로 4개 층으로 구분한다.

① 대류권

> **기권의 각 층의 경계면** ▼ |검색|
>
> 각 층의 경계면은 아래층의 이름을 붙여 대류권 계면, 성층권 계면, 중간권 계면이라고 한다.

㉠ 지표로부터 약 11km까지의 구간이다.

㉡ 높이 올라갈수록 기온이 낮아진다.

→ 높이 올라갈수록 지표에서 방출되는 에너지가 적게 도달하기 때문

㉢ 대기가 불안정하여 대류 현상이 일어난다.

㉣ 수증기가 있어 구름, 비, 눈 등의 활발한 기상 현상이 일어난다.

㉤ 지구 전체 대기의 약 80% 정도를 차지한다.

② 성층권

㉠ 높이 약 11~50km의 구간이다.

㉡ 높이 올라갈수록 기온이 높아진다.

→ 오존층에서 자외선을 흡수하기 때문

㉢ 기층이 안정되어 있어 대류가 일어나지 않는 안정한 층이다.

㉣ 오존층이 있어 태양의 자외선을 흡수한다.

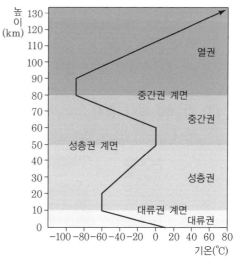

기권의 층과 기온 분포

③ 중간권

    ㉠ 높이 약 50~80km의 구간이다.

    ㉡ 높이 올라갈수록 기온이 낮아진다.

        → 높이 올라갈수록 지표에서 방출되는 에너지가 적게 도달하기 때문

    ㉢ 약한 대류 현상은 일어나지만, 공기가 희박하고 수증기가 거의 없어 기상 현상이 일어나지 않는다.

    ㉣ 유성이 관측된다.

④ 열권

    ㉠ 높이 약 80~1000km까지의 구간이다.

    ㉡ 높이 올라갈수록 기온이 높아진다. → 태양 에너지에 의해 직접 가열되기 때문

    ㉢ 공기가 희박하고, 낮과 밤의 기온 차가 크다.

    ㉣ 고위도 지방에서는 오로라가 나타나기도 한다.

2 복사 평형

(1) 복사 에너지 : 물체가 복사의 형태로 방출하는 에너지

> 복사   ▼ 검색
> 열이 물질의 도움 없이 직접 전달되는 방법

(2) 복사 평형 : 흡수하는 복사 에너지양과 방출하는 복사 에너지양이 같은 상태

(3) 지구의 복사 평형 : 지구가 흡수한 태양 복사 에너지양과 지구에서 방출하는 지구 복사 에너지양이 같은 상태 → 지구의 평균 기온이 일정하게 유지된다.

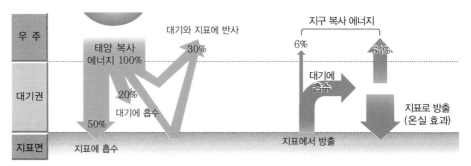

지구가 흡수하는 태양 복사 에너지양(70%) = 지구가 방출하는 지구 복사 에너지양(70%)

(4) 온실 효과와 지구 온난화

① **온실 효과** : 지표에서 방출하는 지구 복사 에너지의 일부를 대기가 흡수했다가 지표로 방출하여 지구의 평균 기온이 높게 유지되는 현상

→ 지구는 온실 효과가 있어 대기가 없는 경우보다 높은 온도에서 복사 평형을 이룬다.

② **지구 온난화** : 온실 효과가 강화되어 지구의 평균 기온이 상승하는 현상

→ 대기 중 온실 기체의 증가로 더 높은 온도에서 복사 평형이 이루어지고 있다.

---

04 대기 중의 물

1 대기 중의 수증기

(1) 증발 : 물의 표면에서 물(액체)이 수증기(액체)로 변하는 현상

예 젖은 빨래가 마른다, 컵에 담아 둔 물이 줄어든다.

(2) 불포화 상태와 포화 상태

① **불포화 상태** : 어떤 공기가 수증기를 더 포함할 수 있는 상태

② **포화 상태** : 어떤 공기가 수증기를 최대로 포함하고 있는 상태

(3) 포화 수증기량 : 포화 상태인 공기 1kg에 들어 있는 수증기량을 g으로 나타낸 것

① **기온과 비례** : 기온이 높아지면 포화 수증기량은 증가한다.

② **포화 수증기량 곡선**

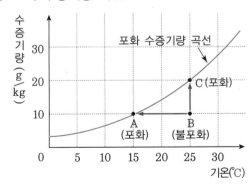

㉠ 포화 상태 : 포화 수증기량 곡선상의 공기(A, C) → **현재 수증기량 = 포화 수증기량**

㉡ 불포화 상태 : 포화 수증기량 곡선 아래 공기(B) → **현재 수증기량 < 포화 수증기량**

㉢ 불포화 상태인 공기 B를 포화 상태로 만드는 방법 : 냉각(B → A)시키거나 수증기를 공급(B → C)한다.

심화학습 〉 **포화 상태일 때 증발은 전혀 일어나지 않을까?**

수증기가 포화 상태인 공기 중에 물을 담은 접시를 놓아두면 물이 증발되지 않음을 알 수 있다. 그러나 이것은 물 분자의 움직임이 전혀 없는 것이 아니라, 공기 중으로 나가고 들어오는 물의 양이 같기 때문에 증발이 일어나지 않는 것처럼 보이는 것이다.

2 물의 응결과 이슬점

(1) 응결 : 공기 중의 수증기(기체)가 물방울(액체)로 변하는 현상

예 맑은 날 아침에 풀잎에 이슬이 맺힌다, 새벽에 안개가 낀다, 찬 음료가 든 컵의 표면에 물방울이 맺힌다.

(2) 이슬점 : 기온이 낮아져 공기 중의 수증기가 응결하기 시작할 때의 온도

① **수증기량과 이슬점의 관계 :** 현재 수증기량이 많을수록 이슬점이 높다.

② 현재 수증기량은 이슬점에서의 포화 수증기량과 같다.

(3) 응결량 : 공기가 냉각되어 이슬점보다 더 낮은 온도가 될 때 응결되는 물의 양

→ 현재 수증기량(g/kg) - 냉각된 온도에서의 포화 수증기량(g/kg)

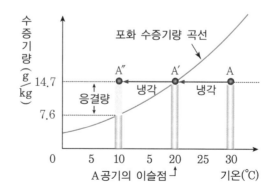

3 상대 습도

(1) 상대 습도 : 현재 기온에서 공기의 포화 수증기량에 대한 실제 포함된 수증기량의 비율을 백분율(%)로 나타낸 것

$$상대 습도(\%) = \frac{현재 공기의 실제 수증기량(g/kg)}{현재 기온의 포화 수증기량(g/kg)} \times 100$$

(2) 수증기량과 기온에 따른 상대 습도의 변화

① 기온이 일정할 때 : 수증기량이 많을수록 상대 습도는 높아진다.

② 수증기량이 일정할 때 : 기온이 높아질수록 상대 습도는 낮아진다.

(3) 맑은 날 하루 동안 기온, 상대 습도, 이슬점 변화

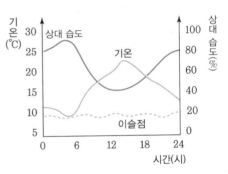

① 기온 : 해 뜨기 전(새벽)에 가장 낮고, 오후 3시경에 가장 높다.

② 상대 습도 : 오후 3시경에 가장 낮고, 해 뜨기 전(새벽)에 가장 높다. → 기온과 상대 습도의 변화는 대체로 반대로 나타난다.

③ 이슬점 : 맑은 날 대기 중의 수증기량이 거의 일정하므로 이슬점도 거의 일정하다.

4 구름과 강수

(1) 구름 : 공기 중의 수증기가 응결하여 생긴 물방울이 하늘에 떠 있는 것

(2) 구름의 생성 과정

① 생성 과정 : 공기 상승 → 단열 팽창 → 기온 하강 → 이슬점 도달 → 수증기 응결 → 구름 생성

② 구름이 생성되는 경우 : 구름은 공기가 상승할 때 만들어진다.

ㄱ 이동하는 공기가 산을 타고 오를 때

ㄴ 지표면의 일부분이 강하게 가열될 때

> **단열 팽창**   검색
> 공기가 주변과 열을 주고받지 않고 팽창하는 현상

ⓒ 따뜻한 공기와 찬 공기가 만날 때

(3) 구름의 종류

① **적운형 구름** : 위로 솟는 모양의 구름으로, 공기가 강하게 상승할 때 만들어진다.

② **층운형 구름** : 옆으로 퍼지는 모양의 구름으로, 공기가 약하게 상승할 때 만들어진다.

(4) 강수

① **강수** : 구름에서 지표로 떨어지는 비나 눈

② **강수 이론**

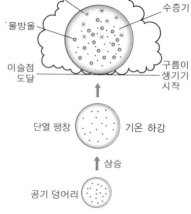

공기의 상승과 구름의 생성

구분	빙정설	병합설
생성 지역	중위도나 고위도 지방	저위도 지방
구름의 생성	물방울, 얼음 알갱이(빙정)	물방울
생성 과정	구름 속의 크고 작은 물방울들이 서로 충돌하여 합쳐져서 커지면 비(따뜻한 비)가 된다.	구름 속의 얼음 알갱이에 수증기가 달라붙어 커지면 눈이 되고, 내리다가 녹으면 비(차가운 비)가 된다.

05 날씨의 변화

1 기압

(1) 기압 : 공기가 단위 넓이에 작용하는 힘

① 기압이 작용하는 방향 : 모든 방향으로 동일하게 작용한다.

② 우리 몸이 기압을 거의 느끼지 못하는 까닭 : 기압과 같은 크기의 압력이 몸속에서 외부로 작용하고 있기 때문이다.

(2) 기압의 측정 : 토리첼리가 수은을 이용하여 기압의 크기를 처음으로 측정하였다.

① 실험 과정 : 한쪽 끝이 막힌 유리관에 수은을 가득 채운 후 수은이 담긴 수조에 거꾸로 세운다.

② 실험 결과 : 유리관 속의 수은이 내려오다가 수은 면으로부터 76cm 높이에서 멈춘다. → 수은 면에 작용하는 대기압(A)과 유리관 속 수은 기둥의 압력(B)이 같아졌기 때문

③ 수은 기둥의 높이 변화

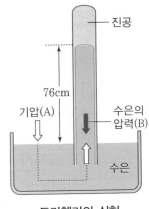

토리첼리의 실험

　　㉠ 기압이 같을 때 : 유리관의 굵기나 기울기와 관계없이 수은 기둥의 높이는 일정하다.

　　㉡ 기압이 높아질 때 : 수은 기둥의 높이가 증가한다.

　　㉢ 기압이 낮아질 때 : 수은 기둥의 높이가 감소한다.

(3) 기압의 단위와 크기

① 기압의 단위 : hPa(헥토파스칼), 기압, cmHg

② 1기압의 크기

> 1기압 = 76cmHg(수은 기둥 76cm의 압력) ≒1013hPa
> = 약 10m 물기둥의 압력 = 약 1000km 공기 기둥의 압력

(4) 기압의 변화

① 측정하는 장소와 시간에 따라 달라진다. → 공기가 계속 움직이기 때문

② 높이 올라갈수록 급격히 낮아진다. → 공기는 대부분 대류권에 있기 때문

2　바람

(1) **바람** : 기압이 높은 곳에서 낮은 곳으로 수평 방향으로 이동하는 공기의 흐름

(2) **바람이 부는 원리** : 지표면의 가열과 냉각에 의해 온도 차이가 생기면 기압 차이가 발생하여 바람이 분다.

① 온도가 높은 지역의 공기는 상승하고, 온도가 낮은 지역의 공기는 하강한다.

② 공기가 상승하는 지역은 기압이 낮아지고, 공기가 하강하는 지역은 기압이 높아진다.

　　→ 기압이 높은 곳에서 낮은 곳으로 바람이 분다.

(3) **해륙풍과 계절풍** : 육지는 바다보다 빨리 가열되고 빨리 냉각되기 때문에 육지와 바다 사이에 기압 차이가 발생하여 바람이 분다.

  ① **해륙풍** : 해안에서 하루를 주기로 풍향이 바뀌는 바람

    ㉠ **해풍** : 낮에는 육지가 바다보다 빨리 가열되어 육지의 기압이 상대적으로 낮아져 바다에서 육지로 부는 바람

    ㉡ **육풍** : 밤에는 육지가 바다보다 빨리 냉각되어 육지의 기압이 상대적으로 높아져 육지에서 바다로 부는 바람

  ② **계절풍(우리나라)** : 대륙과 해양 사이에서 1년을 주기로 풍향이 바뀌는 바람

    ㉠ **여름철** : 여름에는 대륙이 해양보다 빨리 가열되어 대륙의 기압이 상대적으로 낮아져 해양에서 대륙으로 바람이 분다(남동 계절풍).

    ㉡ **겨울철** : 겨울에는 대륙이 해양보다 빨리 냉각되어 대륙의 기압이 상대적으로 높아져 대륙에서 해양으로 바람이 분다(북서 계절풍).

3 기단

(1) **기단** : 같은 장소에 오랫동안 머물러 지표의 영향을 받아 기온과 습도 등의 성질이 비슷한 큰 공기 덩어리

(2) **기단의 성질** : 발생지에 따라 결정된다.

발생지	고위도	저위도	대륙	해양
기단의 성질	기온 낮음	기온 높음	건조	습관

(3) **우리나라 주변의 기단**

기 단	성 질	계 절
시베리아 기단	한랭 건조	겨울
오호츠크해 기단	한랭 다습	초여름
북태평양 기단	고온 다습	여름
양쯔강 기단	온난 건조	봄, 가을

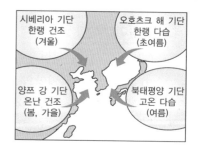

4 전선

(1) 전선과 전선면

① 전선면 : 성질이 다른 두 기단이 만나 생기는 경계면

② 전선 : 전선면이 지표면과 만나는 경계선

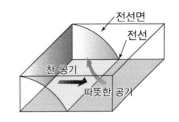

(2) 전선의 종류

① 한랭 전선(▲▲▲▲▲▲▲) : 찬 공기가 따뜻한 공기 쪽으로 이동하면서 따뜻한 공기 밑을 파고들 때 생기는 전선

② 온난 전선(●●●●●●) : 따뜻한 공기가 찬 공기 쪽으로 이동하면서 찬 공기를 타고 오를 때 생기는 전선

③ 폐색 전선(●●●▲●▲▲) : 한랭 전선이 온난 전선보다 이동 속도가 빨라 두 전선이 겹쳐져 생기는 전선

④ 정체 전선(▼●▼●▼●▼) : 두 기단의 세력이 비슷하여 한곳에 오래 머무르며 생기는 전선 **예** 장마 전선(오호츠크 해 기단 + 북태평양 기단)

(3) 한랭 전선과 온난 전선

구분	한랭 전선	온난 전선
모습	적운형 구름 / 전선면 / 찬 공기 / 찬 공기 / 비 / 한랭 전선	층운형 구름 / 더운 공기 / 전선면 / 찬 공기 / 비 / 온난 전선
전선면의 기울기	급하다.	완만하다.
구름의 종류	적운형	층운형
강수 형태	좁은 지역에 소나기성 비	넓은 지역에 지속적인 비
이동 속도	빠르다.	느리다.
통과 후 기온	하강	상승

5 기압과 날씨

(1) 고기압과 저기압

구분	고기압	저기압
정의	주위보다 기압이 높은 곳	주위보다 기압이 낮은 곳
바람의 방향 (북반구)	시계 방향으로 불어 나감	시계 반대 방향으로 불어 들어감
중심 기류	하강	상승
날씨	구름이 생기지 않음 → 맑음	구름이 생성됨 → 흐리거나 비

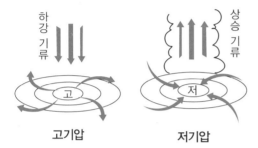

바로바로 CHECK√

기압에 대한 설명으로 옳지 않은 것은?

① 높이 올라갈수록 기압은 낮아진다.
❷ 저기압 지역은 대체로 날씨가 맑다.
③ 바람은 고기압에서 저기압 쪽으로 분다.
④ 고기압은 주변보다 기압이 높은 곳이다.

(2) 온대 저기압 : 중위도 온대 지방에서 북쪽의 찬 기단과 남쪽의 따뜻한 기단이 만나 생성된다. → 온대 저기압은 편서풍의 영향으로 서쪽에서 동쪽으로 이동한다.

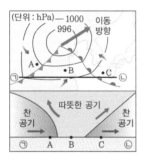

구분	A 지점 (한랭 전선 통과 후)	B 지점 (온난 전선 통과 후)	C 지점 (온난 전선 통과 전)
기온	낮음	높음	낮음
풍향	북서풍	남서풍	남동풍
구름	적운형 구름	–	층운형 구름
날씨	좁은 지역에 소나기성 비	맑음	넓은 지역에 지속적인 비

(3) 우리나라의 계절별 일기도

봄	여름
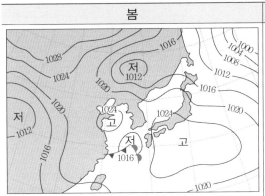	
• 건조한 날씨 • 이동성 고기압과 이동성 저기압이 자주 지나면서 날씨 변화가 심함 • 황사, 꽃샘추위	• 초여름 장마 전선으로 많은 비 • 북태평양 기단의 영향으로 무더위, 열대야 • 남고북저형의 기압 배치(남동 계절풍)
가을	겨울
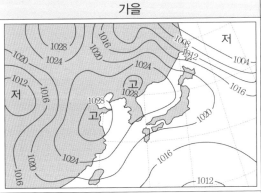	
• 이동성 고기압의 영향 • 맑은 하늘이 자주 나타남 • 낮과 밤의 기온 차가 커지며 첫서리가 내림	• 시베리아 기단의 영향으로 차고 건조 • 서고동저형의 기압 배치(북서 계절풍) • 한파, 폭설

01 해수와 담수에 대한 설명으로 옳지 <u>않은</u> 것은?

① 해수는 바다에 있는 물이다.

② 해수와 담수는 수권을 구성한다.

③ 담수의 대부분은 빙하가 차지한다.

④ 담수 중에서 가장 적은 양을 차지하는 것은 지하수이다.

02 다음 그래프는 위도가 다른 A∼C 세 해역의 연직 수온 분포를 나타낸 것이다. 이에 대한 설명으로 옳지 <u>않은</u> 것은?

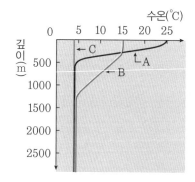

① A 해역은 수온 약층이 가장 잘 발달한다.

② B 해역은 바람이 가장 약하게 분다.

③ C 해역은 해수의 층상 구조가 나타나지 않는다.

④ 심해층은 위도에 따른 수온 변화가 거의 없다.

03 해수의 연직 수온 분포 중 혼합층이 두꺼워지려면 어떤 조건이 필요한가?

① 염분의 농도가 높아야 한다.

② 바람이 강하게 불어야 한다.

③ 표층에 태양 복사 에너지 흡수가 많아야 한다.

④ 저위도와 고위도의 태양 복사 에너지 흡수량 차이가 커야 한다.

04 해수에 포함된 염류 중 가장 많은 것은?

① 염화 나트륨 ② 황산 칼슘
③ 황산 구리 ④ 염화 칼슘

05 우리나라 황해는 동해보다 염분이 낮게 나타난다. 그 이유와 가장 관계가 깊은 것은?

① 강수량 ② 증발량
③ 빙하가 녹는 양 ④ 강물의 유입량

06 염분이 32psu인 바닷물 2kg 속에 들어 있는 전체 염류의 양은?

① 5g ② 10g
③ 64g ④ 90g

07 염분이 23psu인 해수에 염류 A와 B의 비율이 7 : 1이었다. 염분이 46psu인 해수에서 염류 A : B는 어떤 비율로 나타나는가?

① 14 : 1 ② 7 : 1
③ 14 : 3 ④ 7 : 2

04
염류 중 염화 나트륨이 가장 많이 포함되어 있다.

05
황해는 동해보다 강물의 유입량이 많아 연중 염분이 낮다.

06
32psu는 바닷물 1000g(=1kg) 중에 염류가 32g 녹아 있다는 의미이다. 32psu는 바닷물 2000g(=2kg) 중에는 염류가 2배인 64g이 녹아 있을 것이다.

07
염분비 일정 법칙에 의해 염류들 사이의 비는 어떤 염분의 해수에서도 동일하다.

ANSWER
04. ① 05. ④ 06. ③ 07. ②

08 해류에 대한 설명으로 옳지 <u>않은</u> 것은?

① 한류와 난류로 구분할 수 있다.

② 우리나라 황해에는 동한 난류가 흐른다.

③ 해수가 일정한 방향으로 흐르는 것이다.

④ 한류는 고위도에서 저위도로 흐르는 해류이다.

09 우리나라 근해에 직접적인 영향을 끼치는 해류가 <u>아닌</u> 것은?

① 동한 난류   ② 북한 한류

③ 황해 난류   ④ 북태평양 해류

10 그림은 우리나라 주변의 해류를 나타낸 것이다. A∼D 중 한류에 해당하는 것은?

① A

② B

③ C

④ D

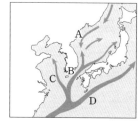

11 그림의 우리나라 주변 바다 A∼D 중 난류와 한류가 만나 조경 수역이 만들어질 수 있는 곳은?

① A

② B

③ C

④ D

08

황해에 흐르는 난류는 황해 난류이다.

09

북태평양의 서쪽에서 동쪽으로 흐르는 해류가 북태평양 해류이다.

10

한류는 고위도에서 저위도로, 난류는 저위도에서 고위도로 흐르는 해류이다. A는 북한 한류, B는 동한 난류, C는 황해 난류, D는 쿠로시오 난류이다.

11

우리나라의 동해안에서는 남쪽에서부터 북상하는 동한 난류와 북쪽에서부터 남하하는 북한 한류가 만나 좋은 어장이 형성되는 조경 수역이 만들어진다.

ANSWER

08. ②   09. ④   10. ①   11. ④

12 조석에 대한 설명으로 옳지 <u>않은</u> 것은?

① 조석으로 나타나는 바닷물의 흐름을 조류라고 한다.
② 만조는 밀물로 해수면의 높이가 가장 높아질 때이다.
③ 만조와 간조 때 해수면의 높이 차이를 조차라고 한다.
④ 한 달 중 조차가 가장 작게 나타나는 시기를 사리라고 한다.

13 기권을 대류권, 성층권, 중간권, 열권과 같이 4개의 층으로 구분하는 기준은?

① 기상 현상의 유무
② 유성 출현의 유무
③ 높이에 따른 기온 변화
④ 공기 속에 포함된 수증기량의 정도

14 다음 설명에 해당하는 대기권 구간은?

- 높이 약 11~50km의 구간이다.
- 오존층이 있어서 태양의 자외선을 흡수한다.

① 대류권　　　　　② 성층권
③ 중간권　　　　　④ 열권

15 다음 설명에 해당하는 대기권의 층은?

> • 높이 올라갈수록 기온이 올라가며, 공기가 매우 희박하다.
> • 고위도 지방에서는 오로라가 발생하기도 한다.

① 대류권 　　　　② 성층권
③ 중간권 　　　　④ 열권

15
높이 올라갈수록 기온이 올라가는 곳은 성층권과 열권이다. 그중 오로라가 발생할 수 있는 권역은 열권이다.

16 다음 설명과 가장 관계 깊은 것은?

> 지표에서 방출하는 지구 복사 에너지의 일부를 대기가 흡수했다가 지표로 방출하여 지구의 평균 기온이 높게 유지되는 현상이다.

① 삼한사온 　　　　② 온실 효과
③ 오존층 파괴 　　　④ 엘니뇨 현상

16
온실 효과는 지표에서 방출하는 지구 복사 에너지의 일부를 대기가 흡수했다가 지표로 방출하여 지구의 평균 기온이 높게 유지되는 현상으로, 지구는 온실 효과가 있어 대기가 없는 경우보다 높은 온도에서 복사 평형을 이룬다.

17 그래프는 기온에 따른 포화 수증기량의 변화를 나타낸 것이다. A 공기의 이슬점은?

① 10℃
② 15℃
③ 20℃
④ 25℃

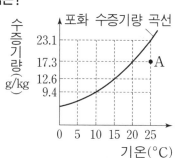

17
A 공기는 공기 1kg에 17.3g의 수증기를 포함하고 있으므로 20℃까지 낮춰야 포화되어 응결되기 시작하는 이슬점에 도달한다. 그러므로 A 공기의 이슬점은 20℃이다.

ANSWER
15. ④ **16.** ② **17.** ③

18 그림은 어느 맑은 날 하루 동안의 기온, 습도, 이슬점의 변화를 나타낸 것이다. 이에 대한 해석으로 옳지 <u>않은</u> 것은?

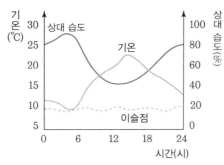

① 새벽에 상대 습도가 가장 높다.
② 이슬점은 거의 일정하다.
③ 새벽에 증발이 잘 일어난다.
④ 낮에는 기온이 높아지므로 습도가 낮아진다.

19 다음 중 구름이 생성될 수 <u>없는</u> 경우는?

① 지표면의 일부분이 강하게 가열될 때
② 따뜻한 공기와 찬 공기가 만날 때
③ 이동하는 공기가 산을 타고 오를 때
④ 기압이 높은 곳으로 공기가 모여들 때

20 우리나라의 계절풍에 대한 설명으로 옳지 <u>않은</u> 것은?

① 여름에는 남동 계절풍이 분다.
② 겨울에는 북서 계절풍이 분다.
③ 해안에서 하루를 주기로 풍향이 바뀌는 바람이다.
④ 겨울철에는 대륙이 해양보다 빨리 냉각되어 대륙의 기압이 상대적으로 높아져 대륙에서 해양으로 바람이 분다.

18
상대 습도가 높은 새벽에는 증발이 잘 일어나지 않는다.

19
구름은 기압이 낮은 곳으로 공기가 모여들 때 생성된다.

20
③은 해륙풍에 대한 설명이다.

A N S W E R
18. ③ 19. ④ 20. ③

21 그림은 우리나라에 영향을 주는 기단을 나타낸 것이다. 겨울철 춥고 건조한 날씨에 영향을 주는 기단은?

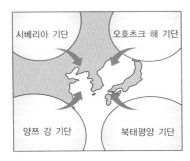

① 양쯔강 기단
② 북태평양 기단
③ 시베리아 기단
④ 오호츠크해 기단

21

겨울철 춥고 건조한 날씨를 만드는 기단은 시베리아 대륙에서 건너온 기단이다.

22 찬 공기가 따뜻한 공기 쪽으로 이동하면서 따뜻한 공기 밑을 파고들 때 생기는 전선은?

① 온난 전선
② 한랭 전선
③ 정체 전선
④ 폐색 전선

22

한랭 전선은 찬 공기가 따뜻한 공기의 밑을 파고들어 따뜻한 공기를 위로 밀어 올리면서 이동할 때 생긴다.

23 한랭 전선과 온난 전선을 비교한 것으로 옳지 않은 것은?

구분	한랭 전선	온난 전선
① 전선면의 기울기	급하다	완만하다
② 이동 속도	빠르다	느리다
③ 구름의 종류	층운형	적운형
④ 강수 형태	소나기성 비	지속적인 비

23

한랭 전선에서는 적운형 구름이, 온난 전선에는 층운형 구름이 나타난다.

A N S W E R

21. ③ 22. ② 23. ③

24 다음 중 북반구의 고기압 중심 부근에서 바람의 방향과 공기의 연직 운동을 바르게 나타낸 것은?

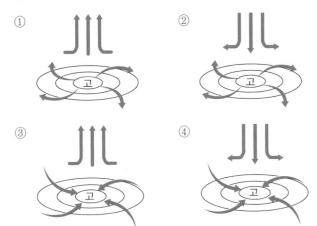

24

고기압 중심 부근에서는 바람이 불어 나가므로 이를 보충하기 위해 공기가 하강한다. 또, 북반구의 고기압에서는 지구 자전의 영향으로 바람이 시계 방향으로 불어 나간다.

ANSWER

24. ②

03 우주

 지구와 달의 크기를 측정하는 법을 이해하고 지구 움직임에 따라 천체가 어떻게 관측되는지에 대해 설명할 수 있어야 합니다. 그리고 태양계를 구성하는 태양과 행성들의 특징에 대해 배워 지구에 미치는 영향을 학습합니다. 태양이 우리은하를 구성하는 별 중 하나임을 파악하여 별까지의 거리를 구하고 별의 표면 온도를 구하며, 우리 은하의 형태와 우주의 팽창에 대해 배우도록 합니다.

01 지구

1 지구의 크기

(1) 에라토스테네스의 지구 크기 측정

① 가정

    ㉠ 지구는 완전한 구형이다.

    ㉡ 지구로 들어오는 햇빛은 평행하다.

② 원리

    ㉠ 원에서 호의 길이는 중심각의 크기에 비례한다.

    ㉡ 평행하는 두 직선에서 엇각의 크기는 같다.

③ 측정값

    ㉠ 시에네와 알렉산드리아 사이의 거리 측정 : 925km

    ㉡ 알렉산드리아에 세운 막대와 그림자 끝이 이루는 각도 : 7.2°

④ 지구 반지름 구하기

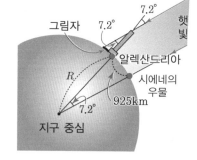

지구의 크기 측정

> $2\pi R$(지구 둘레) : $360°$ = 호의 길이 : 중심각의 크기

$2\pi R : 360° = 925\text{km} : 7.2°$

$2\pi R$(지구 둘레) $= \dfrac{360° \times 925\text{km}}{7.2°} = 46250\text{km}$

$\therefore R$(지구 반지름) $= \dfrac{46250\text{km}}{2\pi} ≒ 7365\text{km}$

⑤ 에라토스테네스의 측정값과 실제 지구 크기가 차이 나는 까닭

　　㉠ 실제 지구는 완전한 구형이 아니기 때문이다.

　　㉡ 알렉산드리아와 시에네 사이의 거리 측정이 정확하지 않았기 때문이다.

2 **지구의 자전**

(1) **지구의 자전** : 지구가 자전축을 중심으로 하루에 한 바퀴씩 회전하는 운동

　① 자전 방향 : 서 → 동

　② 자전 속도 : 1시간에 약 15°씩 회전한다.

(2) **지구의 자전으로 나타나는 현상**

　① 낮과 밤의 반복 : 지구가 자전하는 동안 태양 빛을 받는 부분은 낮, 태양의 반대편을 향해 태양 빛을 받지 못하는 부분은 밤이 된다.

　② 천체의 일주 운동 : 지구가 자전함에 따라 천체가 천구상에서 하루에 한 바퀴씩 회전하는 겉보기 운동

　　㉠ 일주 운동 방향 : 동 → 서

　　㉡ 일주 운동 속도 : 1시간에 약 15°씩 회전한다.

　　㉢ 별의 일주 운동 : 별들이 북극성을 중심으로 하루에 한 바퀴씩 회전한다.

심화학습 우리나라에서 관측한 별의 일주 운동

동쪽 하늘
지평선에서 오른쪽 위로 비스듬히 떠오름

북쪽 하늘
북극성을 중심으로 시계 반대 방향으로 회전

남쪽 하늘
지평선과 거의 나란하게 동쪽에서 서쪽으로 이동

서쪽 하늘
지평선에서 오른쪽 아래로 비스듬히 짐

3 지구의 공전

(1) **지구의 공전** : 지구가 태양을 중심으로 일 년에 한 바퀴씩 회전하는 운동

① 공전 방향 : 서 → 동

② 공전 속도 : 하루에 약 1°씩 회전한다.

(2) **지구의 공전으로 나타나는 현상**

① 천체의 연주 운동

㉠ 별의 연주 운동 : 별이 태양을 기준으로 하루에 약 1°씩 동쪽에서 서쪽으로 이동하는 겉보기 운동을 한다.

㉡ 태양의 연주 운동 : 태양이 별을 기준으로 하루에 약 1°씩 서쪽에서 동쪽으로 이동하는 겉보기 운동을 한다.

② 계절에 따른 별자리의 위치 변화 : 지구가 공전하며 태양이 보이는 위치가 달라짐에 따라 계절별로 밤하늘에 보이는 별자리도 달라진다.

㉠ 황도 : 태양이 연주 운동하는 동안 지나는 길

㉡ 황도 12궁 : 태양이 연주 운동하며 지나는 길인 황도에 있는 12개의 대표적인 별자리

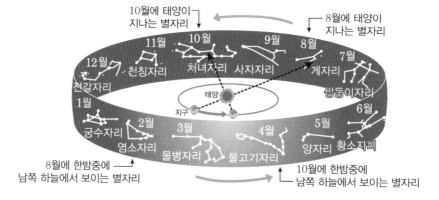

02 달

1 달의 크기

(1) 달의 각지름(시지름)을 이용하여 측정

① 측정 방법 : 원에서 중심각의 크기와 호의 길이는 비례 관계이다.

$$360° : \theta = 2\pi L : D \quad \therefore \quad D = \frac{\theta \times 2\pi L}{360°}$$

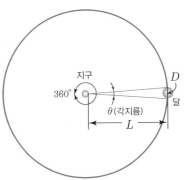

② 측정해야 하는 값 : 지구에서 본 달의 각지름 ($\theta \fallingdotseq 0.5°$)

③ 달의 지름 구하기 : 달의 각지름 $0.5°$, 달까지의 거리(L) 38만km를 대입하여 달의 지름(D)을 구할 수 있다.

(2) 삼각형의 닮음비를 이용하여 측정

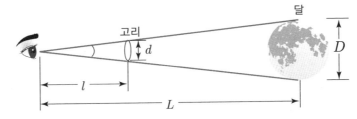

① 측정 방법 : 관찰자의 눈과 구멍의 지름 및 달의 지름을 연결한 두 삼각형은 닮은꼴이다.

$$D : d = L : l \quad \therefore \quad D = \frac{d \times L}{l}$$

② 측정해야 하는 값 : 구멍의 지름(d), 고리까지의 거리(l)

③ 달의 지름 구하기 : 달까지의 거리(L) 38만km를 대입하여 달의 지름(D)을 구할 수 있다.

2 달의 공전

(1) **달의 공전** : 달이 지구를 중심으로 약 한 달에 한 바퀴씩 회전하는 운동

　① 공전 방향 : 서 → 동

　② 공전 속도 : 하루에 약 13°씩 회전한다.

　③ 달의 공전으로 나타나는 현상

　　㉠ 달의 모양(위상) 변화 : 지구, 달, 태양의 위치 관계에 따라 우리 눈에 보이는 달의 모양(위상)이 달라진다.

위치	음력	위상	남중 시각
삭	1일경	보이지 않음	정오
상현	7~8일경	상현달(오른쪽이 둥근 반달)	일몰
망	15일경	보름달	자정
하현	22~23일경	하현달(왼쪽이 둥근 반달)	일출

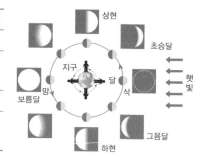

　　㉡ 달의 위치 변화 : 매일 해가 진 직후 같은 시각에 달을 관측하면 하루에 약 13°씩 서쪽에서 동쪽으로 이동하고, 약 한 달을 주기로 달의 모양이 변한다.

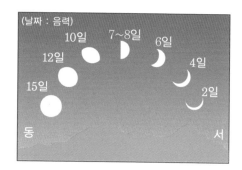

3 일식과 월식

(1) **일식**

　① 일식 : 지구에서 볼 때 달이 태양의 전체 또는 일부를 가리는 현상

　② 달의 위치 : 태양-달-지구 순서로 일직선을 이룬다. → 달의 위치는 삭이다.

　③ 진행 과정 : 달이 서에서 동으로 공전하며 태양의 앞을 지남에 따라 태양의 오른쪽부터 가려진다.

④ **일식의 종류**

ㄱ **개기 일식** : 달이 태양을 완전히 가리는 현상으로, 달의 본그림자에 위치하는 지역에서 관측된다.

ㄴ **부분 일식** : 달이 태양의 일부만 가리는 현상으로, 달의 반그림자에 위치하는 지역에서 관측된다.

⑤ **관측 지역** : 지구에서 달의 그림자가 생기는 지역에서 관측된다.

(2) 월식

① **월식** : 지구에서 볼 때 달이 지구 그림자에 전체 또는 일부가 가려지는 현상

② **달의 위치** : 태양−지구−달 순서로 일직선을 이룬다. → 달의 위치는 망이다.

③ **진행 과정** : 달이 서에서 동으로 공전하며 지구 그림자로 들어감에 따라 달의 왼쪽부터 가려진다.

④ **월식의 종류**

ㄱ **개기 월식** : 달이 지구 그림자에 완전히 가려지는 현상으로, 달 전체가 지구의 본그림자에 위치할 때 관측된다.

ㄴ **부분 월식** : 달이 지구 그림자에 일부만 가려지는 현상으로, 달의 일부가 지구의 본그림자에 위치할 때 관측된다.

⑤ **관측 지역** : 지구에서 밤이 되는 모든 지역에서 관측된다.

03 태양계의 구성

1 행성의 특징

(1) 태양계의 구성

① **행성** : 태양 주위를 공전하는 질량이 비교적 큰 구형의 천체

② **위성** : 행성 주위를 공전하는 천체

(2) 행성의 특징

① 수성

  ㉠ 태양으로부터 가장 가깝고, 크기가 가장 작은 행성이다.

  ㉡ 대기가 없어 낮과 밤의 표면 온도 차이가 매우 크다.

  ㉢ 표면에 운석 구덩이가 많다.

수성

② 금성

  ㉠ 태양계 행성 중 지구에서 가장 밝게 보인다.

  ㉡ 이산화 탄소로 이루어진 두꺼운 대기로 둘러싸여 기압이 높다(약 90기압).

  ㉢ 대기에 의한 온실 효과로 표면 온도가 매우 높다(약 $470℃$).

금성

③ 화성

  ㉠ 토양에 산화 철 성분이 많아 붉게 보인다.

  ㉡ 대부분이 이산화 탄소로 이루어진 희박한 대기를 가지고 있다.

  ㉢ 극지방에 얼음과 드라이아이스로 이루어진 극관이 있으며, 그 크기는 계절에 따라 변한다.

  ㉣ 과거에 물이 흘렀던 흔적인 대협곡이 남아 있다.

화성

④ 목성

  ㉠ 태양계 행성 중 크기가 가장 크다.

  ㉡ 주로 수소와 헬륨으로 이루어진 두꺼운 대기층이 있다.

  ㉢ 표면에 적도와 나란한 줄무늬가 나타나고, 대기의 소용돌이인 거대한 붉은 반점(대적점)이 나타난다.

  ㉣ 희미한 고리가 있고, 수많은 위성을 가지고 있다.

목성

⑤ 토성

  ㉠ 태양계 행성 중 크기가 두 번째로 크고, 밀도가 가장 작다.

  ㉡ 얼음과 암석으로 된 뚜렷한 고리가 보인다.

  ㉢ 자전 속도가 빨라 표면에 적도와 나란한 줄무늬가 나타난다.

토성

⑥ 천왕성

  ㉠ 대기에 메테인이 포함되어 있어 청록색을 띤다.

  ㉡ 자전축이 공전 궤도면과 거의 나란하다.

  ㉢ 희미한 고리와 여러 개의 위성이 있다.

천왕성

⑦ 해왕성

    ㉠ 천왕성과 성분이 비슷하며, 파란색을 띤다.

    ㉡ 대기의 소용돌이로 생긴 검은 점(대흑점)이 나타난다.

    ㉢ 희미한 고리와 여러 개의 위성이 있다.

해왕성

(3) 행성의 분류

① 내행성과 외행성

구분	내행성	외행성
행성	수성, 금성	화성, 목성, 토성, 천왕성, 해왕성
공전 궤도	지구 공전 궤도 안쪽에서 공전	지구 공전 궤도 바깥쪽에서 공전

② 지구형 행성과 목성형 행성

구분	행성	반지름	질량	평균 밀도	위성 수	고리	표면 상태	자전 속도
지구형 행성	수성, 금성, 지구, 화성	작다	작다	크다	없거나 적다	없다	단단한 암석	느리다
목성형 행성	목성, 토성, 천왕성, 해왕성	크다	크다	작다	많다	있다	기체	빠르다

2 태양의 특징

(1) **태양** : 태양계에서 유일하게 스스로 빛을 내는 천체로, 지구에서 가장 가까운 별이다.

(2) 태양의 표면(광구)

① 흑점

    ㉠ 주위보다 온도가 약 2000℃ 낮아 어둡게 보이는 부분이다.

    ㉡ 흑점을 관찰하면 태양의 자전 방향과 구성 물질의 상태를 알 수 있다.

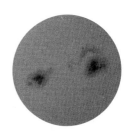

흑점의 모습

② 쌀알 무늬

ㄱ 광구 전체에 쌀알을 뿌려놓은 것 같은 작고 밝은 무늬

ㄴ 태양 내부의 대류 운동 때문에 생성된다.

(3) 태양의 대기 : 평소에는 광구가 너무 밝아 잘 보이지 않고, 개기 일식 때 볼 수 있다.

① 태양의 대기

채층	광구 바로 바깥쪽에 있는 붉은색의 얇은 대기층
코로나	채층 바깥으로 뻗어 있는 진주색의 대기층

② 대기에서 나타나는 현상

홍염	광구에서 채층을 뚫고 솟아오르는 불기둥
플레어	흑점 주변에서 일시적으로 일어나는 폭발 현상

  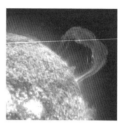 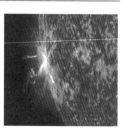

| 채층 | 코로나 | 홍염 | 플레어 |

(4) 태양 활동이 활발할 때 일어나는 현상

① 태양에서 나타나는 현상

ㄱ 흑점 수가 증가한다.

ㄴ 홍염과 플레어의 발생 빈도가 증가한다.

ㄷ 코로나의 크기가 커진다.

ㄹ 태양에서 방출하는 전기를 띠는 입자로 이루어진 태양풍이 강해진다.

② 지구에서 나타나는 현상

ㄱ 태양풍의 영향으로 자기 폭풍, 델린저 현상(무선 통신 장애) 등이 발생한다.

ㄴ 인공위성 고장, 전자제품의 오작동 등이 발생한다.

ㄷ 오로라가 자주 관측되며, 위도가 낮은 지역에서 관측되기도 한다.

> **바로 바로 CHECK√**
>
> **채층, 코로나 등을 잘 볼 수 있는 때는?**
> ① 개기 월식   ② 부분 월식
> ❸ 개기 일식   ④ 부분 일식

(5) 천체 망원경과 천체 관측

① 천체 망원경의 구조

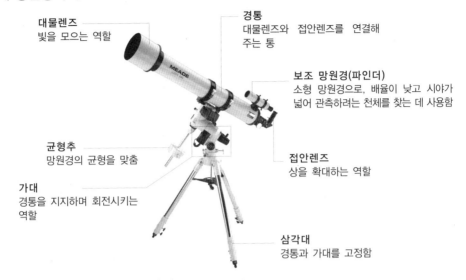

대물렌즈
빛을 모으는 역할

경통
대물렌즈와 접안렌즈를 연결해
주는 통

보조 망원경(파인더)
소형 망원경으로, 배율이 낮고 시야가
넓어 관측하려는 천체를 찾는 데 사용함

균형추
망원경의 균형을 맞춤

접안렌즈
상을 확대하는 역할

가대
경통을 지지하며 회전시키는
역할

삼각대
경통과 가대를 고정함

② 천체 망원경을 이용한 관측 방법

㉠ 편평한 곳에 망원경을 설치하고, 경통의 방향이 천체를 향하도록 한다.

㉡ 보조 망원경의 정중앙에 관측하고 싶은 물체가 오도록 망원경을 조정한다.

㉢ 접안렌즈로 천체를 보면서 초점을 맞춘 후 관측한다.

→ 저배율에서 고배율 순서로 관측한다.

04 별

1 연주 시차와 별까지의 거리

(1) **시차** : 멀리 떨어진 두 지점에서 관측자가 같은 물체를 관측할 때, 두 관측 지점과 물체
가 이루는 각 → 관측 지점과 물체 사이의 거리가 가까울수록 커지고, 멀수록 작아진다.

(2) 연주 시차 : 지구에서 6개월 간격으로 별을 관측하여 측정한 시차의 $\frac{1}{2}$

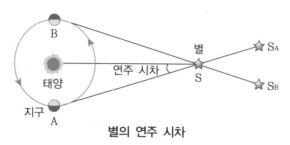

별의 연주 시차

① 연주 시차의 단위 : ″(초)

② 연주 시차는 지구가 공전하기 때문에 나타난다.

③ 가까이 있는 별일수록 연주 시차가 크다. → 별까지의 거리는 연주 시차에 반비례한다.

④ 연주 시차가 1″인 별까지의 거리를 1pc(파섹)이라고 한다.

$$별까지의 거리(pc) = \frac{1}{연주 시차(″)}$$

⑤ 연주 시차는 비교적 가까운 별까지의 거리를 구하는 데 주로 이용된다.

→ 멀리 있는 별일수록 연주 시차가 매우 작게 측정되어 거리를 정확하게 측정하기 어렵기 때문

거리 단위   ▼   검색

- 1pc(파섹) : 연주 시차가 1″ (초)인 별까지의 거리
- 1광년(LY) : 빛이 1년 동안 이동한 거리
  → 1pc ≒ 3.26광년
- 1AU(천문단위) : 태양과 지구 사이 평균 거리 → 1AU ≒ 약 1.5 × 10⁸km

바로 바로 CHECK✓

연주 시차가 0.2″인 별까지의 거리는 몇 pc인가?

① 0.2pc   ② 0.5pc

③ 2pc   ❹ 5pc

해설 $\frac{1}{0.2} = 5pc$

---

2   별의 밝기와 등급

(1) 별의 밝기

① 별의 밝기에 영향을 주는 요인 : 방출하는 빛의 양, 거리

   ㉠ 별까지의 거리가 같은 경우 방출하는 빛의 양이 많은 별일수록 밝게 보인다.

   ㉡ 방출하는 빛의 양이 같은 경우 별까지의 거리가 가까울수록 밝게 보인다.

② 별까지의 거리 변화에 따른 밝기 변화 : 별의 밝기는 별까지의 거리의 제곱에 반비례한다. 별까지의 거리가 2배, 3배가 되면 별빛을 받는 면적은 2^2배, 3^2배로 늘어나므로 단위 면적당 도달하는 별빛의 양은 원래의 $\frac{1}{2^2}$배, $\frac{1}{3^2}$배가 된다.

(2) 별의 등급

① 등급의 숫자가 작을수록 밝은 별이다.

→ 1등급보다 밝은 별은 0등급, -1등급, -2등급, …으로, 6등급보다 어두운 별은 7등급, 8등급, …으로 나타낸다.

② 별의 등급이 1등급 차이마다 약 2.5배의 밝기 차이가 있으며, 1등급인 별은 6등급인 별보다 약 100배 밝다.

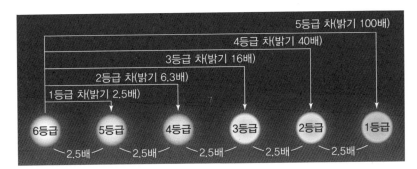

③ 겉보기 등급과 절대 등급

㉠ 겉보기 등급 : 우리 눈에 보이는 별의 밝기로 정한 등급으로, 별까지의 거리를 고려하지 않고 나타낸 등급이다. → 겉보기 등급이 작을수록 우리 눈에 밝게 보인다.

㉡ 절대 등급 : 모든 별이 지구로부터 10pc 거리에 있다고 가정했을 때 별의 밝기를 나타낸 등급으로, 별의 실제 밝기를 비교할 수 있다.

→ 절대 등급이 작을수록 실제로 밝은 별이다.

㉢ (겉보기 등급 – 절대 등급) 값이 작을수록 가까이 있는 별이고, 값이 클수록 멀리 있는 별이다.

(겉보기 등급 – 절대 등급) < 0	10pc보다 가까이 있는 별
(겉보기 등급 – 절대 등급) = 0	10pc 거리에 있는 별
(겉보기 등급 – 절대 등급) > 0	10pc보다 멀리 있는 별

3 별의 색과 표면 온도

(1) 별의 색

① 별의 색은 서로 다른 별의 표면 온도로 인해 다르게 나타난다.

② 표면 온도가 높은 별일수록 파란색을 띠고, 표면 온도가 낮은 별일수록 붉은색을 띤다.

(2) 별의 색과 표면 온도

별의 색	청색	청백색	흰색	황백색	노란색	주황색	붉은색
표면 온도	높다. ←					→	낮다.
대표적인 별	민타카, 나오스	리겔, 스피카	직녀성, 견우성	북극성, 프로키온	태양, 카펠라	알데바란, 아크투르스	베텔게우스, 안타레스

05 은하와 우주

1 우리은하

(1) 은하 : 별, 성단, 성운, 성간 물질로 이루어진 거대한 천체 집단

(2) 우리은하 : 태양계가 속해 있는 은하 → 막대 나선 은하에 속한다.

① 우리은하의 특징

    ㉠ 우리은하의 지름은 약 30000pc(약 10만 광년)이다.

    ㉡ 태양계는 우리은하 중심부에서 약 8500pc(약 3만 광년) 떨어진 나선팔에 위치해 있다.

    ㉢ 우리은하에는 약 2,000억 개의 별이 포함되어 있다.

② 우리은하의 모양

  ㉠ 옆에서 보면 은하 중심부가 약간 볼록한 납작한 원반 모양이다.

  ㉡ 위에서 보면 은하 중심부에 막대 모양의 구조가 있고 막대 끝에 나선팔이 휘감겨 있는 모양이다.

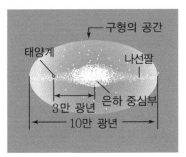 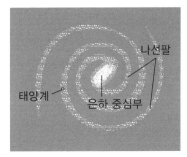

우리은하의 모습

(3) 은하수 : 밤하늘을 가로지르는 희미한 띠로, 무수히 많은 별이 모여 있는 것이다.

  ① 우리은하 중심 방향인 궁수자리 방향을 보았을 때 가장 넓고 뚜렷하게 보인다.

  ② 우리나라(북반구)에서는 겨울철보다 여름철에 더 넓고 밝게 보인다.

  → 여름철에 관측 방향이 우리은하의 중심부를 향하기 때문

2 성단과 성운

(1) 성단 : 수많은 별들이 무리를 지어 모여 있는 것

종류	산개 성단	구상 성단
모습		
별의 분포	수십~수만 개의 별들이 엉성하게 모여 있다.	수만~수십만 개의 별들이 빽빽하게 공 모양으로 모여 있다.
색	파란색	붉은색
온도	높다.	낮다.
우리은하에서 분포 위치	주로 우리은하의 나선팔	주로 우리은하 중심부, 은하 원반을 둘러싼 구형의 공간

(2) **성운** : 성간 물질이 많이 모여 구름처럼 보이는 천체

① **방출 성운** : 성간 물질이 주변의 별빛을 흡수하여 가열되면서 스스로 빛을 낸다. 예 오리온 대성운

② **반사 성운** : 성간 물질이 주변의 별빛을 반사하여 밝게 보이는 성운으로, 주로 파란색을 띤다. 예 메로페성운

③ **암흑 성운** : 성간 물질이 뒤쪽에서 오는 별빛을 가로막아 어둡게 보이는 성운으로, 검은 색을 띤다. 예 말머리성운

3 외부 은하와 우주 팽창

(1) **외부 은하** : 우리은하 밖에 있는 은하이다.

(2) **외부 은하의 분류** : 허블이 외부 은하를 모양에 따라 분류하였다.

① **타원 은하** : 나선팔이 없고, 구형이나 타원체 모양이다.

② **나선 은하**

㉠ 정상 나선 은하 : 은하 중심에서 나선팔이 휘어져 나온 모양이다.

㉡ 막대 나선 은하 : 막대 구조의 끝에서 나선팔이 휘어져 나온 모양이다.

③ **불규칙 은하** : 규칙적인 모양이 없다.

(3) **우주 팽창**

① **우주** : 우리은하를 비롯하여 외부 은하 전체가 차지하는 거대한 공간

② **우주 팽창** : 외부 은하를 관측한 결과, 대부분의 외부 은하들이 서로 멀어지고 있음을 알아내었다. → 은하들이 서로 멀어지는 것은 우주가 팽창하기 때문이다.

③ **대폭발 우주론(빅뱅 우주론)** : 약 138억 년 전, 매우 뜨겁고 밀도가 큰 한 점에서 대폭발(빅뱅)이 일어나 계속 팽창하여 현재와 같은 우주가 되었다는 이론이다.

4 우주 탐사

(1) 우주 탐사 : 우주를 이해하고자 우주를 탐색하고 조사하는 활동

(2) 우주 탐사의 방법

① 인공위성 : 지구 주위를 일정한 궤도를 따라 공전하도록 만든 장치로, 통신, 기상, 군사, 우주 탐사 등 여러 목적으로 사용된다.

② 우주 탐사선 : 우주 공간에서 지구 외 다른 천체를 탐사하기 위해 쏘아 올린 비행 물체로, 천체에 접근하거나 착륙하여 사진 촬영, 시료 채취 등 여러 가지 탐사 활동을 수행한다.

③ 우주 정거장 : 지구 주위를 도는 대형 우주 구조물로, 그 속에서 일정 기간 동안 사람이 생활하면서 우주 환경에 대한 연구를 하고 있으며, 달이나 천체로 가기 위한 중간 기지로도 사용할 수 있다.

심화학습 천체 망원경의 발달과 우주 탐사

• 광학 망원경 : 1609년 갈릴레이가 굴절 망원경을 제작하여 천체를 관측한 이후 1668년 뉴턴의 반사 망원경이 제작되어 태양계의 천체를 이해하는 데 도움을 주었다.

• 전파 망원경 : 광학 망원경이 지닌 한계를 극복하기 위해 파장이 긴 전파 영역을 관측하는 전파 망원경이 제작되었다.

• 우주 망원경 : 허블 우주 망원경 등이 지구의 대기권 밖에서 천체와 우주를 관측함으로써 더 정밀한 우주 탐사가 가능해졌다.

(3) 우주 탐사의 역사

1950년대	세계 최초의 인공위성인 스푸트니크 1호(1957년) 발사 성공으로 우주 탐사가 시작되었다.
1960년대	아폴로 11호(1969년)가 세계 최초로 달 착륙에 성공하여 달 탐사가 이루어졌다.
1970년대	바이킹 1호(1976년)가 화성에 착륙해 지구에 사진 전송하는 등 행성 탐사가 이루어졌다.
1980년대	우주 정거장, 우주 왕복선 등 다양한 우주 탐사 장비가 개발되었다.
1990년대	허블 우주 망원경, 행성 탐사선 등 다양한 장비가 발사되었다.
2000년대 이후	현재 국제 우주 정거장을 사용하고 있으며, 우주 개발을 위한 국가 간 협력이 늘어나고 있다.

(4) 우주 탐사의 의의

① 우주 탐사를 통해 습득된 지식과 정보로 지구 환경과 생명을 이해

② 우주 탐사로 발달한 과학기술이 산업 및 경제 발전에 기여

③ 우주 기술로 만들어진 제품이 일상생활에 적용되어 삶의 질 향상

실전 예상문제

01 지구의 자전으로 나타나는 현상으로 옳지 <u>않은</u> 것은?

① 별의 일주 운동　　② 낮과 밤의 반복
③ 태양의 연주 운동　④ 태양의 일주 운동

02 그림 (가)~(라)는 우리나라의 각 하늘에서 바라본 별의 일주 운동 모습을 나타낸 것이다. 관측된 하늘을 바르게 짝지은 것은?

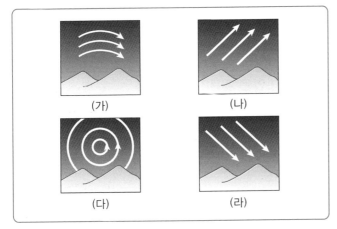

(가)　　(나)

(다)　　(라)

① (가) – 남쪽 하늘　② (나) – 서쪽 하늘
③ (다) – 동쪽 하늘　④ (라) – 북쪽 하늘

03 지구의 공전으로 나타나는 현상으로 옳지 <u>않은</u> 것은?

① 계절의 변화　　② 태양의 일주 운동
③ 태양의 연주 운동　④ 밤과 낮의 길이 변화

01
태양의 연주 운동은 지구의 공전으로 나타나는 현상이다.

02
(가)는 남쪽 하늘, (나)는 동쪽 하늘, (다)는 북쪽 하늘, (라)는 서쪽 하늘에서 관측한 별의 일주 운동 모습으로 관측 방향에 따라 별의 일주 운동 모습이 다르다.

03
태양의 일주 운동은 지구가 자전하기 때문에 일어난다.

ANSWER
01. ③　02. ①　03. ②

04 그림은 태양, 지구, 달의 상대적인 위치를 나타낸 것이다. 보름달이 나타날 때의 달의 위치로 옳은 것은?

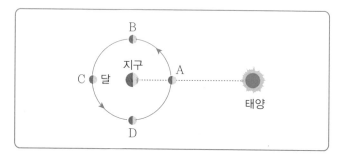

① A

② B

③ C

④ D

05 태양계에 있는 행성에 대한 설명 중 옳지 <u>않은</u> 것은?

① 목성에는 거대한 붉은 반점이 있다.

② 수성은 태양으로부터 가장 가까운 행성이다.

③ 화성에는 얼음으로 이루어진 고리가 있다.

④ 금성은 이산화 탄소로 이루어진 두꺼운 대기로 덮여 있다.

06 다음 특징을 갖는 행성은?

- 표면은 붉은색을 띤다.
- 극지방에 흰색 극관이 있다.

① 수성

② 화성

③ 목성

④ 토성

07 지구형 행성과 목성형 행성의 분류 기준이 <u>아닌</u> 것은?

① 밀도   ② 질량

③ 반지름   ④ 공전 방향

08 태양계 행성들을 두 집단으로 분류할 때, 지구가 속하는 집단은?

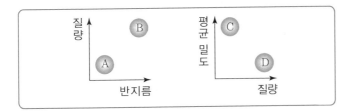

① A, B   ② A, C

③ B, C   ④ B, D

09 다음 설명에 해당하는 것은?

- 표면 온도가 약 6,000℃이다.
- 흑점, 채층, 홍염, 코로나를 볼 수 있다.

① 달   ② 금성

③ 목성   ④ 태양

10 그림은 별의 연주 시차가 생기는 원리를 나타낸 것이다. 이에 대한 설명으로 옳은 것을 〈보기〉에서 모두 고른 것은?

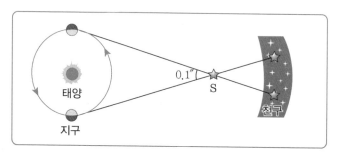

보기

㉠ 별 S의 연주 시차는 0.1″이다.
㉡ 지구에서 별 S까지의 거리는 10pc이다.
㉢ 별의 연주 시차는 6개월 간격으로 측정한다.

① ㉠　　　　　　② ㉡

③ ㉢　　　　　　④ ㉡, ㉢

11 다음 중 가장 밝은 별은 무엇인가?

· 별 A : −1등급　　· 별 B : 0등급
· 별 C : 1등급　　· 별 D : 4등급

① A　　　　　　② B

③ C　　　　　　④ D

10
별 S의 연주 시차는 관측하여 측정한 시차 0.1″의 $\frac{1}{2}$인 0.05″이므로, 지구에서 별 S까지의 거리는

$\dfrac{1}{연주\ 시차(″)} = \dfrac{1}{0.05″} = 20pc$이다.

11
등급의 숫자가 작을수록 밝은 별이다.

12 다음 표는 별 A, B, C의 겉보기 등급과 절대 등급을 나타낸 것이다. 다음 설명 중 옳지 <u>않은</u> 것은?

구 분	겉보기 등급	절대 등급
A	1	− 1
B	− 1	0
C	1	1

① 실제로 가장 밝은 별은 B이다.

② 지구에서 거리가 가장 먼 별은 A이다.

③ 지구에서 별 C까지의 거리는 10pc이다.

④ 맨눈으로 봤을 때 가장 밝게 보이는 별은 B이다.

13 별의 색깔이 여러 가지로 보이는 원인과 가장 관계 깊은 것은?

① 별의 질량　　　　　② 별의 밝기

③ 별의 거리　　　　　④ 별의 표면 온도

14 다음 설명에 해당하는 것은?

- 태양계가 속해 있다.
- 많은 성운과 성단을 포함하고 있다.
- 약 2,000억 개의 별들로 구성되어 있다.

① 행성　　　　　　　② 항성

③ 우리은하　　　　　④ 외부 은하

12
절대 등급이 작은 별일수록 실제로 밝은 별이므로 별 A가 실제로 가장 밝으며, 맨눈으로 봤을 때 가장 밝게 보이는 별은 겉보기 등급이 가장 작은 별로 별 B이다. 또한 별 A는 (겉보기 등급−절대 등급)>0인 별이므로 지구에서 10pc의 거리보다 멀리 있기 때문에 가장 먼 별이며, 별 C는 (겉보기 등급−절대 등급)=0이므로 지구에서 별 C까지의 거리는 10pc이다.

13
별의 색깔은 표면 온도에 따라 다르게 나타난다.

14
태양계가 속해 있는 거대한 은하를 우리 은하라고 부른다.

ANSWER

12. ① **13.** ④ **14.** ③

15 그림은 우리은하를 옆에서 본 모습이다. 태양계의 위치는?

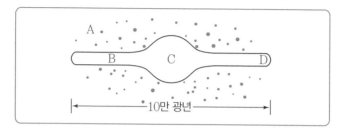

① A   ② B

③ C   ④ D

16 우리은하를 구성하는 천체가 <u>아닌</u> 것은?

① 성운   ② 성단

③ 태양계   ④ 외부 은하

17 다음 설명에 해당하는 천체는?

> • 수만 내지 수십만 개의 별들이 구형으로 모여 있다.
> • 온도가 낮은 붉은색 별들이 많다.

① 구상 성단   ② 반사 성운

③ 산개 성단   ④ 암흑 성운

15

태양계는 우리은하 중심(C)으로부터 약 3만 광년 떨어진 나선팔에 위치해 있다.

16

외부 은하는 우리은하 밖에 있는 은하로, 우리은하를 구성하는 천체라고 할 수 없다.

17

온도가 낮은 붉은색의 늙은 별들로 구성된 구상 성단은 수만 ~ 수십만 개의 별들이 구형으로 빽빽하게 모여 있다.

ANSWER

15. ②   **16.** ④   **17.** ①

18 다음 천체들 중 가스와 티끌로 구성된 성운은?

①

②

③

④

19 우주에 대한 설명으로 옳지 <u>않은</u> 것은?

① 우리은하는 팽창하는 우주의 중심에 있다.

② 대부분의 외부 은하는 우리은하로부터 멀어지고 있다.

③ 멀리 있는 외부 은하일수록 더 빠른 속도로 우리은하에서 멀어진다.

④ 빅뱅 우주론은 매우 뜨겁고 밀도가 큰 한 점이 폭발하기 시작하여 현재의 우주로 팽창하였다는 이론이다.

20 다음 중 태양의 표면이나 대기층에서 볼 수 <u>없는</u> 것은?

① 흑점   ② 홍염

③ 코로나   ④ 운석 구덩이

01 지구상에 존재하는 물 중 가장 많은 부피를 차지하는 것은?

① 강물　　　　　　　② 바닷물
③ 지하수　　　　　　④ 호수의 물

02 지구계의 구성 요소에 대한 설명으로 옳은 것을 〈보기〉에서 모두 고른 것은?

> 보기
> ㉠ 생물권은 지구에 사는 모든 생물을 말한다.
> ㉡ 외권은 우주 공간으로 지구에 영향을 미치지 않는다.
> ㉢ 지구계를 이루는 요소들 사이에 물질과 에너지의 순환이 일어난다.

① ㉢　　　　　　　　② ㉠, ㉡
③ ㉠, ㉢　　　　　　④ ㉡, ㉢

03 그림은 지각 부근의 지구 내부 모습이다. 이에 대한 설명으로 옳지 <u>않은</u> 것은?

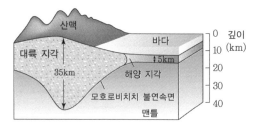

① 가벼운 지각이 무거운 맨틀 위에 떠 있다.
② 대륙 지각이 해양 지각보다 두께가 두껍다.
③ 모호면의 깊이는 해양보다 대륙에서 더 깊게 나타난다.
④ 지각과 맨틀 사이에는 경계면 없이 동일한 물질로 되어 있다.

04 그림은 퇴적물이 쌓여서 어떤 암석이 만들어지는 과정이다. 이에 해당하는 암석은?

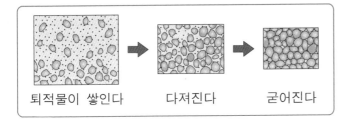

퇴적물이 쌓인다   다져진다   굳어진다

① 변성암   ② 퇴적암
③ 현무암   ④ 화강암

04
기존의 암석이 풍화나 침식을 받아 퇴적물이 되고, 퇴적물이 운반되어 쌓여 다져지면 퇴적암이 형성된다.

05 다음 설명에 해당하는 것은?

> • 암석이 높은 열과 압력을 받아 조직과 성분이 변해 만들어진다.
> • 편암, 편마암 등이 있다.

① 역암   ② 사암
③ 이암   ④ 변성암

05
암석은 생성 과정에 따라 크게 마그마가 굳어서 만들어진 화성암, 퇴적물이 쌓여 만들어진 퇴적암, 기존의 암석이 높은 열과 압력을 받아 만들어진 변성암으로 구분된다.

06 그림은 암석의 순환 과정을 나타낸 것이다. 암석의 종류 중 ㉠에 알맞은 것은?

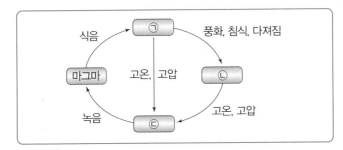

식음   풍화, 침식, 다져짐
마그마   고온, 고압
녹음   고온, 고압

① 석회암   ② 퇴적암
③ 변성암   ④ 화성암

06
㉠ 화성암
㉡ 퇴적암
㉢ 변성암

ANSWER
04. ②   **05.** ④   **06.** ④

07 그림과 같이 어떤 광물을 철 클립에 가까이 가져가 보니 달라붙었다. 이를 통해 알 수 있는 광물의 성질은?

① 색

② 굳기

③ 자성

④ 조흔색

08 지진대와 화산대의 분포에 관한 설명으로 옳은 것은?

① 대륙의 중앙부에 위치한다.

② 주로 섬이 많은 곳에 위치한다.

③ 지진대와 화산대는 거의 일치한다.

④ 지진대는 화산대와 거리가 먼 곳에 위치한다.

09 다음 그림은 어느 해양에서의 깊이에 따른 수온의 연직 분포를 나타낸 것이다. 이에 대한 설명으로 옳지 <u>않은</u> 것은?

① A층의 두께는 바람의 세기가 결정한다.

② B층은 수온 약층으로, 대류가 일어나지 않는다.

③ C층은 연중 수온 변화가 거의 없다.

④ A층과 C층 순환에서 중간 역할을 하는 것이 B층이다.

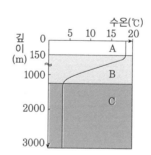

10 해수 1kg 속에 염류 40g이 녹아 있는 해수의 염분은 얼마인가?

① 35psu ② 38psu

③ 40psu ④ 43psu

10

$$\text{염분} = \frac{\text{염류의 질량}}{\text{해수의 질량}} \times 1000$$
$$= \frac{40}{1000} \times 1000 = 40\text{psu}$$

11 난류에 대한 설명으로 옳지 <u>않은</u> 것은?

① 염분이 높다.

② 수온이 높은 해류를 말한다.

③ 영양 염류의 양이 적은 편이다.

④ 이동 방향은 고위도에서 저위도이다.

11

난류는 저위도에서 고위도로 흐르는 따뜻한 해류이다.

12 지구의 대기권은 높이에 따른 기온 변화를 기준으로 4개의 층으로 구분된다. 이 중 비나 눈과 같은 기상 현상과 대류 현상이 일어나는 곳은?

① 대류권 ② 성층권

③ 중간권 ④ 열권

12

대류권은 위로 올라갈수록 온도가 낮아지는 층으로, 대류 현상과 기상 현상이 나타난다.

13 다음 설명에 해당하는 것은?

> • 지구의 평균 기온이 점점 높아지는 현상이다.
> • 이 현상의 주된 원인은 대기 중 온실기체 양의 증가이다.

① 오로라 ② 단열 변화

③ 대기 대순환 ④ 지구 온난화

13

대기 중 이산화 탄소나 수증기, 메테인 같은 온실 기체의 양이 늘어나 지구의 평균 기온이 점점 올라가는 현상을 지구 온난화라고 한다.

ANSWER

10. ③ **11.** ④ **12.** ① **13.** ④

14 그래프는 기온에 따른 포화 수증기량을 나타낸 것이다. A~D 중 상대 습도가 가장 높은 것은?

① A

② B

③ C

④ D

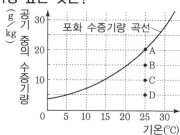

14

상대 습도는
$\dfrac{\text{현재 공기의 실제 수증기량(g/kg)}}{\text{현재 기온의 포화 수증기량(g/kg)}} \times 100$
으로 구한다. A~D는 현재 기온이 모두 같으므로 현재 공기의 실제 수증기량이 가장 많은 A 공기의 상대 습도가 가장 높다.

15 다음은 공기가 단열 상승하여 구름이 생성되는 과정을 나타낸 것이다. A에 해당하는 것은?

공기 상승 → A → 기온 하강 → 구름 생성

① 기압 상승

② 단열 팽창

③ 부피 감소

④ 상대 습도 감소

15

공기가 상승하면 기압이 감소하여 공기가 단열 팽창하고, 공기의 온도가 내려가면서 이슬점에 도달하면 응결이 일어나 구름이 생성된다.

16 낮에 바다에서 육지로 부는 지표면의 바람은?

① 육풍

② 해풍

③ 산곡풍

④ 계절풍

16

낮에는 육지가 바다보다 빨리 가열되어 육지의 기압이 상대적으로 낮아져 바다에서 육지로 부는 바람인 해풍이 분다.

ANSWER

14. ①   15. ②   16. ②

17 그림에서 우리나라 여름철 날씨에 주로 영향을 주는 고온 다습한 기단은?

① 양쯔강 기단
② 북태평양 기단
③ 시베리아 기단
④ 오호츠크해 기단

17
시베리아 기단은 겨울, 오호츠크해 기단은 초여름, 양쯔강 기단은 봄과 가을, 북태평양 기단은 여름에 우리나라에 영향을 미친다.

18 다음 설명에 해당하는 전선은?

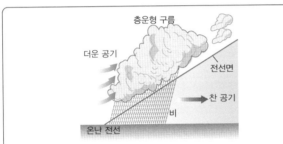

• 따뜻한 공기가 찬 공기를 타고 올라갈 때 만들어진다.
• 이 전선이 지나가면 기온이 상승한다.

① 온난 전선　　　② 정체 전선
③ 폐색 전선　　　④ 한랭 전선

18
따뜻한 공기가 찬 공기를 타고 완만하게 올라가면서 층운형 구름을 만드는 경우를 온난 전선이라고 한다. 이 전선이 지나가면 기온은 올라가고 기압은 내려간다.

19 별의 일주 운동에 대한 설명으로 옳지 않은 것은?

① 1시간에 약 1°씩 회전한다.
② 일주 운동 방향은 동 → 서이다.
③ 지구의 자전 때문에 나타난다.
④ 별들이 천구상에서 하루에 한 바퀴씩 회전하는 겉보기 운동이다.

19
지구가 1시간에 15°씩 자전하므로 별도 1시간에 15°씩 돈다.

A N S W E R
17. ② 18. ① 19. ①

20 그림은 달의 공전을 나타낸 것이다. 달이 (가)에 있을 때, 서울에 있는 관측자가 볼 수 있는 달의 모양은?

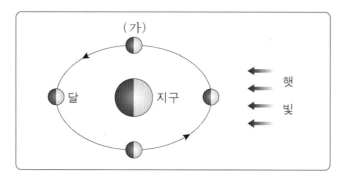

20

(가)에 햇빛이 비추면 지구에서는 오른쪽 반달 모양인 상현달 모양이 관찰된다.

① ② ③ ④

21 그림은 보름 동안 우리나라의 같은 장소에서 같은 시각에 관측한 달의 모습을 나타낸 것이다. 다음 중 달의 위치와 모양이 달라지는 원인은? (단, 날짜는 음력이다.)

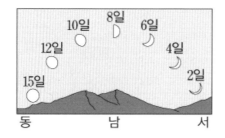

21

달의 모양이 약 한 달을 기준으로 계속 변화하는 것은 달이 지구 주위를 공전하기 때문이다.

① 오로라　　　② 달의 공전
③ 자기 폭풍　　④ 태양의 자전

ANSWER

20. ②　21. ②

22 다음에 해당하는 태양계의 행성은?

• 고리가 있고 물보다 밀도가 작다.
• 태양계 행성 중 크기가 두 번째로 크다.

① 수성　　　　　　② 금성
③ 화성　　　　　　④ 토성

23 지구형 행성이 목성형 행성보다 큰 값을 갖는 물리량은?

① 반지름　　　　　② 질량
③ 자전 속도　　　　④ 평균 밀도

24 다음은 천체 망원경을 이용하여 태양의 표면을 관측한 결과 보고서이다. 이 보고서에서 설명하는 현상은?

태양 관측 결과 보고서

20△△년 △월 △일 △시

• 태양의 표면 곳곳에 어두운 점이 관측된다.
• 이 점들은 주변보다 온도가 낮아 어둡게 보인다.

태양의 표면 모습

① 홍염　　　　　　② 흑점
③ 코로나　　　　　④ 플레어

22

고리가 뚜렷하게 관찰되고 물보다 밀도가 작으며 태양계 행성 중 크기가 두 번째로 큰 행성은 토성이다.

23

지구형 행성은 목성형 행성보다 반지름도 작고 위성 수도 적으며, 자전 속도도 느리고 질량도 작다. 다만, 목성형 행성과 달리 기체가 아닌 암석질로 이루어져 있어 평균 밀도는 크다(행성이 단단하다).

24

태양 표면에서 주변보다 약 2000℃ 정도 낮아 어둡게 보이는 곳을 흑점이라고 한다. 흑점의 이동으로 태양이 자전한다는 것을 있다.

ANSWER

22. ④　23. ④　24. ②

25 별의 연주 시차가 생기는 이유는?

① 지구의 자전 때문

② 지구의 공전 때문

③ 별의 일주 운동 때문

④ 밤과 낮의 길이 변화 때문

26 그림은 별 A, B의 연주 시차를 나타낸 것이다. 별 A까지의 거리가 10pc일 때 별 B까지의 거리는?

① 1pc

② 5pc

③ 10pc

④ 20pc

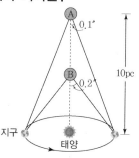

27 겉보기 등급이 1등급, 절대 등급이 5등급인 별이 있다. 이 별은 지구에서 얼마나 떨어져 있는 별인가?

① 지구에서 10pc의 거리보다 가까이 있다.

② 지구에서 10pc의 거리보다 멀리 있다.

③ 지구에서 10pc 떨어진 거리에 있다.

④ 주어진 등급만 가지고는 거리를 알 수 없다.

28 다음 중 표면 온도가 가장 높은 별은?

① 흰색 별 ② 노란색 별

③ 붉은색 별 ④ 파란색 별

28

별은 표면 온도가 높을수록 파란색을 띠며, 표면 온도가 낮을수록 붉은색을 띤다.

29 그림은 우리은하를 옆에서 본 모습이다. A는 어떤 천체인가?

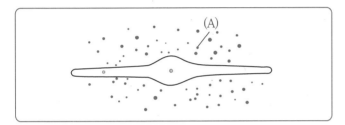

① 발광 성운 ② 반사 성운

③ 산개 성단 ④ 구상 성단

29

우리은하 중심부와 은하 은반을 둘러싼 구형 공간에는 주로 구상 성단이, 나선 팔에는 주로 산개 성단이 분포한다.

30 다음 중 스스로 빛을 내지 못하고 주위의 별빛을 반사하여 밝게 보이는 천체는?

① 발광 성운 ② 반사 성운

③ 산개 성단 ④ 구상 성단

30

우주에서 스스로 빛을 내지 못하고 주위의 별빛을 반사시키는 먼지나 티끌의 모임을 반사 성운이라고 한다.

ANSWER

28. ④ 29. ④ 30. ②

NOTE

중졸 검정고시
과학

2025년 1월 10일 개정판 발행
2012년 1월 19일　초판 발행

편 저 자　검정고시 학원연합회
발 행 인　전 순 석
발 행 처　정 훈 사
주　　소　서울특별시 중구 마른내로72 421호
등　　록　2-3884
전　　화　737-1212
팩　　스　737-4326